1인자의
인문학

이끌 것인가 따를 것인가

| 한국편

이끌 것인가 따를 것인가

1인자의 인문학 | 한국편

초 판 1쇄   2017년 09월 25일

지은이 신동준
펴낸이 류종렬

펴낸곳 미다스북스
총   괄 명상완
마케팅 권순민
편   집 이다경
디자인 한소리

등록 2001년 3월 21일 제2001-000040호
주소 서울시 마포구 양화로 133 서교타워 711호
전화 02) 322-7802~3
팩스 02) 6007-1845
블로그 http://blog.naver.com/midasbooks
전자주소 midasbooks@hanmail.net

ⓒ 신동준, 미다스북스 2017, *Printed in Korea.*

ISBN 978-89-6637-541-7 03320
값 15,000원

「이 도서의 국립중앙도서관 출판예정도서목록(CIP)은 서지정보유통지원시스템 홈페이지(http://seoji.
nl.go.kr)와 국가자료공동목록시스템(http://www.nl.go.kr/kolisnet)에서 이용하실 수 있습니다.(CIP제
어번호: CIP2017023628)」

미다스북스는 다음세대에게 필요한 지혜와 교양을 생각합니다.

이끌 것인가 따를 것인가

1인자의 인문학

| 한국편

신동준 21세기 정경연구소 소장

미다스북스

| 차례

들어가는 글 – 이끌 것인가 따를 것인가 ·························· 6

제1장
강력한 1인자 vs 더 강력한 2인자 – 태조와 정도전 ········ 15

제2장
의심 많은 1인자 vs 그 마음을 읽은 2인자 – 태종과 하륜 ·· 49

제3장
탁월한 1인자 vs 소통하는 2인자 – 세종과 황희 ·········· 79

제4장
기초를 세우는 1인자 vs 좇아가는 2인자 – 세조와 한명회 ·· 103

제5장
정치하는 1인자 vs 학문하는 2인자 – 성종과 김종직 ········ 131

제6장
불안한 1인자 vs 위협하는 2인자 – 중종과 조광조 ·········· 163

제7장
도망가는 1인자 vs 용기있는 2인자 – 선조와 유성룡 ········ 195

제8장
우유부단한 1인자 vs 현실적인 2인자 – 인조와 최명길 ···· 219

제9장
치밀한 1인자 vs 부응하는 2인자 – 정조와 채제공 ·········· 255

제10장
망해가는 1인자 vs 세도하는 2인자 – 고종과 명성황후 ······ 287

제11장
군림하는 1인자 vs 모사하는 2인자 – 박정희와 김종필 ···· 327

부록 – 조선조 역대 군주 묘호 및 군호 ························· 374
참고문헌

들어가는 글

이끌 것인가 따를 것인가

1인자와 2인자, 갈등과 조화의 역사

예나 지금이나 1인자와 2인자 리더십이 절묘한 조화를 이루지 못하면 국위國威을 떨칠 수 없다. 사서를 보면 알 수 있듯이 동서고금을 막론하고 단 하나의 예외도 없다. 국가총력전 양상을 보이고 있는 21세기 경제전에서는 더욱 그렇다. 한반도는 지정학적으로 오랫동안 세계제국으로 군림한 원나라와 명나라 및 청나라의 도성인 북경과 가장 가까운 거리에 존재해 왔다. 유일무이한 경우다. 그래서 '동이東夷'의 역사를 모르면 중원의 역사도 제대로 알 길이 없다. 사마천의 『사기』에서 주변국을 사이四夷로 폄하하면서도 그들의 역사를 '사이열전四夷列傳' 형식으로 기록한 것도 이런 측면에서 이해할 수 있다.

중국 역대 왕조의 역사는 진시황의 첫 천하통일 이래 21세기 현재까지 절반 이상이 중원을 차지한 북방민족의 정복왕조 역사에 지나지 않는다. 중국사는 한족만이 아닌 동아시아 민족 전체의 역사로 보아야 한다. 본서는 한국의 근현대사를 1인자와 2인자 리더십의 갈등과 조화로 살펴봄으로써 동아시아 전체 역사에 대한 안목을 확장시켜준다. 우물 안 개구리의 안목에서 벗어나게 될 것이다.

역사적으로 보면 조선조를 포함해 이웃했던 중국의 명나라 및 청나라를 비롯해 도이島夷로 취급된 동쪽 일본의 에도막부江戶幕府는 성리학이 유일한 통치이념으로 작동했다. 그 뿌리는 멀리 춘추전국시대의 제자백가까지 거슬러 올라간다. 『논어』를 비롯해 『맹자』와 『순자』, 『한비자』 등의 제자백가서 모두 군도君道와 신도臣道의 이론적 기초인 군주론君主論과 참모론參謀論을 깊이 연구해 들어간 것을 알 수 있다. 『춘추좌전』과 『사기』 등의 사서 역시 크게 다르지 않다..

강력한 1인자, 지혜로운 2인자

고금을 막론하고 사람을 부리는 데에만 익숙한 1인자는 사람을 섬기는 데 능숙한 2인자의 지혜를 배울 길이 없다. 과거의 가부장제 리더십으로는 현대 사회에 부응하는 1인자의 리더십을 제대로 발휘할 길이 없다. 자칫 독부獨夫의 길로 빠질 수 있다. 낮과 밤이 상호 보완관계를 이루듯이 군권君權은 반드시 신권臣權의 보필을 받아야 제 역할을 할 수 있다. 신권이 군권의 장식물로 전락하면 군주의 독선으로 인해 나라가 어지럽게 된다. 성리학의 사상적 스승인 맹자가 역설한 왕도王道의 뛰어난 면모가 여기에 있다.

군권이 약한 상태에서 신권이 비대해지는 왕도는 오직 태평성대에만 통할 수 있다는 점을 간과해선 안 된다. 난세의 시기에는 오히려 나라와 백성을 패망의 나락으로 이끌고 갈 가능성도 크다. 이는 가장의 권위가 완전히 무너진 '콩가루 집안'을 생각하면 쉽게 이해할 수 있다. 국가 차원에서 이런 '콩가루 집안'이 등장한 게 바로 붕당간의 암투 내지 혈투로 전개되는 당쟁黨爭이다. 한비자는 난세의 시대에는 강력한 역치力治와 법치法治에 기초한 패도覇道를 구사해야 한다고 역설했다. 난세에는 강력한 군권의 전제 위에 신권이 작동해야만 비로소 군신이 함께 위국위민爲民爲國의 행보를 할 수 있다고 파악했기 때문이다.

이런 이치는 21세기 현재도 그대로 적용된다. 전래의 제자백가서를 비롯해 『사기』와 『자치통감』 등의 사서는 하나같이 군도와 신도의 조화를 바람직한 치도治道로 거론하고 있다. 제자백가서는 통상 치도를 통해 이루고자 하는 과업을 대업大業 내지 홍업鴻業으로 표현했다. 대업은 수준에 따라 크게 제업帝業, 왕업王業, 패업覇業, 강업彊業으로 나뉜다. 제업으로 나아가는 길을 제도帝道, 왕업으로 나아가는 길은 왕도王道, 패업으로 나아가는 길은 패도覇道, 강업으로 나아가는 길은 강도彊道로 칭했다. 『순자』 「왕제」는 다양한 유형의 치도를 이같이 설명해 놓았다.

"왕자王者는 사람을 얻고자 하고, 패자覇者는 동맹국을 얻고자 하고, 강자彊者는 땅을 얻고자 한다. 사람을 얻고자 하는 자는 제후를 신하로 삼고, 동맹국을 얻고자 하는 자는 제후를 벗으로 삼고, 땅을 얻고자 하는 자는 제후를 적으로 삼는다. 그러나 싸우지 않고 승리하고, 공격치 않고 얻고, 무력동원의 수고를 하지 않고도 천하를 복종시키는 경우가 있다. 이들 3가지 요건을 아는 제자帝者는 원하는 바대로 취할 수 있다. 왕자가 되고 싶으면 왕자, 패자가 되고 싶으면 패자, 강자가 되고 싶으면 강자가 될 수 있다."

원하는 바대로 왕자와 패자, 강자가 될 수 있는 것은 가장 높은 단계의 치도인 제도帝道를 말하는 것이다. 치도治道와 반대되는 것은 패망의 길로 나아가는 난도亂道이다. 순자는 난도를 다시 위도危道와 망도亡道로 세분했다. 이에 대한 「왕제」의 해석이다.

"왕자는 백성을 부유하게 만들고, 패자는 선비를 부유하게 만들고, 강자는 대부를 부유하게 만들고, 위자危者는 가까운 자들을 부유하게 만들고, 망자亡者는 군주 자신을 부유하게 만든다."

치도의 맨 아래 단계에 있는 강도는 강압적인 무력을 계속 사용할 경우 위도로 전락할 수 있다. 현대 국제정치학에서 말하는 '독선적 패권주의'

가 이에 해당한다. 객관적으로 볼 때 2인자 리더십인 신도는 '위민위국' 차원에서 볼 때 1인자 리더십인 군도와 하등 다를 게 없다. 단지 역할상의 차이만 있을 뿐이다.

1인자를 올라타는 2인자

이를 두고 공자는 『논어』 「안연」에서 군주는 군주다워야 하고 신하는 신하다워야 한다는 뜻으로 '군군신신君君臣臣'을 역설했다. 말 그대로 군신공치君臣共治의 필요성을 강조한 것이다. 치국평천하의 과정에서 군도 못지않게 신도가 중요한 요소로 작동하고 있는 점을 언급한 점에서 높이 평가할 만하다. 그러나 맹자가 역설한 전설상의 성군인 요순堯舜처럼 모든 것을 신하에게 맡겨 놓고 팔짱을 낀 채 너그러운 정사인 덕정德政만을 펼칠 수는 없는 일이다. '군신공치'의 조화가 깨질 수 있기 때문이다.

여기서 주의해야 할 대목은 신권의 군권에 대한 우위를 재촉하는 이른바 역린逆鱗 현상이다. 『한비자』 「세난」은 '역린' 현상을 이같이 설명해 놓았다.

"용은 상냥한 짐승이다. 가까이 길들이면 능히 그 위에 올라탈 수 있다. 그러나 턱 밑에 지름이 한 자나 되는 비늘이 거슬러서 난 게 있다. 이것을 건드리면 용은 그 사람을 반드시 죽여 버리고 만다. 군주에게 이런 역린이 있다."

여기서 군주의 노여움을 뜻하는 '역린' 성어가 나왔다. 그렇다고 신도가 결코 군도를 돋보이게 만드는 일개 장식품이 될 수는 없는 일이다. 「세난」에서 지적했듯이 오히려 군도 위에 올라타는 게 바로 신도이다. 그게 바로 반룡부봉攀龍附鳳의 행보이다. 용과 봉황을 올라탔다는 뜻이다. 용으로 상징되는 군도는 만인 위에 군림하는 상황에서 행해지는 까닭에 거칠 게 없다. 군도 위에 올라탄 신도는 스스로의 힘으로 하늘을 날라 다니는 게 아니다. 어찌 보면 일종의 '무임승차'에 해당한다.

예나 지금이나 세상에 공짜는 없는 법이다. 『한비자』도 '무임승차'에 따른 위험을 '역린'으로 표현하고 있다. 제자백가서와 사서가 하나같이 신도에만 충忠과 역逆의 용어를 사용한 것도 이런 의미에서 이해할 수 있다. 사서는 역적逆賊, 역신逆臣, 역도逆徒, 역비逆匪 등으로 표현해 놓았다.

역적으로 몰린 당사자를 통상 조적朝敵으로 표현한다. 조정에 반역하는 적이라는 뜻이다. 난세에는 '조적'이 난무한다. 삼국시대 당시 천자를 옆에 낀 조조가 유비를 '조적'으로 몰아가자, 유비는 오히려 천자를 겁박해 천하를 어지럽게 만든다며 조조를 '조적'으로 규정했다. 이런 언쟁은 결국 실력으로 판가름 날 수밖에 없다. 싸움에서 이긴 자가 새 왕조를 열면 패한 자는 모두 '조적'이 된다.

본서가 분석 대상으로 삼은 조선조와 현대한국의 역사도 예외가 될 수 없다. 조선의 창업주 이성계도 고려조의 입장에서 보면 역도의 괴수에 지나지 않는다. 그를 곁에서 도운 정도전은 역적의 반역을 부추긴 간신의

우두머리에 해당한다. 해방 이후 무력으로 권력을 잡은 박정희 전 대통령
의 경우도 마찬가지다. 제2공화국을 이끈 장면정부의 입장에서 보면 아
무리 제3공화국이 경제개발계획을 강력히 밀어붙여 부국강병의 초석을
놓았을지라도 '권력찬탈의 쿠데타'에 지나지 않는다. 동일한 사안이 보는
관점에 따라 '구국의 혁명'과 '역도의 반란'으로 극명하게 갈리는 셈이다.

21세기는 강력한 리더십이다

전체의 흐름 속에서 부분을 파악하는 식으로 통사通史의 관점에서 역대
왕조의 교체 내지 정권교체를 바라보는 게 가장 합리적이다. 군권이 무너
질 경우 신권간의 무한 경쟁으로 인해 나라가 어지러워지고 마침내 패망
에 이르게 된다. 단 하나의 예외도 없다. 군주가 허수아비로 전락한 구한
말 세도정치 하의 혼란한 상황이 이를 뒷받침한다.
마키아벨리가 『군주론』에서 역설했듯이 난세의 상황일수록 군권의 확
립이 무엇보다 중요하다. 본서가 조선조 건국부터 21세기 현재에 이르기
까지 총 600여 년을 하나로 꿰는 11가지 유형의 '군신리더십' 모델을 분
석한 배경이 여기에 있다.

예로부터 건곤일척乾坤一擲의 싸움에서 패하면 입이 100개라도 할 말이
없는 법이다. 미중이 한 치의 양보도 없이 대립하는 21세기 G2시대는 과
거 왕조교체기를 방불하는 난세의 전형에 해당한다. 그 한복판에 한반도
가 있다. 특히 2017년에 들어와 전대미문의 현직 대통령 탄핵사태가 빚어

진 데 이어 전 세계 차원의 대북제재가 전개되면서 한반도를 둘러싼 위기가 최고조로 치닫고 있기에 그 엄중함은 더 이상 말할 것도 없다. 그러나 모든 위기는 동시에 크게 도약할 수 있는 절호의 기회이기도 하다. 민족의 염원인 통일도 능히 이런 위기상황에서 이뤄낼 수 있다. 모두 우리가 노력하기 나름이다.

천하대란의 시기에는 스스로를 채찍질하며 부단히 노력하는 이른바 자강불식自强不息을 행하는 자만이 살아남을 수 있다. '자강불식'은 『주역』을 관통하는 키워드이기도 하다. 현재 IT업계에서 세계정상을 달리는 '애플제국'과 '삼성제국'도 '자강불식'을 게을리 할 경우 자신도 모르는 사이 한때 세계 IT업계를 호령했던 소니와 노키아의 길을 걸을 수밖에 없다. 치열한 경쟁에서는 영원한 1등은 존재하지 않기 때문이다. 오직 '자강불식'을 행한 자만이 정상에 오를 수 있다.

최고통치권자를 비롯한 위정자와 기업CEO들의 위기의식과 분발奮發이 절실한 이유가 여기에 있다. 독자들이 본서를 통해 21세기 G2시대 경제전에서 최종 승리를 거둘 수 있는 비책을 스스로 찾아내길 기대한다. 자기계발과 성공적인 직장생활을 원하는 일반 독자들도 본서를 통해 얻는 바가 있을 것이다. 모쪼록 본서가 명실상부한 '동북아 허브시대'를 만들고자 하는 모든 사람들에게 나름 도움이 됐으면 한다.

2017년 가을 학오재學吾齋에서 저자 쓰다.

제 1 장

태조
·
강력한
1인자

VS

더 강력한
2인자
·
정도전

1인자와 2인자는 언제나 존재해왔다. 그들은 때로는 협력하고 때로는 경쟁한다. 1등 지상주의의 세상이라고 하지만 1인자 혼자만의 힘으로 이룰 수 있는 것은 많지 않다. 좋은 2인자는 때로 1인자를 넘어서기도 한다. 2인자가 되는 것이 더 어려운 일일 수도 있다. 1인자에게 계획을 주도하고 이끌어가는 창의성이 있다면, 탁월한 능력으로 1인자를 지원하고 보좌하는 2인자에게도 2인자의 미학이 있는 것이다.

제1장 태조와 정도전

"한고조가 장자방을 쓴 것이 아니라,
사실은 장자방이 그를 키운 것이다."

― 정도전

1인자의 강력한 결단력

개성상인 집안 출신 왕건王建이 세운 고려는 14세기 말이 되자 안팎으로 많은 어려움에 직면했다. 안으로는 권문세족들의 부정과 횡포로 집권 체제가 약화되며 왕권이 쇠퇴했다. 밖으로는 왜구가 배를 타고 전국 해안에 수시로 출몰해 약탈을 일삼았다. 힘이 빠진 고려는 해안의 주민들을 괴롭히는 왜구를 전혀 막지 못하고 있었다. 이때 2명의 명장이 등장했다.

바로 고려 최고의 무장 최영과 신흥 군벌인 이성계다. 두 사람은 힘을 합쳐 왜구를 차례로 격퇴하면서 세력을 구축하기 시작했다. 이 무렵 원나라를 무너뜨린 명나라가 요동을 관리하겠다며 일방적인 통보를 해오는 사건이 있었다. 고려 우왕은 이성계에게 군사권을 주며 요동을 정벌할 것을 명령했다.

최영과 이성계는 입장이 갈렸다. 처음부터 요동 정벌에 반대한 이성계는 압록강 하류인 위화도에 이르자 진군을 멈췄다. 좌군도통사 조민수와 상의해 장마철이라 군량 운반이 힘들고, 습기로 활이 풀려 전투가 여의치 않으며, 소국은 대국을 섬기는 것이 나라를 보호하는 길이라는 이유를 들어 요동 정벌이 불가능하다는 상서를 올렸다. 회군을 청한 것이다.

최영과 우왕은 이를 허락하지 않았다. 그러나 이성계는 즉시 회군을 결행해 군대를 이끌고 돌아왔다. 예상치 못한 사태에 최영이 정벌군과 싸우려 했으나 병력 없는 텅 빈 왕실이 승리할 리 없었다. 결국, 최영과 왕실을 몰아낸 이성계는 고려를 접수했고 1392년 새로운 나라를 건국했다. 조선이 탄생한 것이다.

1인자라면 인문학을 공부하라

조선의 창업주인 태조 이성계는 지략이 출중했던 명나라의 주원장과 달리 무사武士에 지나지 않았다. 일찍이 왕조교체기의 난세에 무인이 일시적으로 보위에 오른 경우는 있으나, 수백 년 동안 유지한 새 왕조의 건립에 성공한 적은 없었다. 이는 반드시 득천하得天下와 치천하治天下의 방략을 훤히 꿰는 책사의 도움을 받아야 가능했다. 조선의 건국에는 이방원과 정도전이 그 역할을 했다.

그러나 이성계를 문文과 담을 쌓은 단순한 무사로 해석하는 것은 잘못된 평가다. 비록 체계적으로 접근하지는 않았으나 일정 수준의 '학문'을 연마했다. 그는 정도전의 권유로 『맹자』와 『대학연의』 등을 탐독하기도 했다. 이성계의 아들 이방원이 '문'의 상징인 성균관에 들어가 문무겸전의 지략가로 성장한 것도 그가 학문을 중시한 결과였다. 이성계가 단순한 무사가 아니었다는 사실은 정도전에게 전폭적인 신뢰를 보내면서도 정도전과 대립한 권근을 중용한 사실을 통해서도 확인할 수 있다.

미리 생각하고 한발 앞서 조치하라

태조 이성계가 조선을 건국하는 데 결정적인 역할을 한 사람은 정도전이다. 정도전은 이성계를 도와 조선 건국에 큰 공을 세웠지만, '왕자의 난'에 의해 제거당하는 극적인 삶을 보냈다. 조선을 세우고 조선에 버림받은 정도전의 삶을 이야기할 때 정몽주와 이방원을 빼놓을 수 없다.

고려 말 정몽주와 정도전은 각기 좌익과 우익에서 이성계를 도왔다. 이성계의 아들 이방원도 그들을 거들었다. 어지러운 고려를 바로잡겠다는 동일한 목표를 갖고 있었기 때문이다. 세 사람은 모든 일에 뜻을 맞추어 나갔다. 그러나 정몽주는 고려 왕조라는 토대 안에서 중흥을 꾀한 타협적 노선이었다.

| 포은 정몽주

반면 정도전은 이성계라는 새로운 인물을 전면에 내세워 새로운 왕조를 건설하려는 급진론자였다. 그들은 끝까지 함께할 수 있는 사이가 아니었다. 결국 정도전이 이성계를 도와 부패한 고려 왕조를 뒤엎고 새로운 왕조를 세우려 할 때, 정몽주는 그의 정치적 스승 이색과 함께 반발하고 나섰다.

정몽주는 이성계가 사냥을 하다 말에서 떨어져 부상을 당했다는 소식을 들었다. 이성계를 제거할 천재일우의 기회였다. 그러나 이성계의 아들 중 정치적 감각이 가장 예민했던 방원은 정몽주의 움직임을 읽고 먼저 문신들의 기선을 제압했다. 그래도 죽기를 각오하고 이성계의 집으로 향한 정몽주와 그의 마음을 읽으려 했던 방원이 맞닥뜨렸다. 먼저 방원이 그 유명한 「하여가何如歌」를 읊으며 정몽주의 마음을 떠봤다.

이런들 어떠하며 저런들 어떠하리

만수산 드렁 칡이 얽혀진들 어떠하리

우리도 이같이 얽혀져 백년까지 누리리라

이에 정몽주가 「단심가丹心歌」를 지어 답했다.

이 몸이 죽고 죽어 일백 번 고쳐 죽어

백골이 진토되어 넋이라도 있고 없고

임 향한 일편단심이야 가실 줄이 있으랴

이를 들은 이방원은 정몽주가 자신과 뜻을 같이하지 않을 것임을 확신
했다. 결국 자신의 휘하 조영규를 시켜 귀가하던 정몽주를 선죽교에서 암
살했다. 이방원은 조선 건국에 뜻을 같이했던 정도전도 제거했다. 정도전
은 술에 취하면 종종 "한고조가 장자방을 쓴 것이 아니라, 사실은 장자방
이 그를 키운 것이다."라는 말을 입에 담았다. 장자방은 한고조 유방의 참
모로 한나라를 개국하는 데 가장 큰 공을 세운 인물이었다. 이 말은 정도
전 자신이 조선 건국에 지대한 공을 세웠음을 노골적으로 드러내는 것이
었다.

정도전은 스스로 왕이 되기보다는 임금의 자질이 충분한 사람을 왕으
로 만들어 그를 상징적인 존재로 내세운 뒤, 모든 정치는 조정대신들이
맡아서 하는 강력한 신권주의臣權主義 국가를 꿈꾸고 있었다. 왕을 중심으

로 한 왕권 국가를 지향한 이방원과 재상을 중심으로 한 신권 국가를 만들려는 정도전의 이념은 대립할 수밖에 없었다.

정도를 지켜야 야망이다

누구보다 정치적이었던 정도전에게 정몽주와 이방원 못지않게 중요한 인물이 권근이다. 조선의 창업과정에서 드러난 정도전의 가장 중요한 역할은 성리학을 통치이념으로 제시한 것이다. 이때 권근이 정도전과 대립했다. 두 사람은 조선의 시발점인 태조 이성계의 곁에 자리하고자 한 적이자 동지였다.

본래 정도전과 권근은 성리학을 조선의 통치이념으로 만드는 데 의견을 함께했다. 두 사람은 성균관 대사성으로 명망 높은 이색의 문하에서 이숭인, 길재, 하륜 등과 더불어 공부했다. 이색은 두 명의 제자 모두를 아꼈다. 정도전보다 열 살이나 어린 권근은 스승을 좇아 성리학을 추종하면서도 불교를 멀리하지 않았다. 다른 제자들도 크게 다르지 않았다. 정치와 종교를 분리시켜 생각했기 때문이다. 이것은 성리학을 연마한 당시 사대부들의 일반적인 경향이기도 했다.

이런 상황에서 정도전만이 성리학 이론을 인용해 강력한 배불론排佛論을 주장하고 나섰다. 그는 왜 이런 극단적인 주장을 펼친 것일까? 이는 이색과 권근, 이숭인, 길재 등이 미천한 신분 출신인 정도전과 달리 불교를 숭상한 고려의 대표적 문벌세력이었던 배경에서 출발한다. 하륜은 지방의 향리 집안 출신이었으나 정도전과는 전혀 다른 길을 걸었다.

　당시 정도전을 제외한 이색의 제자는 모두 조선의 건국에 반대했다. 훗날 권근과 하륜은 이들과 달리 조선 건국 직후 이에 가담했으나 자신의 영화를 도모하기 위한 것은 아니었다. 정도전이 스승인 이색을 죽이기 위해 혈안이 된 데 반해 권근과 하륜은 위험을 무릅쓰고 이색의 묘비명을 쓸 정도로 끝까지 스승을 존경했기 때문이다.

　정도전 역시 전부터 많은 승려들과 깊은 친교를 맺었다. 고려 말에는 우왕의 왕사와 국사를 지냈던 승려 보우선사普愚禪師의 비문을 쓰기도 했다. 배불론의 선봉에 섰던 그가 보우선사의 비문을 썼다는 것은 언뜻 모순된 듯 보인다. 그러나 새로운 세상의 도래를 꿈꾼 혁명가 정도전은 스승을 비롯한 고려 말기의 문벌들을 한 번에 배제하기 위해서는 불교 자체를 표적으로 삼을 필요가 있다고 판단했다.

　원래 성리학과 불교는 대립하던 이념이 아니다. 실제로 태조 이성계를 비롯해 태종, 세종, 세조 모두 불교를 숭상했다. 세종의 경우 통치이념으로의 성리학에 대한 신념을 보였지만, 종교로서 불교의 효용성을 인정했다. 그는 드러내놓고 불교신앙을 과시하지 않았으나 실제로는 깊은 불심을 갖고 있었다. 세종은 신하들의 반대를 물리치고 불교행사를 강행할 때 조상의 유훈과 전통 등을 이유로 들었다. 그러나 이는 자신이 불교신자인 것을 의도적으로 감추기 위한 성격이 짙었다. 세조는 아예 노골적으로 드러내놓고 호불군주好佛君主를 자처했다. 그는 경연經筵(고려·조선 시대에 임금

불씨잡변佛氏雜辯

1398년 정도전이 불교를 비판하기 위해 쓴 책이다. 서문은 권근이 썼다. 불교의 비현실적인 면, 비리, 표리부동한 점 등을 들어 불교를 비난하고 격하하고 있다. '불씨'는 부처를 뜻하고, '잡변'은 말그대로 잡스러운 이야기라는 뜻이다. 내용 중 일부를 보면 다음과 같다.

"오늘날 불교란 것은 화려하고도 매우 큰 전당이나 지어 놓고 왕자처럼 좋은 의복을 입고 맛있는 음식이나 먹고 있다. … 도대체 여기에 그들이 말하는 번뇌를 끊고 세간을 떠나며 청정하고 욕심이 없다는 것이 어디에 있는가?"

…

"저 사리란 것이 추울 때는 옷이 될 수 없고, 배고플 때는 먹을 수도 없으며, 전쟁이 나면 무기로 사용할 수도 없고, 병이 들었을 때는 탕약으로도 사용하지 못하오. 그러하니 부처의 영험 하에 한 번 기도하여 사리를 수천 개를 만들도록 하여도 여전히 도움될 것 없고 인간사만 해칠 따름이오."

『불씨잡변』, 정도전, 계명대학교출판부

이 학문을 닦기 위하여 학식과 덕망이 높은 신하를 불러 경서 및 왕도에 관하여 강론하게 하던 일)에서 불경 강론을 시도했다. 조선 초기, 궁궐은 말할 것도 없고 민간에 이르기까지 널리 확산된 불교가 유일한 통치이념인 성리학과 공존할 수 있었던 이유가 여기에 있다.

그런 점에서 정도전이 유교를 숭상하고 불교를 철저히 이단으로 간주해 억제하려는 의도로 쓴 책『불씨잡변』은 당시의 일반적인 풍조와 크게 배치됐다. 게다가 성리학이 불교의 기본교리를 차용한 통치이념이라는 관점에서 보면 배불론 자체가 논리적 모순을 지닌 이론이었다. 따라서 정도전의 배불론은 고려의 모든 전통을 한꺼번에 뒤집으려 했던 그의 과격한 혁명사상에서 그 배경을 찾을 수밖에 없다. 성종 시절의 학자 서거정의 소화집笑話集인『태평한화골계전』에 이를 뒷받침하는 일화가 있다.

하루는 정도전이 이숭인, 권근과 함께 인생의 가장 큰 즐거움에 대해 이야기했다. 이숭인이 먼저 말했다.

"조용한 산방에서 시를 짓는 것이 그것이오."

권근이 말했다.

"따뜻한 온돌에서 화로를 끼고 앉아 미인 곁에서 책을 읽은 것이 최고의 즐거움이오."

그러자 이를 못마땅하게 여긴 정도전이 말했다.

"나에게는 첫눈이 내리는 겨울날 가죽옷에 준마를 타고 누런 개와 푸른 매를 데리고 평원에서 사냥하는 것이 가장 즐거운 일이 될 것이오."

정도전의 원대한 포부를 짐작할 수 있는 대화다. 그러나 이는 왕조교체기의 어지러운 상황에서 볼 때 신하의 도리를 넘은 군주의 도리로 해석하기 쉽다. 그는 끝없이 위로 올라가고 싶어 했다.

정도전의 조상은 경상도 봉화의 토착 하급 향리로, 그의 집안은 부친인 정운경 대에 이르러서야 크게 일어서기 시작했다. 이에 반해 권근은 증조부가 수문전 대제학을 지낸 명문가 출신이었다. 두 사람 모두 젊어서부터 당대 최고의 유학자로 명망이 높았던 이색의 문하에서 학문을 쌓았다. 이후 정도전은 21세인 공민왕 11년(1362)에 진사시에 급제해 벼슬길에 올랐다. 권근이 진사시에 합격한 17세에 비하면 다소 늦지만, 당시로써는 매우 젊은 나이에 급제한 것이다.

정도전은 순탄한 벼슬생활을 하던 중 부친의 죽음으로 인해 고향인 경상도 영주로 내려가 3년 상을 치른 뒤, 공민왕 18년에 삼각산으로 돌아와 학문을 연마하며 자신이 나설 때를 기다렸다. 2년 뒤 공민왕이 신돈을 제거한 여세를 몰아 성균관에 대한 대대적인 개혁을 단행했다. 이때 스승인 이색이 성균관 대사성으로, 동문인 정몽주와 이숭인이 교관으로 임명되자 정도전도 이들의 천거에 힘입어 정7품의 성균박사가 되었다.

이 와중에 우왕 원년인 1375년, 몽골고원으로 쫓겨난 북원北元의 사자가 명나라를 협공하자는 논의를 위해 고려를 찾았다. 원나라에서 오는 사신을 접대하라는 지시가 정도전에게 내려졌다. 정도전은 자신에게 원나라 사신을 접대하라고 하면 그를 죽여버리거나 산채로 묶어 명나라로 보낼 것이라며 강경히 거부했다. 그는 즉시 파직되어 전남 나주에서 3년의 유배생활을 했다. 권근도 정도전과 함께 북원 사절의 영접을 막으려고 나섰다가 위기에 몰렸으나 귀양을 가지는 않았다. 그는 정도전과 다른 집권세력이자 친원파인 명문세족 출신이기 때문이었다.

정도전은 유배지에서 불교와 성리학을 비교한『심천문답』을 저술했다. 훗날 그가『불씨잡변』에서 보다 정교한 배불론을 제시하는 데 초석이 된 책이다. 그는 유배지에서 혁명의 뜻을 더욱 굳건히 다짐했다.

그 사이 권근은 승승장구했다. 1382년에는 정4품 벼슬인 좌사의대부에 오를 정도로 그에 대한 우왕의 신임은 돈독했다. 2년 뒤 왕명을 하달하는 일을 맡아보던 벼슬인 대언에 결원이 생겨 조정이 권근을 추천하자 우왕은 "그는 일찍이 뛰어난 간언으로 나를 꼼짝 못하게 한 인물이다."라며 곧바로 그를 임명했다.

이때 정도전도 다시 벼슬길에 나섰다. 명나라 수도인 금릉의 성절사 사절로 가게 된 정몽주의 추천 덕분이었다. 다시 만난 정도전과 권근은 이성계가 강화도에서 회군하는 1388년에 정몽주와 함께 이를 지지했는데 정도전은 지공거(과거를 관장하던 시험관), 권근은 동지공거(지공거 밑의 고시관)가 되어 진사 시험을 주관했다. 두 사람이 정몽주와 더불어 당대의 학자로 각광을 받기 시작했음을 알리는 것이다.

정확히 파악하고 신속히 행동하라

이들의 엇갈린 행보는 이듬해인 창왕 원년에 첨서밀직사사로 승진한 권근이 윤승순과 함께 명나라에 갔다가 예부의 외교문서를 갖고 오면서 시작됐다. 문서에는 이성계가 이성異姓의 신하로 왕 노릇을 하게 된 것을 문책하는 내용이 실려있었다. 권근은 이를 백관의 최고 합좌기관인 도당에 올리기 전에 미리 뜯어 보고 창왕의 장인인 좌의정 이림에게 넘겼다.

이림은 이성계와 최영에 의해 물러난 이인임의 형제로 구세력의 핵심이었다. 이성계를 질책하는 내용의 명나라 예부의 자문은 이성계 일파의 혁명세력에 역공을 가할 수 있는 무기나 다름없었다. 사실상 도당을 좌우하던 우의정 이성계는 마침 병으로 집에 누워있었다. 그런데 누군가가 이를 이성계에게 폭로했다.

"명조 예부의 외교문서는 다른 성씨를 가진 신하가 왕 노릇을 하게 된 것을 문책한 것입니다. 권근이 이를 도당에 올리기 전 이림과 함께 뜯어 보았습니다."

이성계 일파는 여전히 막강한 세력을 형성하고 있는 이인임 일당의 반격을 우려하고 있었다. 이들은 곧 권근을 탄핵해 황해도 우봉으로 귀양을 보냈다. 얼마 후 공양왕이 즉위하자 대간이 다시 그를 탄핵했다.

"권근이 사사로이 외교문서를 뜯어 먼저 이림에게 보였습니다. 그에게 중벌을 내려야 합니다."

그는 더 먼 곳으로 이배되었다. 이와 관련한 정도전의 행적은 뚜렷하지 않다. 그러나 그가 배후인물로 작용했을 것이라는 의견이 대두되고 있다. 위기 상황에서 권근은 이성계의 도움을 받아 매를 맞고 더 먼 곳으로 유배 가는 것으로 목숨을 부지했다. 권근의 학문을 아까워한 이성계는 조선 건국에 그를 끌어들일 생각을 하고 있었다.

그러나 그해 5월 파평군 윤이와 중랑장 이초가 명나라로 들어가 이성계를 무고하는 사건이 일어났는데 권근도 연루되었다는 혐의를 받아 청주 감옥에 갇혔다. 그때 윤이와 이초가 주원장에게 이성계를 헐뜯었다.

"공양왕은 이성계의 친척에 불과하고, 이성계는 장차 명나라를 침범할 계책을 세우고 있습니다."

이 사건은 명나라의 힘을 빌려 이성계 일파를 제거하려고 한 반혁명세력 최후의 반격이었다. 하지만 명나라가 이들의 무고를 그대로 받아들일 가능성은 적었다. 종2품의 정당문학으로 승진한 정도전이 주원장의 생일을 축하하는 자리에서 무고 사건에 대해 해명하는 것으로 마무리됐다.

이도 잠시, 윤이와 이초의 무고 사건에 개입한 김종연이 반혁명세력을 규합해 이성계를 살해하려다 발각됐다. 이 사건을 계기로 이성계 일파는 정도전에게 도당과 성균관 대사성을 겸하는 요직을 내려 자신의 견해를 분명히 밝혔다. 그럼에도 반혁명세력의 준동을 미리 방지하기 위해서는 군사권을 보다 확고히 장악할 필요가 있었다.

이듬해인 1391년 정월 고려는 종래의 5군 제도를 없애고 3군으로 개혁했다. 도총제사에 이성계, 좌군총제사에 조준, 우군총제사에 정도전이 각각 취임했다. 이로써 혁명세력을 대표하는 세 사람이 고려의 군사권을 완전히 장악했다. 정도전의 나이 50세의 일이었다.

그러는 사이 청주에서 옥살이를 하던 권근은 갑자기 큰비가 내려 성이 물에 잠기는 와중에 간신히 목숨을 구했으나, 이내 익주로 이배되었다. 이때 그는 주돈이의 『태극도설』, 정도전의 『학자지남도』 등을 바탕으로 성리학 입문서인 『입학도설』을 완성했다. 이는 『대학』과 『중용』의 성리학 이론을 그림으로 알기 쉽게 풀이한 책으로 훗날 이황의 『성학십도』 작성에 지대한 영향을 미쳤다. 현재 교육학계는 이 책을 17세기 요한 코메니우스가 저술한 『세계도회』보다 270년 앞서 세계 최초로 '삽화를 삽입한 교과서'라는 점에서 높이 평가하고 있다. 실제로 권근은 책의 서문에서 이같이 말한다.

"초학자들에게 성리학을 평이하게 가르치기 위해 도해 방식을 이용했다."

그러나 무엇보다 이 책에서 주목할 점은 이후에 출간된 판본의 권말에 정도전의 서문이 실려있다는 것이다. 이는 정도전이 자신의『학자지남도』를 참조한『입학도설』에 크게 기뻐했음을 뜻한다.『입학도설』이 유배 기간에 저술된 점에 비춰볼 때 권근은 동문이자 같은 성리학자인 정도전에게 역성혁명을 불가피하게 수용할 뜻이 있음을 전한 것으로 볼 수 있다. 권근이『입학도설』을 저술한 다음 해에 마침내 유배에서 풀려 충주(지금의 충북 음성)에서 칩거하던 중 조선왕조의 개국을 맞이한 사실이 이 같은 추론을 뒷받침한다.

물론 권근이 직접 조선 건국에 참여할 뜻을 밝힌 적은 없다. 그러나 그는 개국 이듬해에 이성계의 부름을 받자마자 계룡산 행재소(임금이 궁을 떠나 멀리 나들이할 때 머무르던 곳)로 가 조선 건국을 칭송하는 노래를 짓고, 정릉(이성계의 부친 이자춘의 능)의 비문을 지어 바쳤다. 비록 군왕의 초청에 마지못해 응하는 형식을 취하기는 했지만, 고려의 유신으로 남고자 했다면 이를 거절하는 것이 옳았다. 그와 하륜이 고려 유신들로부터 '변절자'라는 비난을 받게 된 배경이 여기에 있다.

독선은 사람을 떠나게 한다

의리를 중시하는 성리학자라면 길재처럼 은둔생활을 하면서까지 고려 최후의 유신遺臣으로 남는 것이 가장 이상적인 방법일지도 모른다. 그러나 이미 조선 건국이 이뤄진 상황에서 새 왕조에 적극적으로 참여해 세상을 평안하게 다스리겠다는 이상을 펼치는 것도 대의에 입각한 행보로 손색이 없었다. 중요한 것은 변절의 배경이 과연 민생을 잘 다스리겠다는 커다란 이상을 실현하기 위함이었는지의 여부다. 평생 근검과 면학으로 일관한 권근의 행적은 그것을 입증한다.

　여기서 주목해야 할 것은 조선 개국 당시 정도전이 동문인 권근, 하륜과는 정반대로 스승인 이색을 집요하게 제거하려 한 사실이다. 정도전은 왜 이런 배은망덕한 모습을 보인 것일까? 많은 사람은 이색이 끝까지 고려 왕실에 대한 미련을 버리지 않으리라는 것을 알고 있었기 때문이라고 해석한다. 그러나 이는 설득력이 약하다. 이성계의 반론이 그 증거다.

　"설령 이색 등이 기내畿內(나라의 수도를 중심으로 하여 사방으로 뻗어나간 가까운 행정구역의 안)에 있을지라도 어찌 다시 모의하겠는가."

　이성계는 이미 대세가 기울었으므로 고려를 부흥시키기는 불가능하다고 판단했다. 그럼에도 매사에 반골성향이 강한 정도전은 자신의 주장을 한 치도 굽히지 않았으며 성급하기까지 했다. 어떤 면에서 그는 문신임에도 무인 기질이 더 강했고 지나치게 독선적이었다. 『태조실록』의 해당 기록이다.

　"정도전은 도량이 좁고 시기가 많았다. 또한 겁이 많아서 반드시 자기보다 나은 사람들을 해쳐 그 묵은 감정을 보복하고자 하여, 매양 임금에게 사람을 죽여 위엄을 세우기를 권고하였으나 임금은 모두 듣지 않았다."

정도전이 스승인 이색을 그토록 집요하게 제거하려 했던 배경을 알 수 있는 대목이다. 신생 조선의 통치이념인 성리학에 대한 우월한 해석을 위협할 수 있는 사람은 이색과 권근 정도밖에 없었다. 만일 이색이 이성계의 부름에 응하거나 은둔에 들어갈 경우, 학문에 있어 커다란 위협이 될 상황이었다.

이에 정도전은 이색을 사람이 살지 않는 무인도로 귀양 보내 자연사시킬 계획을 세웠다. 그러나 이성계의 반대로 좌절되었다. 『태조실록』의 기록이다.

"교서에 이미 '내가 오히려 이들을 불쌍히 여긴다'고 했는데, 지금 또 여러 섬으로 나누어 귀양 보내면 이는 신임을 잃는 것이다. 더구나 무인도에 귀양을 보내면 의복과 음식을 어찌 얻겠는가? 반드시 모두 굶주리고 헐벗어 죽고 말 것이다."

태조의 강경한 대응에 이색은 장흥으로 유배를 떠나게 됐다. 그러나 이색의 죽음을 바란 정도전은 그 호송관인 허주를 사주해 이색을 무인도인 자연도로 귀양 보낼 것을 지시했다. 허주가 의아해하며 머뭇거리자 정도전이 말했다.

"그를 섬으로 귀양 보내자는 것은 바로 바다에 밀어넣자는 것이다."

실록의 내용을 그대로 믿기는 어려우나 이색이 귀양 도중 의문의 익사사고를 당한 점에 비춰볼 때, 정도전의 뜻에 따라 목숨을 잃었을 가능성이 크다. 이색의 의문사는 고려의 유신들을 끌어들여 신생 조선의 정통성을 강화하는 데 큰 걸림돌이 되고 말았다.

그런 점에서 정도전이 이색이 살아있는 한 고려의 유신들을 새 왕조에 끌어들이기란 불가능하다고 판단해 끝내 그를 사지로 몰아넣었다는 기존의 주장은 수정될 필요가 있다. 실제로 정도전이 조선 건국 후 고려의 유신들을 끌어들이기 위해 애쓴 흔적은 전혀 없다. 오히려 창업의 대공을 조준과 같은 소수의 인물들과 독식하려는 모습을 보였다. 정도전의 잔인한 일면이 드러나는 대목이다.

성균관 대사성으로 제자들을 가르치던 이색은 평소 정도전을 총애했다. 그와 권근, 이숭인은 모두 이색의 수제자였다. 이색은 종종 애제자들이 강론을 대신하도록 할 정도로 이들의 학문을 아꼈다. 그런 스승을 죽게 했으니 배은망덕한 행보가 아닐 수 없다. 조선 건국 직전 순천에 유배되었던 이숭인도 정도전의 심복인 황거정에게 피살됐다. 그의 행동은 신생 왕조의 기업을 일거에 무너뜨릴 위험을 안고 있었다.

조선 개국 당시 고려의 유신들 중 상당수가 선비의 도리로 두 왕조를 섬길 수 없다는 이유를 들어 관직을 버리고 개경 근방의 두문동 골짜기로 숨어들었다. 역사는 여기서 '두문불출杜門不出'이라는 말이 생겨난 것으로 전하나 이는 잘못된 정보다. '두문불출'이라는 용어는 그전부터 존재했으며, '두문동'이라는 지명은 그 뒤에 만들어졌다. 세인들은 골짜기에 숨은 고려의 유신들을 흔히 '두문동 72현'이라고 불렀다.

권근과 하륜은 이들로부터 '변절자'로 지목받았다. 왕조교체기에 흔히 나타나는 모습이지만, 이미 새 왕조가 들어섰음에도 고집스럽게 패망한 이전 왕조의 유신으로 남는 것을 칭송할 수만도 없다. 새 왕조가 치국평천하의 원대한 구상을 실현하려 협조를 요청하면 능히 응할 수도 있었다. 공자조차 천하유세 도중 반적으로 지목된 인물로부터 초청을 받고 망설이다가 제자인 자로의 만류로 눈물을 머금고 이를 포기한 적이 있다. 성리학을 포함한 유학의 기본 정신은 어디까지나 벼슬길에 나서 치국평천하의 이상을 펼치는 데 있다.

권근과 하륜이 태조 2년에 변절자라는 소리를 들으며 신생 조선에 참여할 즈음 정국의 실권은 이성계의 절대적인 신임을 받고 있던 정도전이 장악하고 있었다. 가슴에 치평의 이상을 품고 있던 하륜은 정도전의 속셈을 읽고 있었다. 그가 애초부터 정도전의 최대 정적으로 부상한 이방원에게 접근한 뒤 이방원이 주도하는 '왕자의 난'에 깊숙이 개입해 정도전 제거의 선봉에 선 것은 바로 이 때문이다. 세상을 다스리는 자로서의 풍모가 유감없이 드러난 대목이다. 이에 반해 권근은 시종 이론가로서 학자의 삶에 충실했다. 그는 두 번에 걸친 '왕자의 난'에 초연한 모습을 보였다.

그러나 혁명가이자 경세가였던 정도전이 이방원, 하륜과 대립하는 동시에 성리학에 대한 독보적인 해석권까지 장악하려 들자 권근 역시 그와 대립하지 않을 수 없었다. 조선에서 통치이념인 성리학에 대한 우월적 해석권은 곧 신권 세력의 주도권 장악을 의미했다. 이색이 죽은 뒤 조선 성리학 이론에서 쌍벽을 이룬 권근과 정도전이 대립한 계기는 태조 5년 정월의 '표전문 사건'이다.

'표전문'은 신년과 탄생일 등 기념일에 맞춰 축하의 목적으로 황제에게 올리는 '표문'과 황후 및 태자에게 올리는 '전문'을 총칭하는 말이다. 당시 명나라는 사자를 보내 조선에서 보낸 신년 축하 글에 경박하고 황실을 희롱해 모독하는 내용이 담겨있다는 트집을 잡아 이를 작성한 정도전을 보내달라고 요구했다.

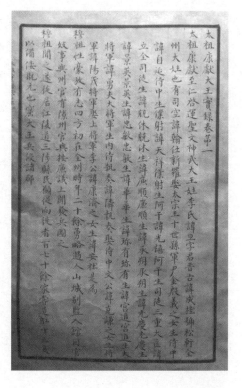

『태조실록』에 실린 명나라 예부의 자문을 보면 구체적으로 이들이 트집 잡으려고 했던 것이 무엇인지 알 수 있다.

『태조실록』

"이제 조선이 명절 때마다 사람을 보내 표전을 하례하니 예의가 있는 듯하나 문사가 경박하고 멋대로 능멸하는 뜻이 있다. 근일 인신과 고명을 주청한 보고문 안에 은나라 주왕紂王의 일을 인용했으니 더욱 무례하다. 국왕의 본의인지, 신하들의 희롱인지, 아니면 사신이 가지고 오다가 중도에 바꿔치기한 것인지 모두 알 수 없으므로 사신을 돌려보내지 않겠다. 표전을 작성하고 교정한 자들을 모두 보내야 사신들을 돌려보내겠다."

조선이 인신과 고명을 청하는 보고문을 올리면서 이성계를 은나라의 폭군인 주왕을 토벌한 주나라 무왕에 비유했음을 짐작할 수 있다. 이는 주원장이 원제국을 몽골 초원으로 쫓아내며 명제국을 창건할 때 사용한 방식이다. 명나라 예부의 처지에서 볼 때 이성계가 조선 내에서 스스로를 주무왕에 비유하는 것은 모른 척하고 넘어갈 수 있을지라도 이런 내용의 보고서를 주원장에게 그대로 올릴 수는 없는 일이었다.

실제로 명나라에서는 주원장을 비웃는 듯한 내용의 글로 인해 수많은 문신이 목숨을 잃는 '문자지옥文字之獄'이 빚어지기도 했다. 하지만 명나라의 진짜 속셈은 다른 곳에 있었다. 비적의 무리에서 몸을 일으켜 천하를 거머쥔 주원장은 조선의 움직임에 과민한 반응을 보였다. 조선이 북원과 합세해 쳐들어올지도 모른다는 우려에서였다. 그는 내심 신흥 조선의 실권을 장악한 정도전을 제압할 필요성을 느꼈다.

위기의 순간에 총대를 메라

명나라의 압력을 견디지 못한 이성계는 표문을 작성한 김약항을 명나라로 보냈다. 그러나 명나라는 더욱 강도를 높여 정도전을 압송할 것을 재촉했다. 정도전은 조선을 찾은 명나라 사신의 거듭된 독촉에도 병을 핑계로 그들의 요구를 거부했다. 보다 못한 권근이 자청하고 나섰다.

"표문을 짓는 일에 신도 참여하여 알고 있으니 청컨대 신이 가서 이를 해명코자 합니다."

이성계가 반대했다.

"경은 노모가 있고 또 황제의 명령이 없으니 차마 보낼 수 없다."

권근이 거듭 청했다.

"표문을 짓는 일에 신도 참여했습니다. 신은 지금 잡혀가는 것이 아니므로 용서받을 수 있고, 잡혀가지 않는 자들 또한 의심을 면할 수 있습니다. 신이 만일 후에 잡혀가게 되면 신의 죄는 도리어 무거워질 것입니다."

마침내 이성계가 이를 받아들여 통역관 이을수를 관압사(조선 전기 중국에 말을 바칠 때 파견한 사신)로 하여 표전문을 지은 권근과 정탁, 노인도를 남경으로 보냈다. 이때 한성윤 직책에 있던 하륜이 계품사로 선정돼 주원장에게 자초지종을 설명하기로 했다. 이러한 조치는 조정회의에서 정도전이 직접 명나라로 가 해명할 것을 강력히 요구한 데 따른 보복의 성격이 짙었다.

『태조실록』에 따르면 당시 여론이 권근이 명나라로 간 것을 아름답게 여기고 정도전의 행동을 비난하자, 이 말을 꺼림칙이 여긴 정도전이 이성계에게 다음과 같이 말했다고 한다.

"권근은 이색이 사랑하던 제자로 일전에 이색은 일찍이 주상을 황제에게 고자질하다 뜻을 얻지 못한 바 있습니다. 지금 권근이 청하여 가고자 하니 반드시 이상한 것이 있을 줄 아옵니다. 권근을 보내지 마십시오."

이성계는 이를 듣지 않고 오히려 사람을 뒤따라 보내 권근에게 황금을 노자로 주었다. '표전문 사건'을 전후해 명나라의 핍박으로 조선이 위기에 몰린 상황에서 스스로 총대를 메고 나선 권근에게 큰 신뢰를 보낸 것이다.

그해 9월 조선의 사절이 명나라 조정으로 들어가자, 예부에서 이들을 억류하기 위해 자문의 초안을 보여줬다. 권근이 머리를 조아리며 말했다.

"신 등은 해외에서 자라 학식이 통달하지 못한 까닭에 과군寡君(자국 군주의 겸양어)의 충성을 능히 황제에게 각별히 아뢰지 못하였으니 실로 신 등의 죄입니다."

이 말을 듣고 노여움을 푼 주원장이 그동안 억류했던 이들과의 만남을 허락했다. 일이 잘 풀린 덕에 하윤과 정탁이 먼저 귀국할 수 있었다.

이듬해인 1397년 초 주원장은 권근 일행도 이내 돌려보낼 생각으로 옷을 하사하며 사흘 동안 여유롭게 지낼 것을 권했다. 그러던 중 권근의 학식을 가늠하기 위한 시를 지었고, 이에 대한 응답을 요구했다. 그의 시는 「고려고경高麗故京」으로 '지난날의 왕씨王氏 창업은 단군이 서거한 지 오래되었으니 몇 번이나 왕조를 교체한 결과인가'라고 묻는 글이었다. 권근은 아래와 같이 화답했다.

들건대 아주 오랜 옛날에
단군이 신단수가로 내려와
동쪽 땅에 나라를 세웠지

때는 요임금의 시절이니

얼마나 지났는지는 모르나

햇수로 천 년이 지난 시점에

기자가 와 대를 이으면서

단군처럼 조선을 칭했다지

권근은 모두 24편의 시를 지어 조선이 중국을 섬김을 숨기지 않고 칭송했다. 주원장이 크게 만족했다.

"포부가 높고 성실한 수재다. 돌아가도록 하라."

섬돌 아래서 하직인사를 할 때 권근은 주원장이 하사한 옷을 입었다. 그러나 고지식한 정총은 지난해 8월에 죽은 신덕왕후의 상중을 뜻하는 흰옷을 입었다. 신덕왕후는 고려 권문세족 출신으로 이성계와 정략결혼으로 맺어진 사이다. 이성계가 즉위하자 현비顯妃에 책봉돼 소생인 이방석을 세자로 만드는 데 성공했으나, 이로 말미암아 이방원과 갈등이 깊어져 이내 병사하고 말았다. 이를 알 리 없는 주원장이 격노했다.

"너는 무슨 마음으로 하사한 옷을 입지 않고 흰옷을 입었는가."

결국 주원장은 권근만 돌려보내고 나서 금의위(황제 직속 정보보안 기관)에서 정총을 신문할 것을 명령했다. 너무도 두려운 나머지 도망치던 정총은 이내 잡혀 처형을 당했고, 김약항과 노인도 역시 연루혐의를 받아 처형을 당하는 사태가 벌어졌다.

권근이 주원장에게 받은 선유성지에는 다음과 같은 글이 적혀 있었다.

"조선국왕이여, 그대가 회군하여 고려의 왕 노릇을 하고 국호를 조선이라고 고쳤으니 이는 하늘의 도리다. 그대의 지성에도 두 나라 사이에 수재가 농간을 부려 바르지 못하였다. 천하에는 한 개의 해가 있을 뿐이니 해는 속일 수 없다. 먼저 온 4인의 수재 중 권근만 노성老成하고 성실하기에 놓아 돌려보낸다."

『태조실록』은 권근이 주원장의 특별대우를 받으며 돌아오자 정도전이 사헌부를 사주해 탄핵했다고 기록했다. 다른 사람들이 모두 억류를 당했는데 혼자 돌아온 까닭을 추궁한 것이다.

"정총 등 모두 돌아오지 못한 가운데 황제가 권근에게만 금을 상으로 주어 보냈으니 청컨대 그를 신문하도록 하십시오."

이성계가 물었다.

"어떻게 금으로 상을 준 사실을 아는가?"

정도전이 대답했다.

"들건대 권근이 금을 사용하고 있다고 하니 황제가 준 것이 아니라면 빈한한 선비가 어디서 금을 얻었겠습니까?"

정도전은 이성계가 황금을 노자로 준 사실을 모르고 있었다. 이성계가 웃으며 말하였다.

"비록 빈한한 선비라도 어찌 금을 얻을 도리가 없겠소."

이런 사실을 알 길이 없는 정도전이 계속 신문할 것을 청하자 이성계가 역정을 냈다.

"그는 황제가 진노했을 때 자청해 명나라로 가 노여움을 풀리게 했고 다시 경을 부르지 않게 만들었다. 그러니 나라에도 공이 있고 경에게도 은혜가 있다. 과인은 상을 주려 하는데 경은 오히려 그에게 벌을 주라 청하는 것인가?"

여기서 정도전과 권근의 인물됨이 선명히 드러난다. 정도전은 비록 조선 개국의 일등공신이었으나 이성계가 '표전문 사건'으로 인해 외교적 궁지에 몰린 상황에서 병을 핑계로 주군을 더욱 곤혹스럽게 만들었다. 정도전에 관한 실록의 기록을 액면 그대로 믿을 수는 없으나, 그가 터무니없는 억측으로 권근을 사지로 몰아넣고자 했음은 분명한 사실이다.

많은 학자들이 정도전의 이런 행보를 간과한 채 그가 이방원에게 참변을 당한 사실에만 주목한다. 그리고 정도전이 구상한 신권 국가가 성사되지 못한 점을 애석해 한다. 이는 커다란 잘못이다. 그는 조선 건국에 관한 자신의 공에만 안주해 군주와 국가가 위기에 처한 상황에서 아무런 대책도 없이 화를 키운 무책임한 모습을 보였다.

정도전이 종1품의 판삼사사에서 봉화백으로 물러난 것도 그의 행보 때문이었다. 이는 권근이 명나라로 떠날 즈음에 행해진 것으로 주원장의 반발을 우려한 고육지책의 성격이 짙은 게 사실이지만, 정도전에 대한 이성계의 신임이 과거에 비해 크게 떨어졌음을 의미하기도 한다. 동시에 당대의 통치이념인 성리학의 두 거봉을 적절히 견제해 통치기반을 다지려 한 이성계의 리더십이 선명히 드러나는 대목이다.

권근이 귀국한 이듬해에 봉화백 정도전과 화산군 권근을 성균관 제조로 임명해 종4품 이하의 유생 등을 모아 경서와 사기를 강습하도록 한 것도 이성계의 심중을 뒷받침한다. 여기서 주목할 점은 두 사람을 같은 급의 성균관 제조에 임명한 사실이다. 이성계가 위화도회군을 감행한 후 정도전의 직위는 늘 권근보다 한 급 위였다. 그러던 것이 결국 두 사람의 직급이 같아지고 말았다. 개국 전후의 상황을 고려해볼 때 정도전의 위상이 크게 추락한 것이다. 이로부터 4개월 뒤 정도전은 이방원 일파에게 참변을 당한다.

과한 욕심은 무덤과 같다

정도전의 비명횡사는 말할 것도 없이 이방원과의 대립에서 비롯됐다. 정도전이 세력을 손에 쥐었을 때 이방원은 공신 대열에 끼지도 못하고 세자 책봉에서도 밀려난 상황이었다. 게다가 사병제도마저 없애 무력 기반을 완전히 잃게 된 그는 정도전에게 몰려 목숨을 내놓을 수밖에 없었다. 그럼에도 오히려 정도전이 이방원의 손에 사라졌으니, 이는 스스로 무덤을 판 결과다.

정도전이 죽은 뒤 권근은 성리학에 대한 최고 권위인 해석권을 장악했다. 그러나 이는 어부지리와도 같았다. 당시 성균관에서 권근과 실력을 겨룰 수 있는 유일한 인물인 하륜이 신권을 내세운 정도전과 반대로 성리학을 왕권 국가의 통치이념으로 내세웠기 때문이다. 성리학은 막강한 왕권을 행사한 세조 때까지 조선을 대표하는 통치이념으로 작용했다.

| 충북 단양 정도전 동상

그러나 1457년 조선의 제9대 왕인 성종이 등극하면서 길재의 학통을 이은 김종직이 중앙정계에 등장했고, 신권 국가를 지향한 정도전의 통치 이념이 서서히 주류로 진입했다. 길재의 학풍은 의리를 중시하며 신권 국가를 지향한 점에서 정도전과 일치했다. 연산군 시절의 무오사화와 갑자 사화, 중종의 기묘사화, 명종의 을사사화 모두 관학의 주류를 장악하려는 권근의 왕권 중심 성리학과 정도전의 신권 중심 성리학의 대립으로 해석할 수 있다.

그런 의미에서 권근과 정도전의 사상적 대립은 중요한 의미를 지닌다. 『홍길동전』의 저자 허균이 충절의 관점에서 정도전과 권근을 한데 묶어 비난하면서도 정도전에게 더 큰 죄를 물은 것은 암시하는 바가 크다. 다음은 그의 주장이다.

"정도전과 권근은 모두 고려의 고관으로 절의를 잃은 점에서 같다. 권근은 제 명대로 죽었고 정도전은 죽임을 당하고 일족까지 멸망시켰다. 태조는 보위에 오르려던 마음도 없었으나 정도전이 추대하려는 꾀를 먼저 내었다. 비록 천명과 인심이 합해져 온당한 형편으로 보위를 이어받았으나 고려에게 정도전은 충신이 아니었다. 그의 마음은 실로 제 한 몸을 이롭게 하는 데 있었으니 끝내 살육을 면치 못했다. 권근은 태조의 부름을 받고 행재소로 나와 이내 등용되었다. 그는 계속 물러나기를 청하는 것이 마땅했으나 겁을 먹고 마지못해 몸을 굽히게 되었다. 이로 말미암아 이름과 지위가 높아졌고 제 명대로 살다가 죽었으나 남의 신하 노릇을 하는 자가 경계로 삼을 일이다.

고려가 망할 때 정도전이 충성에 죽고 권근이 돌아가기를 애걸하여 벼슬하지 않았다면 사람들이 어찌 포은(圃隱(정몽주)과 야은(冶隱(길재)을 숭상하는 것과 다르게 하겠는가. 특히 정도전은 자신의 공로만을 자부하면서 임금에게 어린 아들을 세자로 세우자는 계획을 권해 자신의 세력을 굳히려고까지 했다. 이는 스스로 편안하려 한 것이었으나 오히려 자신을 위태롭게 만들었다. 나는 이 두 사람 중 정도전에게 더욱 죄가 있다고 여긴다."

2인자는 2인자로 경계하라

허균의 글은 정몽주와 길재가 보여준 충절의 관점에서 두 사람을 비판한 것으로 개국 초기 성리학 이론의 쌍벽을 이룬 두 사람의 인물됨을 날카롭게 지적한 만큼 높이 평가할 만하다. 『태종실록』에 나오는 권근의 졸기卒記 역시 이를 뒷받침한다.

"권근은 타고난 성질이 순수하고 깨끗하며 온화하고 아담하며 성리학에 조예가 깊었다. 평상시에 비록 아무리 다급할 때일지라도 말을 빨리하거나 당황하는 빛이 없었다. 무릇 세상을 다스리는 문장과 중국에 보내는 표전 또한 모두 직접 작성하였다. 장차 임종하려 할 때에 아들과 사위를 불러 모아 놓고 당부하기를 '불사佛事를 쓰지 말라'고 했다."

정도전에 대한 혹평과 대조되는 대목이다. 권근의 '불사를 쓰지 말라'는 유언은 스승 이색과 마찬가지로 성리학과 불교를 정치와 종교의 세계로 분리해 공존하도록 한 평소의 행보를 보여준다. 불교 교리를 차용한 성리학이 불교를 배척하는 것은 통치이론으로 등장한 성리학을 종교의 세계로 함몰시킬 위험을 안고 있었다. 이는 통치이념의 교조화教條化와 화석화化石化를 의미했다. 실제로 조선은 중엽 이후 그러한 방향으로 나아갔는데, 일부에서는 이를 쇠망의 징조로 보기도 한다.

이념 과잉의 21세기에서 통치이념과 종교를 엄격히 분리하려 한 권근의 행보에 주목하는 이유가 여기에 있다. 권근을 적극 끌어들여 정도전과 병존시킴으로써 조선 건국이념의 기본 틀을 다진 이성계의 리더십 역시 눈여겨봐야 할 대목이다. 다만 초기에 정도전의 주장에 휩쓸린 나머지 권근과 하륜 이외의 고려 유신들을 모두 끌어안지 못한 것은 큰 아쉬움으로 남는다. 정도전을 과도하게 칭송하는 현행 학계의 잘못된 흐름이 크게 수정되어야 하는 이유이기도 하다.

　
　

IBM의 인공지능 '왓슨'이 가장 창의적인 CEO를 뽑았다. 바로 애플의 팀 쿡이었다. 쿡은 스티브 잡스에 이어 애플을 여전히 세계 최고의 IT 기업으로 이끌고 있다.

애플의 전직 임원은 '스티브 잡스가 제품 개발을 이끌었다면, 팀 쿡은 회사를 현금 더미로 만든 사람'이라고 평가했다. 잡스가 기기의 혁신을 이뤘다면 쿡은 관리의 혁신을 이루고 있다는 평가도 한다.

잡스가 애플의 1인자로서 혁신적인 제품 개발에만 매진할 수 있었던 데는 쿡의 든든한 관리와 뒷받침이 있어서였다. 애플은 혁신적인 1인자 잡스와 치밀한 2인자 쿡의 이상적인 조합으로 더욱 강화된 것이다.

제 2 장

태종
·
의심 많은
1인자

VS

그 마음을 읽은
2인자

·
하륜

리더십은 기술이나 전략이 아니다. 인간과 세상을 세심하게 이해하는 실천적인 지혜이다. 역사를 보면 위기와 안정에 적합한 리더십의 면면을 발견하게 된다. 특히 1인자와 2인자의 이상과 헌신을 통해 현대에 접목해야 할 리더십의 정수를 배울 수 있다.

제2장 태종과 하륜

> "내가 죽으면 국장을 없애도록 청하고 집안 식구끼리 장사를
> 지내도록 해 백성들을 번거롭게 하지 말아야 한다."
>
> – 하륜

1인자의 꿈, 2인자의 지혜와 용기

1996년 조선 건국을 다룬 대하사극 〈용의 눈물〉이 절찬리에 방영됐다. 창업주인 이성계를 비롯한 수많은 개국공신 중 단연 돋보인 인물이 태종 이방원이었다. 그러나 이방원 못지않게 관심을 끈 인물이 그의 최측근에 서 활약한 하륜과 이숙번이다. 두 사람은 정도전의 견제로 위기에 몰린 이방원을 도와 거사를 성사시킨 최고의 참모였다. 지략가 하륜은 『삼국지』의 제갈량을, 용기 있게 결단을 내린 이숙번은 관우와 장비를 방불케 했다.

태종 이방원은 숱한 유혈사태 끝에 보위에 올라 재위 기간은 물론, 조선말까지 제대로 된 평가를 받지 못한 인물이다. 그는 부왕을 강압적으로 몰아내고 형제들을 죽여 왕위에 등극한 데다 처가를 멸문지화로 몰고 갔다. 충효를 앞세우고 명분을 중시하는 조선에서는 치명적인 결함이었다. 실제로 보위를 물려주고 함흥으로 돌아간 태조 이성계는 분노를 감추지 않았다. 태종의 절대적인 신임을 바탕으로 승승장구한 하륜과 이숙번 역시 골육상잔을 부추긴 혐의로 그다지 좋은 평가를 받지 못했다.

그러나 이들의 활약이 없었다면 태종의 즉위는 불가능했다. 두 사람은 정도전을 제거하는 '제1차 왕자의 난'을 계획했고, 이방원은 이들의 계책에 올라타 조선의 강산을 차지했다. 이방원이 32세, 하륜은 52세, 이숙번은 26세 때의 일이었다.

미리 파악하고 과감하게 실행하라

이방원이 권력을 얻은 데에는 탁월한 정치적 판단과 감각을 토대로 정치자문 역할을 수행한 그의 부인 민 씨와 권력욕이 강한 처남들의 역할도 컸다. 수차례에 걸쳐 위기에 처한 태종을 구해준 민 씨는 자연스레 보상을 기대했다. 그러나 보위에 오른 태종은 자신의 정치적 동지였던 부인과 처가를 철저히 배척했다. 이유는 이들이 개국한 지 얼마 되지 않은 조선의 앞날에 가장 큰 위협이 될 것으로 판단했기 때문이다. 개국 과정에서 수많은 어려움을 겪은 그는 개국공신을 비롯한 구신들의 정치력을 제대로 통제할 수 없다는 의구심에 사로잡혔다. 유혈사태 끝에 왕위에 오른 태종이 이를 염려한 것은 당연했다.

그럼에도 태종이 오랜 재위 기간 신임을 품고 지켜주고자 했던 인물이 앞서 이야기했던 하륜과 이숙번이다. 두 사람은 새 왕조의 기틀이 다져지지 않은 상황에서 이방원을 태종으로 만든 최고의 책사였다. 급변하는 정치상황에서 이방원을 군주로 선택한 하륜과 이숙번은 정치적 입신을 달성하지만, 마지막까지 왕의 총애를 받으며 평생 동지로 남은 것은 하륜뿐이었다. 이숙번은 야박하게 버림받는 수모를 겪으며 몰락한 인물로 기억된다. 두 사람은 무엇 때문에 이방원을 군주로 선택했으며, 왜 전혀 다른 모습으로 끝을 맺은 것일까?

이숙번은 문인으로 뛰어난 문학적 소양을 지닌 인물이었다. 『신증동국여지승람』에 실려 있는 그의 시가 이를 대변한다.

귀밑머리 눈서리가 더해지는데
흐르는 세월 잠시도 머물지 않네
군주의 말씀은 대궐에서 내려지고
옛 벗은 정자에서 이별을 전하는데
집을 감싼 산과 계곡 경치가 좋아
구름 두른 송백은 마냥 푸르구나
나라의 은혜를 다 갚고자 하는데
언제야 복귀를 기약할 수 있을까

용비시 龍飛詩

최근 이숙번이 유배지에서 한문으로 쓴 『용비시』가 사실은 세종 때 편찬된 『용비어천가』의 원본에 해당한다는 논문이 나와 관심을 끌고 있다. 세종이 한글 『용비어천가』를 먼저 작성하고 나서 집현전의 신하들에게 한문본을 저술하도록 명령했다는 기존의 주장을 뒤엎는 내용이다.

문학적 재능을 보여주는 이 시는 그가 함양으로 유배 갔을 때 쓴 것으로, 태종이 다시 불러주기를 기대하며 남긴 것으로 생각된다. 이숙번은 귀중한 서적을 많이 갖고 있었는데 이를 보더라도 뛰어난 문인이었다는 것을 알 수 있다.

이처럼 문무를 겸비한 인물이 끝내 유배지에서 죽음을 당한 이유를 짐작하기는 어렵다. '토사구팽'으로 해석하는 견해도 있으나 내막을 살펴보면 '자업자득'의 성격이 짙다. 태종과 이숙번의 리더십은 난세에 군왕과 신하의 두 축으로 이뤄진 통솔력이 어떻게 전개되어야 하는지를 잘 보여준다.

2인자의 자리를 지켜라

하륜은 이숙번과 달리 2인자 리더십의 본보기를 보여준 인물이다. 그럼에도 아직 진면목이 제대로 알려지지 않은 인물이기도 하다. 그는 이색의 문하에서 정도전, 권근 등과 함께 공부해 과거에 급제해 나라를 다스리는 올바른 이치를 훤히 꿰뚫었으며 주견 또한 뚜렷했다.

그는 스승인 이색과 마찬가지로 친명파였지만 역성혁명에는 반대했다. 이런 행보로 인해 창왕 원년(1388)에 빚어진 우왕의 복위 사건에 연루되기도 했다. 이는 최영의 조카인 김저가 이성계를 암살하고 우왕을 복위시키려 한 사건으로 하륜은 이색, 이숭인, 권근 등과 함께 우왕을 지지하는 세력으로 간주돼 유배를 당했다. 고려의 유신을 자처한 그로서는 하루아침에 실직하고 만 셈이다.

하륜은 권근과 마찬가지로 개국 이듬해에 이성계의 부름을 받아 출사했다. 경기좌도 관찰사라는 관직을 맡았지만 정도전의 견제로 옥사 사건에 연루돼 목숨을 잃을 뻔했다. 이 일이 있은 지 1년 뒤 충청도 관찰사에 임명된 것을 계기로 이방원과 합세해 정도전을 제거하는 제1차 왕자의 난을 일으킨다.

얼핏 보면 새 왕조에 들어와 계속해 지방수령으로 발령이 나는 것에 앙심을 품고 거사를 일으킨 것처럼 보인다. 그러나 결코 자신의 영화를 위해 나선 것이 아니었다. 이방원이라는 희대의 영걸을 주군으로 모시고 자신이 생각한 치국평천하의 이상을 실현하겠다는 커다란 계략이 있었기 때문이다. 이숙번도 같은 이유로 이방원과 끈끈한 군신관계를 맺었다.

『태종실록』은 하륜이 이방원의 장인인 민제를 통해 일찍부터 이방원과 교유했다고 기록해놓았다. 하루는 관상 보기를 좋아하는 하륜이 민제에게 접근해 "내가 관상을 자주 보았으나 공의 둘째 사위와 같은 사람은 없었소. 내가 뵙고자 하니 공이 그 뜻을 전해주시오."라고 말했다. 그리고 마침내 이방원의 관상을 본 하륜이 마음을 기울여 그를 섬기게 되었다고 전한다.

그러나 이방원이 민제의 딸과 결혼한 것은 16세인 1392년으로, 성균관에서 과거시험을 준비하는 유생 시절이었다. 그가 문과에 급제한 것이 이듬해인데 하륜은 스승인 이색의 뜻을 받들어 조선 건국에 반대하고 있었다. 따라서 문과에 갓 급제한 이방원과 접촉했을 가능성은 희박하다. 설령 교유가 있다 해도 당시의 혼란스러운 상황으로 인해 서로 얼굴을 알고 지내는 정도에 그쳤을 것이다. 다만 조선 개국 직후 정도전의 견제에 걸려 운신의 폭이 좁아진 하륜이 활로를 찾기 위해 세자 책봉에서 밀려나 동병상련을 느끼는 이방원에게 접근했을 가능성이 크다.

이와 달리 이숙번은 왕자의 난이라는 거사 직전에 이방원과 처음 대면했다. 경성 돈의문(서대문 일대) 인근에서 태어나 줄곧 그곳에서 성장한 그는 20세에 조선 개국 후 최초로 치러진 과거에 급제했다. 고려의 많은 유생이 '불사이군', 즉 한 사람이 두 임금을 섬길 수 없다며 두문동으로 은둔해 시험을 거부한 상황이었다. 이숙번은 새로운 시대가 온 것을 절감한 부친이 기회를 잡을 것을 권유해 과거에 응시했다. 이성계는 명문가의 자손으로 문무를 겸비한 이숙번을 눈여겨보았다. 덕분에 급제한 지 1년 만에 백관을 규찰하는 정6품의 좌습유에 임명되었다. 이는 이숙번이 흔히 알려진 것처럼 무관이 아니라 전형적인 엘리트 문관이었음을 뒷받침하는 것이다. 그가 이방원과 가까워진 것은 몇 년 뒤의 일이다.

당시 이방원은 입지가 크게 약화된 상황이었다. 정도전의 견제로 세자로 책봉되지 못했다. 이성계는 두 명의 정실부인을 두었다. 고려에서는 고

| 돈의문

관이 되어 개경으로 갈 경우 형편에 따라 한 사람의 부인을 더 맞이할 수 있었다. 개경의 새 아내를 '경처', 젊었을 때 결혼해 시골에 머무르는 부인을 '향처'로 불렀다. 나이 많고 시골에 머문 향처보다 경처의 위상이 더 높았다. 이방원은 '향처'인 한 씨를 어머니로 둔 까닭에 조선 개국 직후부터 첩실 소생의 대우를 받았다. 한 씨의 여섯 아들 모두 대군大君의 칭호를 받지 못하고 군君이라는 작위를 받았다. 더구나 한 씨는 조선 건국 10개월 전에 숨을 거뒀다.

이에 반해 '경처'인 강 씨 소생의 무안대군 이방번과 의안대군 이방석은 모두 대군으로 봉해졌다. 새 왕조의 첫 왕비인 강 씨가 자신의 아들이 왕위를 이어가길 원한 것은 자연스러운 일이었다. 그는 두 아들 중 막내인 의안대군이 보위에 오르기를 바랐다.

사사로운 욕심을 버려라

신권 국가를 꿈꾼 정도전은 강력한 왕권국가를 만들려는 이방원을 없애야 했다. 이는 왕비 강 씨의 생각과 맞아떨어졌다. 강 씨는 이방원이 왕위를 이을 경우 자신과 대군들의 목숨을 보전할 수 없을 것이라 생각했다. 강 씨를 총애한 이성계는 정도전이 의안대군을 강력히 추천하자 못이기는 척하며 그를 세자로 세웠다.

결국 이방원은 이의도 제기하지 못한 채 앉아서 당하고 말았다. 개국 과정에서 큰 공을 세우긴 했지만 명분에서 밀렸기 때문이다. 그나마 그가 위안 삼을 수 있었던 것은 여론이었다. 세간은 그를 정실 소생으로 왕조 건국에 지대한 공을 세웠음에도 부당한 대우를 받는 인물로 여겼다.

정도전과 강 씨는 이성계를 부추겨 어린 이방석을 세자로 만드는 데는 성공했으나, 이방원에게 동정적인 여론을 만들어주고 말았다. 그러나 정도전은 이를 무시했다. 게다가 그는 '표전문 사건'이 불거졌을 때 결정적인 실수를 저질렀다. 자신의 책임을 남에게 전가한 채 뒤로 빠지는 우유부단한 모습을 보인 것이다. 만일 그가 당당히 책임자로 나서 주원장을 설득시켰다면 조선의 역사는 전혀 다르게 쓰였을 것이다. 그러나 그는 왕자들이 사병을 혁파한 뒤 무력을 집중해 요동을 칠 것을 주장하는 정반대의 행보를 보였다.

정도전의 이러한 행동은 결국 세 가지 측면에서 그에게 상당히 불리한 결과를 가져왔다.

먼저 자신이 외교적 지지기반으로 삼아야 할 명나라와의 관계를 악화시켰다. 배원친명排元親明을 내건 조선의 건국이념과 배치되는 그의 행동은 미래를 장담하지 못했다.

두 번째 부작용은 여론의 악화다. 국가적으로 중대한 순간에 병이 있다는 핑계를 대며 뒤로 빠지는 모습은 무책임해보였다. 그런 지리멸렬한 모습에 대한 비난이 높아졌다. 이는 곧 여론의 동정을 받고 있는 이방원을 비롯한 적들에게 반격의 빌미를 제공했음을 뜻했다. 특히 표전문 사건을 계기로 군사권을 놓게 된 것은 엄청난 화를 자초한 것이었다.

세 번째는 서둘러 사병제도를 없애려 해 이방원에게 극도의 위기감을 조성한 것이다. 이를 계기로 하륜과 이숙번은 이방원과 결속했다. 정도전은 표전문 사건으로 악화된 여론을 만회하려 하륜을 한직인 계림부윤으로 내보냈다. 그리고 경상·전라도 안무사인 박자안이 밀양에서 접대를 받고 돌아가던 투항 왜군을 검거하려다 놓친 사건인 '박자안 옥사 사건'을 덮어씌웠다. 5개월 뒤 아무런 잘못도 없다는 사실이 밝혀져 석방된 하륜은 정도전이 존재하는 한 목숨을 지키기 힘듦을 깨달았다. 그는 궁지에 몰린 이방원과의 접촉을 서둘렀다.

이듬해 하륜은 정도전이 자신을 충청도 관찰사로 임명해 이방원을 고립시키기 위해 손을 썼다는 사실을 알게 됐다. 그리고 자신과 이방원을 떼어놓기만 하면 큰 탈이 없을 것으로 판단해 안심하고 있는 정도전에게 역습을 가해 모든 상황을 한 번에 뒤집어버릴 것을 결심했다.

『연려실기술』은 이방원과 모의할 기회를 잡으려는 하륜의 계략에 대해 기록했다. 하륜은 관찰사가 된 직후 이방원의 집에서 열린 잔치에 참석했다. 여러 손님이 이방원에게 술을 따를 때 하륜은 짐짓 취한 척하며 밥상을 엎어 이방원의 옷을 더럽혔다. 화가 난 이방원이 벌떡 일어나 밖으로 나가자 하륜이 손님들에게 말했다.

"왕자가 노하여 가니 모름지기 사과해야겠소."

그러고는 급히 그 뒤를 따라나섰다. 이방원이 앞으로 나아가면 하륜도 나아가고, 멈추면 같이 멈춰 섰다. 이방원이 뒤돌아보며 이유를 묻자 하륜이 대답했다.

"왕자의 일이 위급합니다. 밥상을 엎은 것은 환란을 미리 알리는 것입니다."

사람들을 물리치고 하륜과 함께 거처로 향한 이방원이 계책을 묻자 하륜이 대답했다.

"다른 계책은 없고 미리 손을 써 이 무리를 쳐 없애는 수밖에 없습니다."

그러고는 정릉(신덕왕후 강 씨의 묘역으로 중구 정동 일대)을 정비하기 위한 군사를 이끌고 서울로 오는 이숙번을 이방원에게 소개해주면서 만일 일이 벌어지면 자신을 급히 부를 것을 당부했다. 이로써 하륜이 이숙번과 대책을 논의하며 이방원을 앞세워 거사를 결행할 시기를 저울질했고, 이숙번은 그제야 이방원과 접촉했다. 모든 것이 하륜의 머리에서 나왔다.

이들이 왕자의 난을 일으키려 할 때 이성계는 공교롭게도 병이 들어 일어나지 못했다. 세자인 이방석의 생모인 신덕왕후도 2년 전에 세상을 떠난 터라 정도전은 세자 외에는 아무도 와병 중인 이성계를 만나지 못하도록 했다. 하륜은 이런 허점을 노렸다.

혁신은 정당하고 신속하게 하라

이방원은 서울에 올라와 있던 이숙번과 그의 수하들을 비롯해 처남과 종자들을 이끌고 거사를 일으켰다. 이숙번은 기병 10명, 보졸 9명, 노복 10여 명을 이끌고 정도전이 기거 중인 남은의 첩이 사는 집으로 갔다. 정도전은 남은, 이방석의 장인인 심효생과 이야기를 나누고 있었다. 노복들

「연려실기술」

은 모두 졸고 있었다. 이방원은 정도전이 있는 집 주위를 보졸들이 둘러싸도록 한 뒤 이웃집 세 곳에 불을 질렀다. 놀라 집을 뛰쳐나와 피신하려던 정도전은 보졸들에게 붙잡혀 그 자리에서 참수당했다. 심효생 역시 그곳에서 목숨을 잃었다. 남은은 간신히 몸을 피해 성문 밖으로 도주했으나 이내 이방원의 군사에게 붙잡혀 생을 마감했다.

정도전을 참수한 이방원은 삼군부로 가 화염을 보고 달려온 찬성 유만수와 친군위 도진무 박위의 목을 베었다. 도주한 이방번을 양화도 부근에서 죽인 뒤 세자인 이방석도 궁성의 서문 밖에서 참살했다. 이로써 정도전과 그를 추종하던 인사들이 한꺼번에 죽임을 당했다. 실록은 이 '제1차 왕자의 난'을 두고 '무인난'으로 지칭했다.

하륜은 난이 일어나자 급히 말을 달려 경성으로 올라와 거사의 정당성을 널리 알리며 사람들을 모아 이방원을 지원했다. 얼마 뒤 이성계가 퇴위하고 둘째 아들 방과가 정종으로 즉위했다. 이를 두고 『대동야승』과 『연려실기술』은 이같이 기록했다.

"사직을 안정시킨 공은 오로지 하륜과 이숙번의 힘이었다."

태종이 하륜과 이숙번의 도움을 받아 속전속결로 정도전을 제거한 가장 큰 이유는 자신을 제외하고는 개국공신과 모든 권신을 억눌러 새 왕조의 기업을 튼튼히 할 사람이 없다는 절박한 판단에 따른 것이었다. 여기에는 무부 출신인 이성계가 정도전의 등에 업혀 오락가락하는 모습을 보인 것도 한몫했다.

경세가보다 혁명가의 기질이 넘쳤던 정도전은 능히 조선을 탈취할 만한 재주와 웅대한 뜻을 지니고 있었다. 이방원이 제거된 상황에서 정도전의 지략을 당해낼 사람은 아무도 없었다. 이를 통찰한 인물이 하륜과 이방원이었다.

정종 2년에 박포가 태조의 넷째 아들 이방간을 충동해 제2차 왕자의 난을 일으켰으나, 정종을 끌어들이지 못한 탓에 달걀로 바위 치기에 불과했다. 하륜과 이숙번은 이 사건을 계기로 더는 시간을 지체할 수 없다고 판단했고, 정종을 압박해 이방원을 세제世弟로 삼게 했다.

하륜이 1400년부터 정도전이 구상한 재상 위주의 신권 국가 통치체제를 완전히 뜯어고친 것은 태종의 즉위를 준비한 것이었다. 곧이어 이방원이 보위에 오르고 두 사람은 좌명공신 1등에 녹훈되었다. 이후 두 사람은 승승장구했다. 하륜은 태종 2년에 좌정승이 되었다. 이때는 명나라의 '정난지변'이 끝나 연왕 주체가 영락제로 등극한 상황이었다. 그는 곧 영락제의 등극을 축하하기 위해 명나라로 가 태종의 사령장과 인장을 받아왔다. 두 차례에 걸친 왕자의 난으로 보위에 오른 태종의 입장에서 볼 때 사령장과 인장은 즉위의 정통성을 인정받는 데 반드시 필요한 것이었다. 하륜의 빠른 행보가 태종의 정통성 확립에 결정적인 공헌을 한 것은 말할 것도 없었다.

1인자의 마음을 읽어라

하륜은 비록 의례적으로는 명나라에 사대를 표하기는 했으나 매우 주체적인 인물이었다. 그의 주체의식은 권근, 이숙번과 함께 편찬한 『동국사략』에도 선명히 드러난다. 이 책은 관청에서 편찬한 책 중 최초로 단군을 정사에 기술했다. 정도전이 기자조선을 숭상하면서도 단군을 언급하지 않았던 것과 극명히 대비되는 모습이다. 같은 이유로 태종 14년에 이숙번과 정도전이 주도해 펴낸 『고려사』를 수정해버렸다. 정도전은 고려가 엄연히 '폐하', '황도'와 같은 용어를 사용한 것을 두고 분수에 넘치고 지나친 행위라고 지적하며 이를 멋대로 '전하'와 '도성' 등으로 낮춰 기록했다. 고려 말기의 상황에 대한 왜곡은 더욱 심했다. 태종도 이를 잘 알고 있었다. 『태종실록』에 실린 태종의 명이 이를 뒷받침한다.

"공민왕 이후의 일은 사실이 아닌 것이 많으니, 마땅히 다시 교정하도록 하라."

하륜은 왕권국가의 기틀을 다지기 위해 태종의 뜻을 받들어 법과 제도를 대대적으로 손질했다. 도평의사사를 의정부로 고쳐 군권을 분리시킨 데 이어 태종 5년에는 6조(국가의 정무를 나누어 맡아보던 여섯 관부. 이조, 호조, 예조,

병조, 형조, 공조)를 격상해 의정부를 견제했다. 태종 14년에는 다시 '6조직계제'를 채택해 6조판서가 왕에게 직접 보고할 수 있도록 했다. 재상의 권한을 무력화시킨 것이다.

하륜은 신권 우위를 바탕으로 한 성리학을 유일한 통치이념으로 내세울 경우 '군약신강'으로 인해 나라가 쇠망할 수밖에 없다는 사실을 통찰하고 있었다. 그는 고려의 패망을 비대해진 귀족관료 조직에서 찾고 재상 제도의 폐지를 주장했다. 또한 관원의 선발과 임용, 승진, 좌천 및 70세 퇴임 등을 제도화했다. 이는 조선조 전 시기에 걸쳐 인사정책의 근간이 되었다. 신분을 증명하는 호패법을 만들어 모든 사람들이 이를 패용하게 한 것도 하륜의 업적이다.

태종의 재위 기간 중 그가 국가의 재산을 늘리기 위해 노력한 점도 눈여겨볼 대목이다. 그의 부국강병책은 이권의 소재를 국가에 두어 나라에서 쓸 것을 채우고 백성들의 빈곤을 해소하는 것이었다. 이 밖에도 조선이 경성으로 천도한 뒤 도성 한복판을 흐르는 청계천의 범람을 막기 위한 개천도감을 설치하는 등 다방면에서 활약했다.

하륜은 다양한 개혁을 주도적으로 추진하던 중 태종 16년에 이르러 나이가 70세에 달하자 태종의 만류에도 벼슬을 사양했다. 이후 왕조의 무덤을 돌보던 중 턱에 종기가 나 자리에 눕게 되었다. 태종이 매우 놀라 내의를 보내 병을 돌보게 했으나 종기가 온몸으로 번져 손을 쓸 수 없었다. 경성으로 오던 중 숨을 거두자 태종은 그의 가족들을 위로하고 남편을 잃은 슬픔에 식음을 전폐한 부인에게 술까지 내리며 다음과 같은 글을 내렸다.

"비록 지아비를 잃은 슬픔이 크다고 해도 상제의 도리가 있지 않겠는가. 부디 이 술을 마시고 슬픔을 절도 있게 다스리도록 하라."

태종은 사흘 동안 조회업무를 쉬고, 시신을 경성으로 옮겨 온 뒤 친히 빈소에 들러 애도했다. 평소 자신의 직분을 넘는 행동을 하지 않기 위해 노력한 하륜은 임종 직전에 이같이 당부했다.

"내가 죽으면 국장을 없애도록 청하고 집안 식구끼리 장사를 지내도록 해 백성들을 번거롭게 하지 말아야 한다."

그러나 태종은 국상을 지시하며 하륜의 가족들에게 장례용품을 보내주었다. 하륜의 부인은 남편의 유지를 거역할 수 없다며 이를 끝까지 받지 않았다. 사관은 그의 졸기에 이같이 평했다.

"하륜은 천성적인 자질이 중후하고 온화했다. 결단하고 계책을 정하면 그 마음을 움직이지 않았다. 인재를 제대로 천거하지 못할까 늘 두려워하였고, 집에 머물 때는 사치하고 화려한 것을 좋아하지 않았다. 글 읽기를 좋아해 손에서 책을 놓지 않은 채 시를 읊으며 자고 먹는 것도 잊었다."

그가 죽을 때까지 태종의 총애를 받은 이유를 짐작할 수 있는 글이다. 그는 대내적으로는 왕권 중심의 중앙집권적 관료제 국가를 만들어 부국을 달성하고, 대외적으로는 새 왕조의 정통성을 인정받는 동시에 강병을 토대로 자주 외교를 펼치고자 했다. 그의 부국강병책은 많은 시행착오를 겪었지만 세종 대와 성종 대의 성세를 이루는 기본 골격이 되었다. 그러나 하륜은 대간들로부터 탄핵을 자주 받기도 했다. 태종의 절대적인 신임을 얻어 일련의 개혁을 주도적으로 이끈 데 따른 반발이었다.

태종은 자신의 재위 기간 중 왕업의 기틀을 다지기 위해 4차례에 걸친 선위파동을 통해 왕권을 위협하는 인물을 모두 제거했다. 그럼에도 하륜은 태종의 평생 동지로 태종이 속내를 드러낼 수 있는 유일한 총신으로 남았으며, 재위 기간 중 여러 번 탄핵을 받을 때마다 태종의 보호를 받았다. 태종에게 자신은 결코 왕권을 위협할 인물이 아니라는 인식을 확고히 심어준 덕분이다.

그러나 이숙번은 그러하지 못했다. 태종은 하륜을 변함없는 충성을 바친 제갈량과 같은 충절의 인물로 간주했다. 이에 반해 이숙번은 자신의 무공을 자랑하며 반기를 든 제갈량의 휘하장수 위연과 같은 반골의 인물로 생각했다. 실제로 태종은 하륜에게는 자신의 의중을 숨김없이 털어놓았지만, 이숙번에게는 그러지 않았다. 두 사람의 후반부 인생이 엇갈린 이유가 여기에 있다.

국가는 임금 혼자 다스리는 것이 아니라 임금과 신하들이 함께 다스린다는 '군신공치君臣共治'의 차원에서 볼 때 1인자와 2인자의 리더십에는 차이가 있을 수 없다. 군도와 신도를 나누는 가장 큰 기준은 바로 '왕천하'나 '군천하'의 뜻을 품고 있는지의 여부다.

그런 점에서 하륜은 1인자의 통치사상에 공명하는 2인자가 어떤 리더십을 가져야 하는지를 극명하게 보여주었다. 변함없는 충성심, 인재의 천거, 근검한 생활, 끊임없는 독서,

> **2인자의 자질**
>
> ① 변함없는 충성심
> ② 인재 추천
> ③ 근검한 생활
> ④ 끊임없는 독서
> ⑤ 심사숙고를 통한 결단
> ⑥ 강력한 추진력

심사숙고를 통한 결단, 강력한 추진력 등이 그것이다. '변함없는 충성심'을 제외한 나머지 덕목은 모두 1인자의 리더십이기도 하다. 문무를 겸비한 이숙번이 후반부에 하륜과는 정반대의 삶을 살게 된 것은 그가 2인자 리더십을 겸비하지 못했음을 뜻한다.

권한의 남용은 재앙이 된다

이숙번은 하륜이 병사한 해에 태종의 노여움을 사 유배를 간 뒤, 무려 24년의 유배생활을 지속하다 세상을 떠났다. 그는 무슨 잘못을 저질렀기에 이런 삶을 살게 된 것일까?『연려실기술』은 다음과 같이 분석했다.

"이숙번은 대공을 세운 뒤 자신의 대공만을 믿고 교만해져 같이 일하는 재상들을 하인만도 못하게 여겼다. 손님들과 술을 마시던 중 임금이 부르자 칭병하며 가지 않았다. 심부름 온 내시가 끊이지 않는데도 방에서는 풍악소리로 시끄러웠다."

태종 즉위 후 그의 집은 벼슬을 얻기 위해 찾아오는 사람들로 북새통을 이뤘다. 그는 벼슬을 주고 싶은 사람이 있으면 편지를 써 태종에게 아뢰었고, 그와 친한 사람들이 대거 관직에 기용되었다. 이숙번을 아들이자

이숙번의 방종

『소문쇄록』은 그가 귀양살이 중에도 먹고 입는 것을 사치스럽게 했다고 기술한다. 첩이 이를 충고하자 이내 그의 목을 베어버렸다는 얘기까지 실어놓았다.

그가 시종 방자한 모습을 보였음을 뒷받침하는 『연려실기술』의 기록이다.

"사치와 참람함이 날로 심했던 그는 돈의문 안에 저택을 짓고는 지나가는 인마人馬의 소리가 듣기 싫다며 돈의문을 막고 사람의 통행을 금했다."

동지로 생각했던 태종은 그의 청탁을 그대로 들어주었다.

실록에 따르면 이숙번이 태종의 눈 밖에 난 것은 태종 15년에 들어와 지신사知申事(지금의 대통령 비서실장)를 비롯한 태종의 근신近臣들을 함부로 불러들인 것에서 시작됐다. 얼마 후 태종은 근신이 권신權臣의 집에 왕래하는 것을 금했다. 이후 이숙번은 왕권을 위협할 수도 있다는 태종의 의구심을 사게 되었다. 이듬해 2월에 벌어진 조정관원의 미망인과 장님 승려의 불륜 사건 때문이다. 당시 사냥을 통한 군사훈련으로 충청도 순성을 방문한 태종에게 이들을 극형으로 다스려야 한다는 군신들의 주청이 올라왔다. 이때 이숙번이 세자인 양녕대군에게 은밀히 '화간和姦은 장 80대에 처한다는 율이 있는데 참수를 명령하는 것은 불가하다'고 건의한 사실이 알려졌다. 그 사실을 전해들은 태종은 크게 불쾌해했다.

"이숙번은 나와 말해야 옳을 것이다. 어찌하여 은밀히 세자에게 이를 청한 것인가?"

이것은 이숙번이 후일을 도모해 세자에게 아첨하고 있다는 태종의 의심을 사는 첫 번째 빌미가 되었다. 한 달 뒤에는 이숙번의 언행이 붕당을 만들어 은근히 편들고 있다는 의심을 샀다. 지신사 유사눌은 궁중의 내약방에서 사용하는 소합유가 변질했음에도 권력을 이용해 납품한 혐의로 투옥된 뒤 안악으로 귀양을 가있었다. 소합유는 사향과 용뇌, 침향 등과 더불어 중풍과 협심증에 탁월한 효과가 있는 희귀약재였다. 태종이 변질된 소합유 세 근을 내다 버리려 하자 이숙번이 그것을 자신에게 줄 것을 청하였다. 그는 이튿날 대궐로 들어와 다음과 같이 감사의 뜻을 표했다.

"어제 하사하신 약이 매우 좋았습니다."

그의 말은 마치 유사눌을 귀양 보낸 태종의 행동을 비꼬는 것처럼 보였다. 비록 태종은 내색하지 않았으나 이숙번이 자신의 근신들과 붕당을 만드는 게 아닌가 하는 새로운 의구심을 가졌다.『태종실록』에 나오는 사관의 평이 이를 뒷받침한다.

"이숙번이 유사눌과 친분이 있어 슬그머니 두둔한 것이다."

태종의 의심을 더욱 부채질하는 사건이 다시 한 달 뒤에 벌어졌다. 이숙번이 풍해도 온천에 가게 되었다는 소문을 들은 태종이 이숙번을 궁중으로 불러 술을 대접하며 물었다.

"누구랑 떠나는 것이오."

"시종 몇 명과 잠시 다녀올까 합니다."

태종이 축하하며 술을 내려주었다. 이숙번이 말한 '시종'에는 훗날 '대금황제'를 칭하며 여진족과 더불어 반기를 든 함길도 절도사 이징옥도 있었다. 뒤늦게 이 사실을 안 태종은 내심 불쾌하게 생각했다. 이숙번의 평소 행태를 익히 알고 있는 태종은 이 또한 크게 문제 삼지 않았다. 그러나 이로부터 두 달 뒤에 벌어진 사건은 용납하기 어려웠다. 당시 태종은 일년 전부터 계속되는 가뭄 때문에 걱정이 많았다.『태종실록』은 그가 이 문제를 얼마나 심각하게 생각하고 있었는지를 보여준다.

"임금이 탄식하기를, '무슨 선하지 못한 일이 쌓여서 이런 재앙이 오는 것인가? 내가 일찍이 방문을 닫고 가만히 생각하니 살고 싶지가 않았다' 고 했다. 이어 눈물을 줄줄 흘리고 슬픔을 스스로 이기지 못했다. 날마다 한 끼씩 들고 혹은 햇볕 가운데에 나가 앉아 있자 이내 이질에 걸려 심히 괴로워하다가 오래 뒤에 회복되었다."

공사는 엄격히 구분하라

곁에 있던 이숙번은 태종의 이런 모습에 매우 놀라 황공해하며 "이런 한재旱災는 탕왕도 면하지 못한 것입니다."라며 극진히 위로했다. 그러나 일 년 뒤의 모습은 전혀 달랐다. 태종이 매일 많은 대신들과 함께 대책을 논의하며 분주히 움직였으나, 이숙번은 병을 핑계로 여러 달 동안 대궐에 나오지 않았다. 마침내 태종의 분노가 폭발했다.

"이처럼 불경하고 무례한 신하가 있으니 하늘이 어찌 비를 내리겠는 가!"

곁에 있던 좌대언 서선이 고했다.

"지난 5월 25일에 신이 마침 강무의 장소를 정하는 일로 이숙번의 집에 가자 그가 '오늘날의 정사는 어떠한가?' 하여 대답하기를 '박은이 우의정 이 되었다'고 했습니다. 이숙번이 기뻐하지 않는 기색으로 '박은은 일찍 이 내 밑에 있던 자'라고 했습니다. 그 마음은 필시 '어찌하여 나를 버리고 박은을 천거하였는가?' 하는 것이었습니다."

이에 대해 우의정 박은이 다음과 같이 상소했다.

"그는 의정부 참찬으로 있을 때 정승 하륜과 함께 성상 앞에 들어가 앉았다가 먼저 나오고 나서 하륜이 머물러 있으면서 국정을 아뢰자, 계단 아래 잠복해 이를 엿듣고 의심하며 다른 마음을 가졌습니다."

태종이 크게 화를 내며 왕명서를 내려 이숙번에게 전했다.

"본인이 원하는 바에 따라 연안부의 농사로 나가 거주하게 하라."

그날 이후 대신들이 연일 상소를 올려 그를 반역죄로 다스릴 것을 청했으나 태종은 이를 물리쳤다. 그럼에도 이숙번은 자중하는 모습을 보이지 않았다. 오히려 양녕대군의 엽색행각을 뒷바라지하는 구종지 형제와 교신하면서 후일을 도모했다. 이것이 구씨 형제들이 의금부에 불려와 사실관계를 확인하던 중 드러나고 말았다.

결국 이숙번은 공신녹권과 직첩을 회수당하고 폐서인이 되어 외가가 있는 경상도 함양으로 유배되었다. 태종은 죽을 때까지 그를 만나지 않았다. 태종은 왜 대신들의 거듭된 요청에도 그의 목을 치지 않은 것일까? 기록에 따르면 제1차 왕자의 난이 일어났을 때 이숙번이 이방원을 처음 만나 이같이 요청했다고 한다.

"저는 우매한 것이 많으니 설령 죄를 지어도 생명을 보전해주십시오."

이방원이 말했다.

"종사와 관계한 일이 아니라면 너의 말을 좇아 보전해주겠다."

『태종실록』은 이숙번이 연안부 농장으로 방출된 지 9개월 만에 대간의 거듭된 상소로 목숨을 부지하기 어려워진 것을 알고 태종에게 "전에 주

『태종실록』

상이 신의 목숨을 보전하여 주신다는 말이 있었음을 신은 늘 잊지 않고 있습니다."라고 전한 뒤 유배지에서 빠져나와 줄행랑을 쳤다고 기록했다. 이 말을 들은 태종은 이숙번을 잡아와 의금부에 가둔 뒤 명했다.

"내가 말한 것은 종사와 관계되지 않는 일에 대한 것임을 알아야 한다."

그러고는 함양으로 추방했다.

이숙번이 종사와 관련한 대죄를 지었음에도 과거의 공을 고려해 목숨을 살려준 것은 태종이 두 사람의 언약 이상의 자비를 베푼 것이었다. 이숙번은 할 말이 없었다. 그가 함양으로 유배된 다음 해 6월, 마침내 양녕대군을 폐하고 충녕대군을 세자로 삼았다는 전갈이 내려왔다.

필요하다면 악역을 담당하라

오랫동안 함양에서 유배생활을 한 이숙번은 1438년 세종의 부름을 받았다. 그 이유는 왕자의 난에 관한 헌릉(태종의 능묘)의 비문이 사실과 다르기 때문이었다. 당시 일을 아는 자로서는 이숙번만 한 사람이 없다는 신하들의 말에 세종은 이숙번을 불러들였다. 조정에서 방출된 지 22년 만에 경성에 돌아온 것이다. 세종은 수차례 그를 궁궐로 불러들여 당시의 상황을 물었고, 이숙번의 유배지를 도성 밖으로 옮기는 문제를 의논하라고 명했다. 세종이 이숙번을 하륜과 비교하며 옹호하고 나섰다.

"하륜은 나의 외조부와 교분이 깊어 매양 나의 외숙들을 곁에서 도와주었다. 여러 외숙들이 광패하고 무도하므로 이숙번이 힘써 이들을 배척했다. 이에 하륜과 이숙번이 서로 맞선 것이다. 내 생각에 이숙번은 원래 반역하려는 마음이 있었던 게 아니다. 하륜은 비록 해박하고 정사에 재주가 있어 재상의 체모가 있기는 하나 청렴결백하지 못했고 많은 일을 애매모호하게 처리했다.

하루는 하륜과 이숙번이 같이 들어와 일을 보고했는데 시간이 오래되자 이숙번은 하륜보다 관직이 낮은 까닭에 먼저 나와서는 섬돌 아래에 숨어 하륜이 다시 무슨 일을 하는지를 엿들었다. 그 정상을 논하면 죽어도 마땅하나 단지 하륜이 무슨 일을 보고하는지를 엿들었을 뿐이다. 또 한 번은 하륜이 선봉이 돼 순제의 개착 공사를 건의하자 태종이 남쪽으로 순행하면서 순제에 친히 왕림해 가부를 알아보려 했다. 임금의 수레를 따르던 신하들이 어수선히 소견을 말했으나 이숙번이 홀로 말하지 않았다. 태종이 노해 그 이유를 묻자 '내일 장차 친히 임어하실 것이기 때문입니다' 라고 했다. 급기야 왕림할 때 수레를 호위하지 않고 다른 곳으로 가버렸으므로 태종이 노했다. 그러나 이 또한 하륜이 하는 일을 싫어했기 때문일 뿐이다.

태종이 양녕에게 보위를 물려주려고 할 때 이숙번이 찬성했는데 그 뜻은 태종을 따라서 편안히 놀고자 함이었다. 나라 사람들이 찬성하지 않자 이숙번도 이내 불가하다고 힘써 아뢰었다. 이후 태종이 웃으며 '이숙번이 처음에는 내선하기를 바라다가 끝에 가서는 도리어 불가하다고 한 것은 그 마음이 나하고 놀려고 한 것에 불과한 것'이라고 했다. 태종이 그 소행을 비웃었으나 반드시 죄주고자 한 게 아니었다.

이숙번이 말과 행동이 사납고 거친 성격에 주상의 총애를 믿는 마음이 있어 교만하고 방자하여 천노를 범한 것이지 원래 불충한 뜻이 있었던 게 아니다. 태종이 태상왕이 되어서 황희 등을 용서할 때 '이숙번의 공이 매우 크다. 내가 다시 등용하고자 하나 그 죄가 큰 까닭으로 실행하지 못하고 있다'고 했다. 옛사람은 '비록 그 죄가 있더라도 공으로 덮어준다'고 했다. 그러나 태종이 이미 등용하지 않았는데 내가 어찌 다시 등용할 수 있겠는가. 내 생각에 그를 도성 밖 원하는 곳으로 귀양 보내는 것이 좋을 듯하다. 불가능하다면 경기도로 옮기는 것도 좋을 것이다."

여기서 주목할 점은 세종이 이숙번의 방자한 행적을 하륜과의 갈등에서 비롯된 것으로 분석하면서 그를 적극 옹호하고 나선 것이다. 여기에서 실록에는 기록되지 않았으나 이숙번이 함양의 유배지에서 『용비어천가』의 저본인 한문본 『용비가』를 저술해 세종에게 바친 사실을 주시할 필요가 있다. 세종은 내심 이숙번의 충성심을 높이 평가하여 용서해줄 마음으로 이처럼 변호하고 나선 것으로 보인다. 어쩌면 왕자의 난과 관련해 유리한 증언을 해줄 것을 기대했을지도 모를 일이다.

이숙번은 비록 유배에서 완전히 풀려나지는 못했으나 세종의 적극적인 옹호로 자신의 충성심과 그동안의 공적을 나름대로 인정받았다. 여기에는 태종과 세종의 다른 역할이 크게 작용했다. 세종이 이숙번에게 은혜를 베풀 수 있었던 것은 태종이 악역을 담당했기 때문이었다. 황희가 양녕대군과 교결한 혐의로 유배를 갔다가 세종이 즉위한 후 유배에서 풀려나 재상의 반열에 오른 것도 바로 상왕으로 있던 태종의 연출에 따른 것이었다. 태종은 장차 세종이 이숙번에게 은혜를 베풀 것을 예상하고 죽을 때까지 유배조치를 철회하지 않았을 것이다. 이숙번과 황희는 차원이 달랐기 때문이다. 이숙번에 대한 태종의 경계심이 그만큼 컸음을 반증한다.

실제로 이숙번은 하륜과 달리 정치적 야심을 노골적으로 드러내면서 많은 사람들을 추종 세력으로 거느림으로써 태종의 경계심을 자극했다. 허나 태종은 타고난 자질에 산전수전을 겪으며 터득한 경륜을 바탕으로 보위에 오른 만큼 군신을 자신이 의도하는 대로 이끄는 것에 능했다. 강력한 왕권국가를 만들기 위해서는 우선 상왕인 이성계의 반발을 무마하고 개국공신들의 도전과 외척의 발호 가능성을 미리 방지하는 등 해결해야 할 과제가 넘쳐났다. 그는 자신의 손에 피를 묻히지 않으면 안 된다는 사실을 통찰하고 있었다. 그가 자신의 치세 때 이숙번 등의 공신은 말할 것도 없고 형제와 처족, 며느리의 집안까지 가리지 않고 왕권에 위협이 될 만한 모든 신권 세력을 철저히 소탕한 이유가 여기에 있다. 명나라에서는 명실상부한 창업주인 주원장이 이런 악역을 직접 담당했으나 조선에서는 태종이 이를 수행한 셈이다. 이것이 그를 조선의 실질적인 창업주로 간주하는 이유다.

그런 점에서 세종의 성세는 악역을 자처한 태종의 노력이 있기에 가능했다. 태종은 당대는 물론 조선조 내내 적잖은 비판을 받았다. 하지만 악역을 담당한 그가 없었다면 조선은 이후 500년의 사직을 이어가기가 어려웠을 것이다. 그는 조선의 역대 군왕을 통틀어 몇 안 되는 명군 중 하나다. 하륜과 이숙번에 대한 처우를 통해 실질적인 창업주의 리더십이 어떤 것인지를 생생히 보여주었기 때문이다.

⁂

마이크로소프트는 원래 빌 게이츠와 폴 앨런이 함께 설립한 회사다. 하지만 폴 앨런은 건강상 문제로 1983년 MS를 퇴사한 후 경영에 간섭하지 않았다. 그의 빈자리를 스티브 발머가 채웠다. 발머는 빌 게이츠가 최고경영자에서 물러날 때까지 MS의 여러 중역을 섭렵하며 그를 도왔다. 빌 게이츠의 그림자였다는 표현이 정확할 것이다.

"빌 게이츠가 MS의 두뇌라면 발머는 MS의 심장이고, 게이츠가 기술자 · 전략가 · 총사령관이라면 발머는 사업가 · 책사 · 야전사령관"("1인자를 돕는 2인자』)이라고 비유했다. 보스와 참모, 1인자와 2인자가 이렇게 능력과 적성의 아귀가 맞을 때 그 기업과 조직은 최고의 시너지를 낼 수 있다.

제 3 장

세종
·
탁월한
1인자

VS

소통하는
2인자
·
황희

"우리는 늘 기술과 인문학의 교차점에 서기 위해 노력해왔다."
- 스티브 잡스

성공적인 경영을 위해서는 인문학 공부가 필수적인 시대가 되었다. 인문학을 통해 정보를 소화, 분석, 종합하고 결과를 예측하는 비판적 사고를 키우게 된다. 리더십도 마찬가지다. 눈앞의 권력에 연연하는 것에서 벗어나 시대의 변화와 흐름을 주도하는 새로운 개념으로 옮겨가고 있다.

제3장 세종과 황희

“위정자는 백성을 위한다는 원칙만 지킬 수 있으면 되는 것이다.”

– 황희

상황에 맞춰 인재를 발탁하라

태종 이방원은 집권 과정에서 두 차례나 왕자의 난을 일으켜 형제를 죽이고 정권을 창출한 인물이다. 때문에 그의 업적은 정당하지 못한 방식으로 성취한 패업인 휼패譎覇로 평가받았다. 반면 세종은 훈민정음 창제와 애민사상, 조선의 주체성 확립 및 인재 양성 등으로 올바른 패업인 정패正覇로 평가받았다.

부자지간임에도 극과 극의 평가를 받았지만 태종과 세종의 리더십이 전혀 다른 것은 아니다. 두 사람의 의견이 하나로 뭉치는 지점이 있다. 맹

사성과 황희에 대한 평가가 그것이다. 태종은 두 사람을 뛰어난 재상이
될 것으로 내다봤다. 이들을 세종의 재위 기간 중 활약할 인물로 만들기
위해 일단 내쳤다가 다시 기용함을 반복했다. 세종이 두 사람을 치세의
지렛대로 활용한 것은 태종과 세종의 인물을 보는 능력이 일치된 결과였
다. 태종이 난세의 성군이라면 세종은 치세의 성군이다. 치세의 1인자 리
더십과 이에 절묘하게 반응한 2인자 리더십을 분석하는 데 황희와 맹사
성만큼 좋은 대상도 없다.

황희와 맹사성은 공과 사를 명확히 구분한 가운데 시종일관 곧고 청렴
한 삶을 산 인물로 알려졌다. 두 사람은 류관과 함께 '선초삼청鮮初三淸'이
라 불렸는데, 이는 문자 그대로 조선조 초기에 활약한 세 사람의 청백리
란 뜻이다. 『세종실록』에 실린 맹사성에 대한 졸기의 사평이 그 증거다.

"좌의정으로 치사한 맹사성의 시호는 문정文貞이다. 충신하고 예로써
사람을 대접하는 것을 '문', 청백하게 절조를 지키는 것을 '정'이라고 한
다. 그가 조용하고 간편한 모습으로 선비를 예절로 예우한 것은 천성에서
우러나왔다."

이는 사실과 조금 다른 기록이다. 맹사성의 시호에 들어있는 '정'은 그
가 청빈한 삶을 살았다는 뜻이 아니라 '절조를 곧게 지켰다'는 뜻에서 붙
여진 것이다. 실제로 맹사성은 처가로부터 재산을 물려받은 데다 음률에
밝아 손수 악기를 만드는 등 풍류를 즐긴 까닭에 재물을 모으는 데 무관
심했다. 그러나 이것이 청빈한 삶을 살았다는 뜻은 결코 아니다. 다만 타
고난 성품이 어질고 부드러운 데다 늘 청백하게 선비들을 예우한 점과 사

치하지 않은 삶을 영위한 것만은 확실하다.

실제로 맹사성은 높은 벼슬과는 어울리지 않게 백성들과 어울려 살면서 유유자적한 풍류의 삶을 담은 여러 일화를 남겼다. 평소 말이나 가마 대신 '기린'으로 불린 검은색의 얼룩 황소를 타고 다니며 피리 등의 악기를 연주했다는 일화가 있다.

2인자에게 힘을 실어주라

그러나 황희는 실록의 기록을 보면 '선초삼청'이 무색할 정도로 많은 노복과 논밭을 갖고 있었다. 맹사성과 같이 처가로부터 물려받은 재산도 없었으니 오랫동안 정승생활을 하면서 적당히 재산을 모은 것으로 보인다. 그의 졸기에 나오는 다음 대목이 이를 대변한다.

"세종은 황희가 동산역리로부터 뇌물을 받았다는 사헌부의 탄핵에 사직을 청했으나 이를 허락하지 않았다. 처남이 법에 어긋난 일이 발각되자 풍문에 불과하다는 글을 올려 구했다. 아들 황치신에게 관청에서 몰수한 과전을 바꾸어줄 생각으로 글을 올려 청하기도 했다. 황중생이란 자를 서자로 삼았다가 이후 그가 죽을죄를 범하자 자기 아들이 아니라 하고는 성을 바꾸게 하니 이를 애석하게 여기는 사람이 많았다."

이는 그가 청렴결백하지도 못했을 뿐 아니라 자식을 포함한 일가친척의 각종 비리 혐의를 무마하려 백방으로 손을 쓰는 등 바람직하지 못한 행동을 펼쳤음을 시사한다. 그럼에도 세종은 황희를 무려 18년 동안 줄곧 영의정의 자리에 앉혀놓았다. 조선조 전 기간을 통틀어 전무한 일이었다. 세종의 통치 리더십이 흔히 알려진 것처럼 왕도로 일관한 것이 아니었음을 알 수 있다.

그렇다면 세종은 왜 각종 비리혐의를 받은 황희를 무려 18년 동안이나 영의정의 자리에 앉혀 놓았을까? 세종의 다스림은 조선이 여전히 건국기의 난세를 벗어나지 못했음을 염두에 둔 것으로 보인다. 비록 태종 때보다 안정적인 모습을 보였으나 통치이념에 대한 신권 세력의 저항이 셌다. 특히 호불好佛에 대해 신하들이 연일 결사반대의 상소문을 올리고, 성균관 유생들이 수업을 거부하는 '권당捲堂'을 결행했다.

따라서 세종이 새로운 세제개혁 방안을 마련하기 위해 무려 17년간 여론을 수렴하면서 신하들과 토론과 숙의를 거듭한 것을 왕도의 전형으로 평가하는 것은 한 쪽의 관점에서만 바라본 결과다. 신하들이 세종의 세제개혁 방안에 거듭 이의를 제기한 것은 기득권을 옹호하기 위함이었다. 세종은 불합리한 세제에 신음하는 백성들을 구제한다는 뚜렷한 목표를 갖고 있었지만 그들은 갖은 이유를 들어 반대했다.

황희와 맹사성 역시 이들과 같은 편에 서 있었다. 이들은 겉으로는 새로운 세제개혁 방안이 척박한 토지를 가진 빈농에게 오히려 불리할 수 있다는 등의 이유를 들었으나 자신들의 기득권을 고수하려는 의도를 놓지 않았다. 이미 태종이 발호 가능성이 큰 신권 세력을 소탕했음에도 세종 때 들어 만만치 않은 신권 세력이 새로이 형성되었다. 이는 표면상 군신공치君臣共治를 내세우면서 사실상 신권 우위의 통치를 이론적으로 뒷받침하는 성리학을 유일한 통치이념으로 채택한 필연적 결과였다. 세종이 맹사성과 황희를 중용한 배경도 이 같은 관점에서 분석할 필요가 있다.

인재는 인재의 말을 듣고 평가하라

맹사성은 1360년 지금의 개성 근교에서 태어났다. 부친 맹희도는 수문전 제학을 지낸 학자였다. 맹사성은 어릴 때부터 학문에 뛰어난 자질을 보였다. 그는 하나를 들으면 열 가지를 아는 총기를 보였다. 권근이 그의 스승이 될 것을 자청하기도 했다. 그는 효성도 지극해 10세 되던 해에 모친이 세상을 떠나자 일주일 동안 물 한 모금 마시지 않고 추모한 뒤 3년 동안 묘막 생활을 했다.

17세에 진사시에 장원급제한 뒤 대과 준비를 위한 예비학교인 구재학당에 들어갔다. 이후 국자감이 성균관으로 바뀌었다가 다시 국자감으로 환원되는 학제의 혼란으로 인해 27세에 비로소 대과에 응시했다. 그는 여기서 또 다시 장원을 했다. 그리고 국가의 시정을 기록하는 직책인 춘추관 검열로 발탁돼 벼슬길에 올랐다. 이후 왕을 곁에서 모시는 전의시승과 기거랑 등의 벼슬을 차례로 거쳤다. 그러나 승승장구하던 그는 조선조가 건국되자 이내 실직했고, 그의 조부 맹유는 두문동으로 들어갔다.

맹사성이 조선에 출사한 시기는 확실하지 않다. 조선의 기틀이 잡히자 부친이 도탄에 빠진 백성을 위해 일하도록 권했다는 이야기가 있고, 예조

『정종실록』

의랑으로 있던 그가 시호를 잘못 선정했다는 이유로 파직됐다는 기록도 있다. 아마도 그는 권근, 하륜 등과 함께 조선조에 참여했던 것으로 여겨진다. 『정종실록』의 '우간의대부 맹사성은 일을 본 지 며칠이 안되어 이내 복직되었다'는 기록에 비춰 왕자의 난 이후 복직되었다가 다시 파직되는 우여곡절을 겪은 것으로 짐작할 수 있다.

맹사성은 태종 3년에 권진과 더불어 좌우사간대부가 되었다. 권진은 세종 때 맹사성, 황희와 더불어 재상으로 활약한 인물이다. 시종 외직으로 돌던 그가 정3품 당상관인 이조참의의 현직에 오른 것은 태종 6년이었다. 최영의 손자사위라는 이유로 견제를 받아왔던 그가 비로소 태종의 눈에 띈 것이다. 이듬해에는 세자인 양녕대군을 수행해 명나라에 다녀와 세자 우부빈객이 된다. 그리고 몇 달 뒤 벼슬아치들을 규찰하는 사헌부 대사헌에 올랐다.

그러나 이내 '조대림 모반 사건'으로 극형에 처할 위기에 봉착한다. 놀란 태종이 적극적으로 사건을 밝혀냈다. 맹사성을 비롯한 고위 관원들은 사건의 전모가 밝혀진 것에 만족하지 못하고 대질신문을 통한 철저한 진상 조사를 요구하고 나섰다. 지나친 행동이었다. 태종은 그들의 행동을 왕실의 쇠약을 꾀하는 모약왕실謀弱王室로 여기고 크게 화를 냈다.

"사건을 담당한 맹사성의 목을 저자에서 베도록 하라."

태종이 사람을 보내 속히 형을 집행할 것을 독촉하자 관원들이 거리에 모여들었다. 가장 먼저 반역 소식을 듣고 이를 태종에게 알렸던 이숙번이 나섰다.

"맹사성은 직책이 언관인 만큼 국가를 위해 그리한 것일 뿐 어찌 다른 마음이 있겠습니까? 맹사성이 심한 고문을 받고 그 고통을 참지 못하여 '모약왕실'이라는 진술에 승복한 것입니다. 이것으로 극형을 내리는 것이 가하겠습니까?"

더욱 화가 난 태종이 황희를 질책했다.

"재상이 이런 말을 하는데 어찌 제지하지 않는 것인가?"

이때 소식을 들은 권근과 하륜도 달려와 용서를 구했다.

"맹사성은 모반한 것도 아니고, 무고한 것도 아닙니다. 공사를 처리하다 실수한 것으로 극형을 가하면 어찌 정리에 맞겠습니까?"

태종이 하륜을 질책했다.

"경이 나더러 잘못이라고 하는 것인가?"

하륜이 통곡했다.

"신은 주상이 이리할 줄은 미처 몰랐습니다."

태종이 한발 물러섰다.

"아무리 생각해도 맹사성의 죄는 죽여야 마땅하나 경들이 이렇게까지 간하니 내가 우선 생각해보겠다."

하륜 등이 호소했다.

"이미 관원들이 형을 집행하기 위해 거리로 몰려나갔습니다. 속히 명령을 내리지 않으면 구하지 못할 것입니다."

태종이 말했다.

조대림 모반 사건(1408년)

조대림은 태종의 둘째 딸 경정공주의 남편이다. 당시 22세였는데 사리판단이 좀 느리고 순진했다. 관노 출신 목인해는 조대림을 이용해 출세할 계획을 짰다. 조대림이 반역을 하려는 것처럼 꾸민 후 그를 고발해서 벼슬을 얻어볼 작정이었다. 그러나 사실이 밝혀졌고 목인해는 처형되었다.

"사태가 지극히 중하고 내 뜻이 이미 결정되었으니 가볍게 바꿀 수 없다. 그러나 임금 혼자 국가를 다스릴 수 없고, 경들도 나를 불의에 빠뜨리고자 하는 것은 아닐 것이다. 경들의 말을 따르겠다. 경들도 왕실이 약해지지 않도록 도모하라."

기회를 주고 평가하라

결국 맹사성은 곤장 100대에 향교 재실의 노복으로 내려갔다. 권근과 하륜이 적극적으로 나서지 않았다면 맹사성은 목숨을 잃는 것은 물론, 멸문지화를 면하지 못했을 것이다. 사실 '조대림 모반 사건'은 매우 사소한 사건이었다. 그럼에도 사태가 이처럼 커진 것은 그가 최영의 손자사위라는 사실이 태종의 의구심을 자극한 결과였다. 태종이 거듭 '모약왕실'을 언급한 기록이 이를 뒷받침한다.

일각에서는 조대림의 무죄를 밝혀내고 맹사성을 죽음에서 구해준 장본인이 황희였다고 주장하고 있으나 이는 사실과 다르다. 황희가 조대림의 무죄를 밝혀내는 데 일조한 것은 사실이나 맹사성이 죽음의 위기를 모면한 것은 전적으로 권근과 하륜의 공이었다. 맹사성이 정배에서 감형을 받게 된 것도 제자인 양녕대군의 간곡한 건의에 따른 것이다. 『태종실록』에 따르면 이날 태종이 하정례를 행하자 세자인 양녕대군이 틈을 내 이같이 간청했다고 한다.

"맹사성과 함께 중국에 입조해 여러 고생을 겪으면서 그의 성품이 소박하고 정직함을 알았습니다. 성상의 뜻을 거슬러 벌을 받을 때 구해 주고 싶은 마음이 간절했으나 천위를 범할까 두려워서 감히 말을 꺼내지 못하였습니다. 소박하고 정직한 성품으로 죄를 얻었으니 너그럽게 용서하시기를 빕니다."

태종이 이를 받아들여 외방종편(지방의 원하는 곳에 거처함)을 취했다. 이듬해에는 직첩을 돌려받고 경외종편(도성 밖에 거처함)이 되었다. 얼마 후 관습도감 제조에 임명되면서 유배에서 완전히 풀려나게 되었다.

맹사성이 다시 중앙으로 올라와 태종의 신임을 받게 된 것은 태종 16년 이조참판에 제수되고 나서다. 3달 뒤에는 예조판서로 승진했다. 태종이 세종에게 양위하고 상왕으로 물러나면서 맹사성은 실력을 발휘하기 시작했다. 그는 세종 원년에 이조판서와 예문관대제학, 세종 3년에 종1품의 의정부찬성사를 지냈다.

직언을 하는 사람을 발탁하라

맹사성은 세종 7년에 문신으로서 최초 삼진도진무가 되었다. 세종 9년에는 마침내 정1품의 우의정에 오른다. 그의 나이 68세였다. 잠시 대간들의 탄핵으로 파면당하기도 했으나 이내 혐의가 풀려 복귀했다. 당시 맹사성은 『태종실록』의 편찬을 감수하는 중이었다. 편찬이 끝나자 궁금한 세종이 한번 보고자 했다. 그러나 그는 단호히 거부했다.

"군왕이 실록을 보고 고치면 반드시 후세에 이를 본받게 되어 사관이 두려워서 그 직무를 수행할 수 없을 것입니다."

세종은 맹사성의 말이 옳다고 판단해 그의 의견에 따랐다. 실록의 편찬 과정에 군왕이 관여하지 않는다는 전통은 여기서 시작됐다. 맹사성은 세종 13년에 좌의정으로 승진했다. 이해 5월에는 『태종실록』의 감수를 마치고 고향으로 내려갔다. 그는 고향에서 흑우를 타고 다니기를 즐겼다.

한 번은 맹사성이 흑우를 타고 온양에 있는 부친의 산소에 성묘를 다닌다는 소식을 접한 인근 마을의 두 현감이 길 옆 연못가에서 평상을 마련해놓고 그가 지나가길 기다렸다. 해가 거의 다 지도록 그가 나타나지 않자 두 현감은 미리 차려놓은 술상에 기생까지 불러놓고 놀았다. 이때 흑우를 탄 채 노복 하나를 앞세운 노인이 그들 앞을 지나 온양 쪽으로 가는 모습이 보였다. 두 현감이 술김에 호기를 부렸다.

"뉘 앞이라고 거만하게 소를 탄 채 지난단 말인가?"

군졸들이 달려가자 노인이 말했다.

"온양 사는 맹고불孟古佛(고불은 그의 호)이 제 소를 타고 제 갈 길을 가는데 왜 오라 가라 하는 것이냐."

'맹고불'이라는 말에 깜짝 놀란 두 현감이 벌떡 일어나다가 허리에 차고 있던 관인을 연못에 빠뜨렸으나 끝내 찾지 못했다. 이때부터 그 연못을 인침연印沈淵이라 불렀다.

그는 세종 14년에 윤희와 함께 세계 지리학 사상 유례 없는 명저인 『팔도지리지』를 저술했다. 세종은 국가대사가 있을 때마다 반드시 그에게 자문을 구했고, 때로는 조정에 나와 황희와 함께 대사를 논의할 정도로 그는 조선의 정치 발전에 많은 공헌을 세웠다.

| 고불 맹사성

"온양 사는 맹고불이 제 소를 타고
제 갈 길을 가는데 왜 오라 가라 하는 것이냐."

고향에서 숨을 거둔 그의 나이는 79세였다. 세종은 모든 국정을 중단한 뒤 문무백관을 거느리고 거애擧哀했다. 사관은 『세종실록』에서 맹사성을 다음과 같이 평했다.

"품계가 낮은 자가 찾아올지라도 반드시 관대를 갖추고 대문 밖에 나와 맞아들여 상좌에 앉혔고, 물러갈 때에도 몸을 꾸부리고 손을 모으고 배웅하며 손님이 말에 올라앉은 후에라야 문 안으로 들어갔다. 타고난 성품이 어질고 부드러워서 일을 처리하면서 과감히 결단하는 데 단점이 있었다."

그가 사관으로부터 '과감히 결단하는 데 단점이 있다'는 지적을 받게 된 것은 사람을 대할 때 지나치게 겸손한 모습을 보였기 때문이다.

험한 일도 기꺼이 해야 인재다

황희는 세종의 통치 아래서 18년 동안 영의정을 지낸 인물이다. 그는 시종 부드러운 자세로 모든 일의 중재자 역할을 해냈다. 황희는 늘 맹사성보다 한발 앞서 나갔다. 맹사성은 세종이 폄하했던 하륜의 지지를 받았지만 황희는 하륜과 갈등을 빚은 심온의 지지를 받았기 때문이다.

황희가 보여준 리더십의 특징은 세종과 신료, 그리고 신료와 신료 사이의 중재자를 자처한 것이다. 맹사성의 겸허하며 신중한 행동과 대비되는 모습이다. 세종은 '중재'와 '겸신'으로 대표되는 두 사람의 특징을 최대한 활용해 성세를 구가했다.

원래 황희는 개성 인근의 장수현 출신으로 부친 황군서는 고려 말에 판

강릉부사를 지냈다. 황희는 진사시와 대과에 연이어 장원급제를 한 맹사성과는 대조적으로 음직인 복안궁의 녹사에서 관직을 시작했다.

출발은 비록 음직이었으나 곧 창왕 원년에 문과에 합격하는 실력을 발휘했다. 그러나 그 역시 맹사성과 마찬가지로 성균관에 봉직한 뒤 조선이 건국되면서 이내 실직하고 말았다. 그의 나이는 30세로 한창 일할 시기였다. 그는 한 사람이 두 임금을 섬길 수 없다는 '불사이군'의 의리를 좇아 '두문동 72현'의 일원이 되었다.

그는 태종이 즉위한 이후 인정을 받기 시작했다. 6조의 정랑을 차례로 거치면서 태종의 신임을 얻었다. 중추원을 혁파하고 병권을 완전히 국왕에게 귀속시키는 병제일원화를 무리 없이 추진한 그는 왕을 곁에서 모시는 지신사 박석명의 천거로 도평의사사경력에 올랐다. 이듬해는 신병을 이유로 사임하는 박명석의 적극 추천으로 그의 후임인 지신사가 되었다. 지신사는 지금의 대통령 비서실장에 해당하는 것으로 최고통치권자의 절대적인 신임을 받지 못하면 얻을 수 없는 자리였다. 실제로 태종은 그를 전폭적으로 신임해 중대사안을 의논했다. 그의 졸기에 나오는 태종의 언급이 이를 뒷받침한다.

"경과 의논한 일은 나와 경만이 아는 것이다. 누설될 경우 이는 곧 경이 아니면 내가 한 짓이다."

이후 그는 태종의 절대적인 신임을 토대로 육조판서직을 두루 역임하면서 태종이 드러내놓고 말하지 못하는 것을 대신했다. 대표적인 것이 민

씨 형제를 제거한 사건이다. 당시 태종은 처남인 민무구와 민무질 형제가 원경왕후 민 씨의 후광을 등에 업고 왕권을 위협하는 행보를 보이자 이들을 제거하려 했다. 형조판서로 있던 황희는 이들의 처벌을 요구하는 상소를 올렸고, 이를 계기로 숙청 작업이 시작됐다. 결국 민 씨 형제는 관직을 박탈당하고 유배지에서 죽음을 맞이했다. 모든 것이 태종과의 긴밀한 교감을 통한 작업이었다.

황희에 대한 태종의 신임은 특별했다. 황희는 예조판서로 있던 1415년에 지병으로 잠시 사임을 하게 됐다. 그러자 태종은 어의를 보내 치료해 주었으며, 병이 낫자 어의들을 포상했다.

하지만 승승장구하던 그에게도 위기가 찾아왔다. 태종 16년에 세자 양녕대군의 폐위를 결사반대한 것이다. 태종의 노여움을 받은 그는 공조판서로 전임되었다가 한성부판사로 좌천되었다. 태종은 세자를 내쳐야만 하는 자신의 괴로운 심중을 제대로 헤아리지 못한 그에게 분노했다.

양녕대군의 행보는 창건된 지 얼마 안 된 새 왕조의 세자가 보여주어야 할 모습과는 거리가 멀었다. 태종 17년에는 태종이 아무도 모르게 보관하라고 내준『왕친록』을 열어보았고 전중추 곽선의 첩을 강압적으로 취한 사실이 드러났다. 이듬해 태종의 결단으로 충녕대군이 세자로 책봉되었다. 그러나 이조판서로 복귀한 황희는 끝까지 이를 반대했다. 황희의 반대 이유는 세 가지였다.

첫째, 태조가 세자를 잘못 세워 골육상쟁의 화난을 초래한 것처럼 재차 화를 초래할 가능성이 크다. 둘째, 적장자 승계의 전통을 세워나가지 못하면 향후 유사한 사례가 빈발해 화난의 빌미가 될 수 있다. 셋째, 세자가 총명한 만큼 앞으로 제대로 훈육하면 얼마든지 훌륭한 군왕이 될 수 있다. 나름대로 일리가 있는 주장이었으나 이미 태종이 검토한 것이기도 했다.

당시 상황에서는 고심 끝에 내린 태종의 결단을 따를 필요가 있었다. 강력한 왕권 국가를 지향한 태종에겐 왕권에 대한 도전으로 비칠 가능성이 있었기 때문이다. 그럼에도 황희는 끝까지 반대했다. 황희 외에도 세자의 폐위를 반대하는 중신들은 많았으나, 태종의 심중을 누구보다 잘 아는 황희의 반대는 의미가 달랐다. 군신들을 경계시키고 여론을 잠재우기 위해서라도 황희를 엄벌에 처하지 않을 수 없었다. 태종은 그를 폐서인해 지방으로 정배했다. 그리고 곧바로 충녕대군에게 보위를 물려주고 상왕으로 물러앉았다.

끝까지 변하지 않는 자를 신뢰하라

황희의 유배지는 도성 근처인 교하(파주)였다. 교하는 그의 고향인 개성과도 가까웠다. 징벌의 효과가 미약하다는 대간들의 비판이 일자 그는 남원으로 이배되었다. 그의 유배생활은 4년이나 더 지속됐다. 그가 세자 폐출에 반대한 것은 아무리 왕의 뜻을 거스르더라도 문제를 파생시킬 여지가 있는 사안이므로 진중해야 한다는 그의 사리분별에서 비롯된 것이었다. 그의 진정성은 결국 태종의 인정을 받아 전화위복의 계기가 되었다.

남원에서 유배 생활을 하는 동안 황희는 문을 닫고 아무도 만나지 않았다. 태종은 대간들의 반발을 물리치고 마침내 세종 4년에 그를 서울로 불러들였다. 그의 나이 60세였다. 태종은 이제 황희가 자신의 의중을 정확히 헤아렸을 것으로 판단했다. 기록은 태종이 5년에 걸친 귀양에서 풀려나 서울로 올라온 황희에게 토지와 직책을 환급해주었다고 전한다. 그는 곧 태종이 머무는 수강궁(창경궁)을 찾아가 정중히 예를 표했다. 세종이 태종 옆에 있었다. 태종이 그에게 말했다.

"내가 풍양(포천의 행궁)에 있을 때 늘 경의 일을 주상에게 말했소. 오늘에야 비로소 경이 서울로 오게 되었소."

이로부터 석 달 후 태종이 세상을 떠났다.

황희에 대한 세종의 신임은 태종 못지않았다. 그러나 그는 세종 9년에 사위인 서달이 시골 관아의 아전을 때려죽인 사건에 개입해 권력을 남용하였다는 혐의를 받고 파직됐다. 우의정으로 있던 맹사성도 함께였다. 얼마 후 복직되었으나 3년 뒤 다시 사재주부 태석균의 청탁 사건에 개입해 죄를 가볍게 다스리라는 청을 사헌부에 넣은 것이 빌미가 되어 탄핵을 받고 사임했다.

파주 임진강변의 반구정에 은거하던 그는 이듬해 교하현감으로 있는 박도에게 청탁해 관가의 둔전(각 궁과 관아에 속한 토지)을 얻은 일로 비판을 받았다. 이는 태석균 사건과 더불어 계속 그를 탄핵하는 원인이 되었다. 그러나 그해 9월 그는 영의정의 자리에 올랐다. 그의 나이 69세였다. 이때 맹사성은 그가 파직된 후 비어 있던 좌의정으로 승진되고, 권진이 우의정이 되어 그와 함께 세종을 보필하는 '삼상三相체제'가 확립됐다. 이는 맹사성이 치사하는 세종 17년까지 4년 동안 지속되었다.

특이한 것은 황희가 69세의 나이에 영의정에 오르며 보통 70세에 치사하는 관례를 깼다는 것이다. 그는 세종이 숨을 거두기 1년 전인 세종 31년까지 무려 18년 동안 그 자리를 지켰다. 조선왕조 500년을 통틀어 한 사람이 '일인지하一人之下, 만인지상萬人之上'의 최고 자리에 오래 앉아 있었던 적은 없었다.

모든 것은 세종이 황희의 충성심을 높이 산 결과다. 하지만 황희가 명재상으로 남은 이유는 뛰어난 리더십을 보인 데 있다. 그는 중재에 뛰어난 역량을 활용해 세종이 구상한 개혁정책을 밀어붙였다. 그가 영의정의 자리에 앉아 있는 동안 농사법 개량, 예법 개정, 천첩 소생의 천역賤役 면제 등이 진행됐다. 이는 결과적으로 '세종대왕과 황희 정승이 있었기에 조선에 태평성대가 있었다'는 평가를 만들어낼 정도로 조선의 발전에 큰 역할을 했다.

중재의 리더십은 필수다

태조는 고려의 유풍을 이어받아 개성의 옛 궁궐 안에 있는 내원당에서 각 종파의 승려들을 포상했다. 개성으로 천도한 정종은 이곳에 개국공신의 원불願佛인 인왕불을 안치했다. 다시 한양으로 천도한 태종은 개성에 있던 것을 창덕궁 내 문소전 옆으로 옮겨 세웠다.

세종은 부왕의 유지를 이어받아 재위 21년에 불골사리와 금옥불 3구를 봉안했다. 그리고 집현전 학자들의 격렬한 반대를 물리치고 내원당을 대대적으로 확장해 내불당 낙성식을 가졌다. 숭유배불崇儒排佛을 내세운 사대부들의 강력한 요청에도 내불당이 선조 이전까지 남아 있었던 것도 세종의 뜻과 일치하는 것이다.

내불당의 폐지가 선조 때 붕당이 형성된 것과 시기적으로 일치하는 것은 조선이 신권 국가로 변했음을 반증하는 것이다. 원래 성리학은 정치와 종교를 하나로 묶어 신권 국가를 지향하는 사상이었다. 세종은 이를 통찰했다. 따라서 내불당의 건립은 정치와 종교를 분리시켜 신권 우위의 성리학을 무기로 내세운 신권 세력에게 휘둘리지 않겠다는 속셈을 담고 있던 것이었다.

세종이 왕권 강화 제도였던 태종의 '6조직계제'를 폐지하고 의정부의 기능을 회복시킨 '의정부서사제'를 택한 것도 같은 부분에서 이해할 수 있다. 외견상 부왕과 반대되는 제도로 보이지만 이면을 살펴보면 정반대의 해석이 가능하다. 이는 기본적으로 맹사성과 황희 등의 절대적인 충성을 전제로 한다. 세종이 벼슬에서 물러나야 할 나이의 황희를 무려 18년이나 영의정 자리에 앉힌 것이 증거다.

여기서 주목할 것은 세종이 맹사성, 황희와 같은 원로를 중용하면서 신숙주와 성삼문 등의 신진기예들로 하여금 집현전을 중심으로 이들 원로를 견제하도록 유도한 사실이다. 이는 태종의 '토사구팽' 작업에서 살아남은 공신 세력의 발호 가능성을 제도적으로 차단하기 위한 깊은 생각으로, 왕권 강화에 전력투구한 태종의 의지가 그대로 이어진 것이다.

세종은 대궐 안에 왕실 가족을 위한 불당을 짓는 것은 아무런 문제가 되지 않는다고 여겼다. 실제로 왕실의 호불사상은 유서가 깊었다. 세종의 둘째 형인 효령대군도 불가에 귀의했다. 그러나 교조적인 성리학의 교리에 함몰된 대소 신료와 유생들의 반발은 만만치 않았다. 세종은 이내 고립무원의 처지에 빠졌다. 그러나 세종의 결심은 확고했다. 결국 문제를 해결할 중재자가 필요했다. 적임자가 바로 황희였다. 그는 대소 신료와 성균관 유생들을 일일이 찾아다니며 이같이 설득했다.

"궁궐 안에 불당을 짓는다고 해서 조선이 어찌 되는 것은 아니지 않은가. 위정자는 백성을 위한다는 원칙만 지킬 수 있으면 되는 것이다."

결국 노구를 이끌고 적극 설득에 나선 그의 헌신적인 노력으로 사태가 원만히 해결되었다. 그는 세종에겐 국가의 대강을 훼손시킬 의도가 없음을 잘 알고 있었다. 군신 사이의 두터운 신뢰가 존재했기 때문이다. 세종이 그의 거듭된 사의에도 계속해서 그를 영의정 자리에 앉혀둔 것도 그와의 훌륭한 파트너십을 놓치고 싶지 않아서였다.

황희는 세종이 죽은 지 2년이 되는 해에 숨을 거두었다. 그의 나이 90세였다. 사관들은 『문종실록』에서 그를 이같이 칭송했다.

"황희는 관후하고 침중沈重하여 재상의 식견과 도량이 넓었다. 집을 다스림에는 검소하고, 기쁨과 노여움을 안색에 나타내지 않았다. 일을 의논할 적엔 정대하여 대체를 보존하기에 힘쓰고 번거롭게 변경하는 것을 좋아하지 않았다. 그는 늙어서도 손에서 책을 놓지 않았고, 한쪽 눈을 번갈아 감아가며 시력을 길러 비록 잔글씨라도 읽기를 마다하지 않았다."

황희가 세종을 보필하는 동시에 깊은 안목으로 갈등의 중재자로 활약하며 위정자의 위민정신을 실천한 것은 백성을 위하는 마음이 지극한 그의 2인자 리더십을 보여준 것이다. 또한 두문동에서 빠져나와 조선에 참여한 것이 결코 일신상의 영화를 도모하려는 단순한 '변절'이 아니었음을 증명하는 것이기도 하다.

세종 역시 인품과 경륜, 학식 등에서 사대부와 유생의 표상이 될 맹사성, 황희 등과 같은 명상을 만남으로써 성세를 구가할 수 있었다. 최고 통치자의 최고 덕목은 적재적소에 올바른 인재를 배치하는 것이다. 세종은 이를 훌륭히 수행해냈다. 그는 민생안정을 겨냥한 부국책을 성공적으로 실시해 이를 토대로 강병책을 구사했다.

또한 문무文武의 모든 측면에서 조선의 위상을 사방에 널리 떨쳤다. '문'의 차원에서 집현전을 세우고 나서 신숙주와 성삼문 등 수많은 인재를 길러내 조선을 문화대국으로 육성했다. '무'의 차원에서는 김종서와 최윤덕 등을 발탁해 조선의 북방 강역을 대폭 확장하면서 북로남왜의 화근을 제거했다. 이런 위업을 이룬 군왕은 조선조 500년을 통틀어 오로지 세종이 유일하다.

세종을 뒷받침한 당대의 명신이 바로 맹사성과 황희다. 세종은 '중재'와 '겸신'으로 요약되는 두 사람의 다른 2인자 리더십을 최대한 활용해 1인자 리더십의 효과를 극대화했다. 갈등의 조화와 결단력이 요구되는 이조와 병조 등의 업무는 황희, 유연하면서도 섬세함이 필요한 과거시험 감독과 학문 교습 등의 예조 업무는 맹사성에게 맡긴 것도 이 때문이다. 인재의 적재적소 배치는 세종의 통솔력을 극명히 보여준다.

한마디로 세종 시대의 황금기는 인재의 적재적소 배치에 성공한 현군과 탁월한 식견과 경륜을 바탕으로 군주와 신민 사이의 소통 역할을 원활히 수행한 현상賢相이 동시에 출현해 상호 합작한 결과다.

디즈니의 전前 CEO 마이클 아이스너는 2인자 프랭크 웰즈가 헬기 사고로 죽을 때까지 행복한 협력관계를 유지했다. 웰즈와 편안한 동료처럼 지낸 아이스너는 중요한 결정을 내릴 때면 엄격한 예산을 세우고 뛰어난 투자감각을 지녔던 웰즈의 사무실을 하루에도 10번 이상 찾으며 조언을 구했다.

아이스너는《포춘Fortune》과의 인터뷰에서 이렇게 말했다.
"웰즈는 '결점만 보는 사람' 역할을 하면서 끊임없이 이의를 제기함으로써 디즈니의 경영 목표인 '최고 아이디어의 성공 보장'을 도왔다."

1인자에 대한 2인자의 냉정한 판단과 평가가 무너지면 어떤 조직이든 오래가지 못한다.

제 4 장

세조
·
기초를 세우는
1인자

VS

좇아가는
2인자
·
한명회

1인자는 낙관주의자다. 성공을 예정하고 달려간다. 2인자는 현실주의자다. 허영보다는 양심과 실리를 좇는다. 현실성 없는 낙관은 관념적이고, 모험 없는 현실주의는 제자리 맴돌기다. 성장은 1인자와 2인자의 조화와 협력에서 나온다.

제4장 세조와 한명회

"당태종에게 위징이 있었다면
나에게는 보현재(신숙주의 호)가 곧 위징이다."

－ 세조

더 멀리 보고 플랜B를 계획하라

세종은 멸문지화를 당한 소헌왕후와의 사이에서 모두 7명의 대군을 두었다. 그중에서도 문종은 일찍이 세자로 책봉돼 부왕의 통치를 곁에서 도우며 학업에 정진했다. 그러나 어린 시절부터 잔병치레가 그치지 않던 그는 즉위한 지 2년 만에 세상을 떠나고 말았다. 세종은 왜 병약한 문종을 보위에 앉힌 것일까? 여기에는 세 가지 추측이 전해진다.

첫째, 그 자신이 장남인 양녕대군과 차남인 효녕대군을 제치고 보위를 차지한 데 따른 심리적 부담감이다. 그는 내심 자신의 후대만큼은 성리학의 정통론에서 극히 중시하는 '적장자 상속'의 원칙을 지키고 싶어 했다. 이는 성리학의 정통론에 들어맞는 것이기도 하다.

둘째, 54세에 숨을 거둘 때까지 각종 질환에 시달렸음에도 33년 동안 보위를 지킨 세종 자신의 경험을 과신했을 가능성이다. 아마도 그는 건강 관리를 잘하면 문종도 자신처럼 오랫동안 보위에 앉아 있으리라 낙관했을 것이다. 이와 관련해 세손인 단종을 염두에 두었을 가능성을 제기하는 견해도 있으나 이는 설득력이 약하다. 단종의 주변에는 수렴청정을 통해 어린 단종을 곁에서 도와줄 대비와 모후가 없었다.

단종의 생모 권 씨는 단종을 낳고 난산으로 숨을 거둬 세종의 후궁인 혜빈 양 씨가 그를 키웠다. 이런 상황에서 단종이 왕위에 오르면 신권 세력의 발호는 뻔한 일이었다. 강력한 왕권을 추구했던 세종이 이런 상황을 전혀 고려하지 않았을 리 없다. 따라서 문종의 요절을 전혀 예상하지 못했다고 보는 게 타당하다.

셋째, 어린 시절부터 지적욕구가 충만한 문종을 높이 평가했다. 문종은 여러 방면에서 재능을 보였다. 서예와 천문학, 산술에도 일가견이 있었다. 측우기 제작에 직접 참여하기도 했다. 세종은 세자 책봉을 서두르면서 문종이 세자로 있던 29년 중 마지막 8년 동안 섭정 형식으로 곁에서 도우며 부왕 역할을 수행하도록 했다.

세종은 재위 기간 동안 늘 이른 아침에 일어나 다음날 새벽까지 정무를 처리하며 틈나는 대로 손에서 책을 놓지 않은 까닭에 건강이 좋지 못했

| 문종대왕 태실비, 경북 예천

다. 말년에는 눈이 보이지 않아 정상적인 업무 수행마저 불가능했을 정도다. 세자로 있던 문종이 국가 대사에서 사실상 결재권을 행사한 것도 이 때문이다. 조선의 역대 군왕 중 세자 시절에 사실상의 결재권을 행사하며 제왕학 실습을 한 인물은 문종이 유일하다. 문종은 능히 치세의 성군이 될 만한 자질을 지니고 있었다. 몸이 부실했음에도 그가 무난히 보위를 물려받은 것은 자신의 뒤를 이어 치세의 성군이 되기를 바란 세종의 기대가 작용한 것이다.

그러나 세종의 기대는 빗나갔다. 군왕의 건강은 심각한 상태였다. 신권 세력의 발호와 보위를 둘러싼 대군들 사이의 각축은 이미 예상된 것이었다. 가장 먼저 행동에 나선 사람은 문종의 탁고유명託孤遺命(왕이 죽기 전에 후사의 장래를 믿을 만한 대신에게 부탁함)을 받은 우의정 김종서였다. 그는 임금의 유언으로 나라의 뒷일을 부탁받은 고명대신의 위치를 최대한 이용해 신권 세력의 우두머리를 자처하며 천하를 호령하려 했다. 김종서는 정도전과 마찬가지로 재상 위주의 신권 국가 건설을 꿈꿨다. 우선 안평대군을 전면에 내세웠다.

명분보다는 실력에 의지하라

김종서는 체구가 작았으나 담대한 기질로 문인 출신임에도 무인의 체취가 강한 인물이었다. 그는 태종 5년에 문과에 급제해 세종 때 사간원 우정언과 이조정랑, 사헌부 집의 등의 문관 요직을 두루 거쳤다. 그가 무관직을 맡게 된 결정적 계기는 세종 15년 말에 여진족의 내분을 틈타 국토

확장의 임무를 띠고 함길도 관찰사에 오른 데서 비롯했다. 2년 뒤 함길도 병마도절제사가 되어 여진족을 물리치고 6진을 개척해 조선의 강역을 두만강 일대까지 확장하는 대공을 세웠다.

혁혁한 무공을 인정받은 그는 이후 세종의 신임을 배경으로 형조판서와 의정부 우찬성 등을 역임하며 승승장구했다. 문종이 임종 직전 그를 고명대신에 임명한 것은 그가 우의정이었기 때문에 가능한 일이었다.

문제는 문종 사후 단종이 고립무원에 처한 상황이었다. 궐내에는 대비는 물론 왕비도 없었다. 수양대군과 같은 종친들이 도와주지 않으면 12세의 어린 왕은 사실상 의정부를 장악한 김종서에게 휘둘릴 수밖에 없었고, 실제로 그런 일이 벌어졌다. 『단종실록』의 기록에 따르면 김종서는 안평대군에게 속히 민심수습 행보에 나설 것을 재촉하는 시를 건네주었다.

큰 하늘은 본래 적막한 것이라 하니
현묘한 조화의 뜻을 누구에게 물을까
사람의 일이 실로 어그러지지 않으면
비가 오고 볕이 나는 것도 이에 순응하네
바람을 따라 도리桃李에 닿게 되면
화신花信을 재촉해 꽃도 만발하네
축축하게 젖는 것이 보리밭에 미치면
천하의 모든 땅도 고루 윤택해지네

문종이 죽은 지 한 달밖에 안 된 상황에서 이런 내용의 시를 건네준 것은 반역을 꾀하겠다는 선전포고였다. 며칠 후 군왕의 인사대권을 박탈하는 '황표정사黃票政事'를 관철한 사실이 『단종실록』에 기록돼있다.

"의정부 당상과 이조와 병조의 당상이 관직을 제수할 대성과 정조, 고을의 장수와 수령을 세 명씩 쓰고서 그 중 쓸 만한 한 사람을 취해 황표를 붙여올렸다. 왕은 다만 붓으로 낙점할 뿐이었다. 당시 사람들은 이를 '황표정사'라고 일컬었다."

원래 관원들의 인사는 문무관원의 인사권을 쥔 이조와 병조 등의 전조가 대상자 3인을 선정해 올리면 군왕이 그 중 한 사람을 낙점하는 방식이었다. 그런데 대상자 선정부터 의정부의 당상관이 참여해 영향력을 행사하고, 의정부 대신들의 의중에 둔 사람을 '황표'의 이름으로 확정해 군왕의 인사권을 훔치기 시작했다.

이를 방치하면 금세 조정이 김종서의 우익으로 가득 찰 상황이었다. 인사대권을 상실한 군왕은 허수아비였다. 단종은 수양대군과 안평대군에게 중요한 일을 상의했으나 이는 형식에 불과했다. 김종서와 연계된 안평대군은 자신의 사람을 중요한 요소에 배치하기 위해 황표정사를 최대한 활용했다. 대간들의 비난에도 황표정사는 수양대군이 사은사로 명나라를 다녀와 폐지할 때까지 2년이나 지속되었다. 김종서의 등에 업혀 반역을 꾀한 안평대군의 어리석은 행보를 상징적으로 보여준 것이 바로 황표정사다.

상대보다 강한 조직력을 구축하라

황표정사를 도입한 김종서는 곧바로 수양대군에 대한 압박에 들어갔다. 사병을 기르고 패거리를 이루는 것은 왕실을 위태롭게 한다는 이유를 내세워 대군들의 사저에 많은 사람이 모이는 것을 금지하고 엄격히 다스렸다. 격분한 수양대군이 동생인 안평대군에게 편지를 썼다.

"이는 우리를 의심하는 것이다. 보위를 제일 가까이서 보필해야 하는 여러 대군의 사저를 감시하면 주상이 저들에게 잡혀 고립될지라도 도울 길이 전혀 없지 않겠는가."

김종서와 손을 잡고 보위를 넘본 안평대군이 이에 동조할 리 없었다. 종친 세력의 규합이 무너지는 것을 목격한 수양대군은 왕실의 앞날을 크게 우려했다. 이때 천하의 책사 한명회가 등장했다.

한명회가 수양대군을 만난 것은 세종 때 판서와 우찬성을 지낸 권제의 아들 권람의 주선 덕분이었다. 권람은 젊었을 때 부친이 정실인 자신의 생모를 박대한다는 이유로 집을 뛰쳐나와 한동안 주유천하에 나선 인물이다. 그는 우연히 개성의 영통사에 들렀다가 한명회를 만나 이내 의기투합했다. 한명회는 조부 한상질이 예문관 제학을 지냈으나 일찍 부모를 여의고 불우한 어린 시절을 보낸 까닭에 서른이 넘도록 변변한 벼슬자리 하나 얻지 못하고 있었다. 게다가 그는 일곱 달 만에 태어나 '칠삭둥이'라는 별명까지 갖고 있었다. 그러나 그의 학식은 녹록치 않았다. 특히 사서에 밝아 흥망의 이치를 훤히 꿰고 있었다.

권람의 주선으로 한명회가 찾아가자 수양대군이 옛 친구처럼 크게 반기며 환담했다.

"주상은 비록 어리다고는 하나 큰 도량이 있으니 잘 보좌하면 족히 수성할 수 있을 것이오. 다만 한스러운 것은 간사한 대신이 딴마음을 품어 선왕의 유명을 저버린 점이오. 권람을 통해 그대가 이 세상에 뜻이 있는 것을 알았으니 나를 위해 현명한 판단을 내려주시오."

한명회가 말했다.

"안평대군이 대신들과 결탁해 장차 반역을 꾀하려는 것은 길 가는 사람도 아는 것입니다. 다만 그 뜻을 드러낼 수 없으니 지금 당장 의병을 일으키려고 해도 뜻을 이루기 어려울 것입니다."

안평대군과 김종서 일당의 역모를 밝혀내는 것이 급선무라고 지적한 것이다. 이에 수양대군은 노비 조득림을 시켜 안평대군 집안의 노비와 주변 인물들을 탐지하게 했다. 한명회도 직접 나섰다. 그는 안평대군의 심복인 군기녹사 조번에게 접근해 역모의 단서를 탐색하기 시작했다. 한명회가 자주 왕래하며 친근하게 대하자 조번이 이내 아무런 의심도 품지 않고 역모의 대강을 털어놓았다. 한명회가 수양대군에게 건의했다.

"한고조 유방이 비록 장량의 계책을 써서 천하를 얻었으나, 그 또한 한신의 군세에 힘입지 않았다면 어려웠을 것입니다. 마땅히 무장들을 사귀십시오."

그의 말에 수양대군은 활쏘기 모임을 빌미로 장안의 협객을 규합했다. 홍윤성과 홍달손, 임운 등 30여 명의 무장이 그의 휘하로 들어왔다.『연려실기술』에 따르면 당시 한명회가 매번 밤늦게 수양대군의 대문간에 와 행랑방에 연결된 줄을 당기면 팔에 줄을 묶고 자던 노복이 깨어나 문을 열어주곤 했다고 한다. 이에 관한 소문이 무성해지는데도 김종서는 모든 것을 수양대군의 객기 정도로 치부했다. 지나친 자만심이었다.

인재를 확보하고 기회를 대비하라

이때 단종을 국왕으로 책봉한 명나라의 고명에 대한 답례로 사은사를 보낼 일이 문제가 되었다. 고명과 관련한 사은사는 고관인 정승을 보내는 게 관례였다. 당시 영의정 황보인은 이미 명나라에 다녀왔고 좌의정 남지는 병중이었다. 우의정 김종서의 차례였다. 그러나 그는 곧 상서를 올려 이를 회피했다.

"신이 이제 나이가 70이 되어 쇠약함이 날로 더해 조섭이 효과가 없습니다. 쇠약한 몸으로 어찌 먼 길을 달려가 사명을 마칠 수 있겠습니까. 신을 한가한 곳에 두고 어질고 능한 이로써 대신하게 하면 심히 다행이겠습니다."

그러나 실록에 따르면 당시 김종서는 좌우에게 이같이 말했다고 한다.
"내가 오랫동안 변방의 장수로 있어서 야인이 이름을 알지 못하는 자가 없다. 만약 불의의 변이라도 있으면 국가에 걱정을 끼칠까 두렵다."

그는 북경 사행의 중요성을 알고 있었음에도 요동을 지나는 와중에 피습이 있을까 우려한 것이다. 또한 자신의 북경 사행 중 수양대군이 무슨 일을 꾸미지나 않을까 걱정한 나머지, 득보다 실이 크다고 판단했다.

이때 수양대군이 북경 사행을 자처하고 나섰다. 안평대군 측은 크게 당황했다. 『단종실록』에 따르면 수양대군이 여러 종친들과 함께 예궐하자 안평대군이 수양대군에게 물었다.

"북경 사행을 청했다는 게 사실입니까?"

수양대군이 대답했다.

"고명의 사은은 큰일이다. 김종서가 사양한 상황에서 하관을 보내면 중국 조정이 이를 비난할 것이다. 그러나 종친이 가면 황제의 명을 존중한다고 생각할 것이다. 종친이 되어 공도 없이 녹만 먹고 있으면서 임금을 위해 사신이 되지 않는 것이 옳겠는가."

실록은 이때 안평대군의 안색이 변하며 크게 당황한 것으로 기록했다. 그렇다면 안평대군 측은 왜 수양대군에 앞서 사행을 자처하지 않았을까? 기록에 따르면 이현로가 안평대군에게 사행을 강력히 권했다고 한다.

"공의 용모와 시서화詩書畵에 저희가 따르면 명성을 날릴 수 있습니다. 이는 널리 인망을 거두어 후일의 기반이 될 것입니다."

북경 사행을 대수롭지 않게 생각했던 안평대군은 이 얘기를 듣고 급히 황보인과 김종서에게 사람을 보내 자신을 추천하도록 했다. 그러나 이를 눈치 챈 수양대군이 먼저 황보인을 찾아가 말했다.

"평소 국은을 많이 입어 밤낮으로 보답하기를 도모했으나 기회를 얻지 못해 한이 되었는데 이제 먼 길을 달려가 작은 정성을 표하고자 합니다."

황보인이 만류했다.

"공은 종실의 어른으로 먼 여행이 어려울 것이니 안평대군이 어떻겠습니까?"

속셈을 읽은 수양대군이 거부했다.

"나는 국정에 참여하지 않는 데다 여러 재상이 있으니 두어 달 원행을 할지라도 무엇이 해롭겠습니까?"

결국 수양대군은 북경 사행을 이뤄냈고, 이를 통해 자신의 입지를 넓혔다. 그는 북경 사행의 일원으로 집현전 직제학 신숙주를 서장관으로 끌어들였다. 이는 훗날 그에게 왕권을 가져다주는 결정적 계기가 되었다. 천하의 인재를 두루 끌어들인 수양대군의 뛰어난 리더십이 시작된 것이다.

열린 태도는 기회를 부른다

신숙주는 세종 때 공조참판을 지낸 신장의 아들로 태어났다. 부친이 사망한 지 5년 뒤에 진사과에 합격했고 이듬해에 성삼문과 함께 문과에 급제했다. 그의 나이 23세였다. 얼마 후 그는 탁월한 문장력을 인정받아 당대 최고의 인재들이 모인 집현전에 들어갔다. 그는 어린 시절부터 독서광으로 소문이 나 있었다. 7세 때 이미 경사서를 두루 섭렵했던 그는 집현전 학사가 되고 나서 궐내 장서각에 비치된 귀중한 책을 마음대로 볼 수 있게 되자 숙직을 자처하며 책을 읽었다. 이 소식을 들은 세종이 내관을 시켜 그가 책을 읽는 모습을 지켜보게 했다. 그는 밤을 새워 책을 읽다가 첫

| 신숙주

"신숙주는 한漢, 왜, 몽골, 여진 등의 말에 통했다. 때로는 통역을 빌리지 않고도 스스로 뜻을 통하더니 뒤에 공이 손수 모든 나라의 말을 번역해 바쳤다. 이에 힘입어 스승에게 일부러 배울 필요가 없었다."

닭이 울자 잠자리에 들었다. 이를 보고받은 세종이 자신이 입고 있던 돈피(담비 갖옷)를 덮어주었다. 주야로 학문에 정진한 신숙주는 집현전의 상징이었다.

그가 집현전 부수찬에 제수된 지 2년 뒤인 세종 25년에 통신사 변호문을 좇아 서장관의 자격으로 일본을 다녀온 것 역시 그의 뛰어난 학식을 높이 평가한 결과였다. 세종은 신숙주의 국제정치에 관한 안목과 학식을 높이 평가했다. 그의 졸기에 나오는 다음 대목이 그 증거다.

"일찍이 세종이 문종에게 말하기를, '신숙주는 국사를 부탁할 만한 자'라고 했다."

그가 일본에서 돌아온 뒤 세종이 사상 최초로 우리말을 적을 수 있는 한글을 창제했다. 일각에서는 세종이 집현전 학사들의 도움을 받아 한글을 창제했다고 주장하고 있으나 이는 잘못된 내용이다. 한글은 세종이 홀로 만들어낸 것이다. 집현전 학사들이 도움을 준 것은 '창제'가 아닌 '번역'이었다. 이들이 번역 작업에 대거 투입된 것은 한글 창제가 이뤄진 지 두 달 뒤의 일이었다. 『세종실록』의 기록이다.

"임금이 집현전 교리 최항과 부교리 박팽년, 부수찬 신숙주와 이개, 돈녕부 주부 강희안 등에게 명하여 언문으로『운회韻會』를 번역하게 했다."

이들의 번역 작업은 문종 때까지 지속됐다. 신숙주는 성삼문과 함께 요동으로 가 한림학사 황찬을 만나 한자의 음운에 관한 조언을 받았다. 그는 이후 모두 13차례나 요동을 왕래했다. 그가 번역 작업을 총괄하는 정인지를 대신해 요동으로 가는 역할을 맡은 것은 세종이 그의 언어에 대한 능력을 높이 평가했기 때문이다. 『연려실기술』이 이를 뒷받침한다.

"신숙주는 한漢, 왜, 몽골, 여진 등의 말에 통했다. 때로는 통역을 빌리지 않고도 스스로 뜻을 통하더니 뒤에 공이 손수 모든 나라의 말을 번역해 바쳤다. 이에 힘입어 스승에게 일부러 배울 필요가 없었다."

성리학을 공부한 대다수 사대부들이 외국어를 하는 것을 천하게 여기던 시기에 그는 역관을 통하지 않고 스스로 주변 국가의 언어를 공부하는 열정을 보였다. 이러한 열린 자세는 이후 성리학을 고집하는 성삼문과 정반대의 길을 걷는 배경이 되었다.

당시 수양대군은 동갑내기인 신숙주와 사귀고자 했으나 기회가 없었다. 북경 사행을 함께 떠나기 전까지만 해도 신숙주는 오히려 안평대군과 가까웠다. 그러나 4개월에 걸친 사행길에서 신숙주는 수양대군의 학식과 포용력, 명나라 관원을 대하는 당당함 등을 보고 큰 호감을 느꼈다.

당대 최고의 학자인 신숙주의 신임은 천군만마를 얻은 것과 같았다. 이듬해에 돌아온 수양대군이 한명회가 작성한 계책을 토대로 거사를 일으킨 것은 반년 뒤의 일이었다. 기습적으로 김종서 부자를 제거하고 나서 단종에게 보고했다. 이어 다시 가짜 군명을 내세워 입궐하는 황보인과 조극관, 이양 등 김종서 일당을 궐문에서 죽였다. 안평대군을 강화도로 유배시킨 뒤 사사하고, 이현로도 반역죄로 효수(죄인의 목을 베어 높은 곳에 매달아놓던 형벌)했다. 모두 한명회의 살생부 계획 아래 이뤄진 것이었다.

수양대군은 거사 다음날 영의정에 제수되어 이조 및 병조판서와 중외병마도통사의 자리를 겸했다. 모든 무력기반을 장악해 조선 최초로 종친의 신분을 지닌 채 영의정의 자리에 오른 것이다. 당시 신숙주는 외직에 나가 있었던 까닭에 계유정난에 간여하지 않았다. 그럼에도 곧바로 우승지에 임명돼 정난공신 2등에 녹훈되었다. 수양대군은 반기를 든 자가 아니면 공신의 2등과 3등을 내려주었다. 많은 지지자를 얻기 위한 속셈이었다. 성삼문도 계유정난 당시 숙직으로 궁내를 숙위한 까닭에 정난공신 3등이 되었다. 신숙주는 도승지 최항, 성삼문 등과 함께 공식 녹훈에서 삭제해줄 것을 청했으나 받아들여지지 않았다.

냉정하게 현실을 보라

단종이 세조에게 임금의 자리를 물려준 결정적 사건은 세종의 여섯째 아들인 금성대군의 '모반 음모 사건'이었다. 이는 안평대군의 잔당과 무뢰배들이 은밀히 수양대군을 제거하려 금성대군의 집에 모여 활쏘기를 연마하는 등 미심쩍은 행보를 보인 사건이다. 대사헌 최항은 이들에 대한 엄벌을 요구했으나 수양대군은 안평대군에 이어 금성대군마저 벌할 수 없다며 이를 물리쳤다.

그러나 금성대군을 엄벌에 처해야 한다는 상소가 끊이지 않았다. 조정 대신들이 이구동성으로 금성대군을 엄벌에 처할 것을 강력히 요청했다. 단종이 두려운 나머지 이를 허가했고 내관을 수양대군의 장인인 한확에게 보내 자신의 임무를 숙부인 수양대군에게 맡길 뜻을 전했다. 우여곡절 끝에 세조의 즉위식이 진행되었고, 단종은 상왕이 되어 수강궁으로 거처를 옮겼다.

보위에 오른 세조는 곧바로 상왕인 단종과 함께 명나라 사신들을 초청해 연회를 베풀었다. 성삼문을 비롯한 모든 관원들은 상황을 긍정적으로 받아들였다. 성삼문은 세조를 곁에서 보필하는 우부승지로 승진해 세조가 종묘와 사직에 친히 제사를 지내는 과정에 모두 참여해 적극적으로 활동했다. 그의 부친 성승은 중추원동지사로 임명됐다. 충청도관찰사 박팽년도 세조가 즉위한 직후 축하의 글을 올렸다. 하위지는 예조참의에서 참판으로 승진되었다.

그럼에도 『연려실기술』은 세조가 선양을 받는 날 충청도 감영에 있는 박팽년이 경회루 연못에서 자결하려고 했고, 성삼문은 단종의 양위를 눈물로 만류했다고 기록했다. 붕당이 성립한 이후에 나돌던 얘기를 그대로 실어놓은 것이다. 이는 신권 우위를 주장하는 사림 세력의 왜곡된 시각을 그대로 반영한 것이기도 하다.

반대하는 사람은 속마음에 답이 있다

그렇다면 계유정난과 단종의 양위를 용인하며 세조 정권에 적극적으로 동조했던 이들은 후에 왜 '단종 복위 운동'에 나선 것일까? 여기에는 다양한 요인이 복합적으로 작용했다. 먼저 성삼문이 단종 비인 송 씨를 맞아들일 때, 『예기』를 근거로 절차상의 문제를 거론하며 문제를 제기했다 좌천된 사실에 주목해야 한다. 당시 그는 문종이 죽은 지 3년이 지나지 않아 길복吉服을 입어서는 안 된다고 주장했다.『단종실록』에 나오는 세조의 언급이 이를 뒷받침한다.

"좌사간 성삼문은 백관들이 왕비를 맞아들이도록 청할 때를 당해 경전에 따라 이를 반대하고, 의논이 길복을 입는 쪽으로 정해지자 다시 반박했다. 명성을 얻기 위해 전후 반복한 것이다. 그 고신을 거두고 국문하라."

이는 성삼문이 태조 때의 정도전, 중종 때의 조광조와 마찬가지로 유가경전을 진리로 해석했음을 반증하는 것이다. 유가경전에 대한 교조적 해석은, 곧 재상 중심의 신권 국가를 자신의 정치이념으로 삼은 것을 말한다. 실제로 그는 강력한 왕권 국가를 지향한 세조에게 큰 반감을 품었다.

즉위하자마자 강도 높은 왕권 강화책을 펼친 세조와 달리 성삼문은 의정부를 중심으로 한 신권 우위의 관료체제를 유지하려 했다. 이들은 이런 의도를 감춘 채 단지 상왕 단종을 복위시킨다는 명분을 내세웠다.

그러나 성리학의 신권 국가에 충실하려 했다고 파악하는 '이념설'에도 한계는 존재했다. 아무리 신권 국가에 대한 확신이 강할지라도 과연 생사를 걸 정도로 당시의 상황을 심각하게 보았는지 여부에 대한 판단이 쉽지 않기 때문이다. 이는 현실적인 이해관계의 측면을 간과했다는 지적을 가져왔다. '이념설'의 한계를 보완해 줄 수 있는 단서가 실록에 남아있다. 이들이 세조 즉위 이후 인사 문제에 적잖은 불만을 품었다는 사실이다. 다음은『세조실록』사관의 평이다.

"성삼문은 출세에 조급했다. 중시에 장원했음에도 오래도록 제학과 참의에 머물러 있다고 생각했다. 그 아비 성승은 안평대군의 도움으로 고신을 돌려받았다. 성승이 장차 변란에 앞장설 것이라는 안평대군의 호언이 널리 알려지자 부자 모두 크게 우려했다. 박팽년은 늘 금성대군의 역모 음모에 가담한 사위 영풍군(혜빈 양 씨 소생)의 일로 인해 자신에게 화가 미칠까 두려워했다. 하위지는 일찍이 세조에게 견책을 받은 것에 원한을 품었다. 이개와 유성원은 자신의 품이 낮은 것에 불만을 품고 속히 승진하려 했다. 이에 서로 깊이 결탁하여 급히 왕래한 것이다."

실록은 '불만설'에 원인을 두고 있다. 불만설은 성삼문과 그의 라이벌 신숙주의 관력에 주목한다. 신숙주는 세종 때부터 늘 성삼문보다 약간 앞서 나갔으나 품계에 있어 별다른 차이는 없었다. 두 사람 모두 당대의 인재로 평가받았기 때문이다. 그러나 계유정난을 계기로 그 차이가 현격히 벌어지기 시작했다. 우승지와 도승지를 차례로 거친 신숙주가 세조의 고명을 청하기 위해 명나라로 가 일을 무사히 마친 공을 인정받아 예문관 대제학에 제수되고 고령군에 봉해진 것이다. 문형으로 불리는 예문관 대제학은 사대부 사이에서 영의정보다 더욱 영예롭게 여기는 자리였다.

신숙주가 '문형'에 제수된 당일 성삼문은 승정원의 좌부승지에 제수되었다. 군왕을 곁에서 모시는 막강한 자리였으나 '문형'과 비교할 수 없는 위치였다. 음직 출신인 한명회가 마침내 정통 관료 출신인 자신을 앞서기 시작한 데다, 자신과 같은 위치에서 시작한 신숙주가 바라보기도 힘든 '문형'에 제수된 것에 그는 커다란 갈등을 겪었다.

당시 세조의 신숙주에 대한 총애는 극진했다. 세조는 고명을 받아오는 일을 무난히 수행한 신숙주를 위해 대대적인 잔치를 베풀었다. 이 자리에는 세자를 포함해 종실의 원로인 양녕대군과 효녕대군 등 모든 종친과 의정부, 육조의 당상관들이 빠짐없이 참석했다. 성삼문은 세조가 친히 신숙주에게 술을 내려주는 모습을 보고 어떤 생각을 했을까?

단종 복위 사건의 전말

'단종 복위 사건'은 신숙주를 위해 마련한 연회로부터 석 달 뒤에 터졌다. '불만설'을 뒷받침하는 결정적인 증거는 세조가 고변 직후 성삼문을 심문하는 와중에 상왕인 단종에게 보고한 내용이다.

"성삼문이 학문을 조금 알기에 승정원에 두었는데 근일에 실수가 잦아 우승지에서 동부승지로 바꿨습니다. 이에 원망을 품고 없는 말을 만들어내며 대신들을 모두 죽이려고 했습니다."

실록에는 구체적으로 성삼문이 어떤 실수를 저질러 우승지에서 좌부승지로 한 단계 끌어내렸는지에 대한 기록이 없다. 다만 신숙주를 위한 대대적인 연회에 참석할 때 그가 좌부승지였음을 생각하면, 이후 우승지로 올라갔다가 어떤 일로 인해 세 단계나 아래인 동부승지로 강등되었음을 추측할 수 있다. 자부심이 강한 엘리트 성삼문으로서는 매우 치욕스러웠을 것이다. 이는 '불만설'을 뒷받침하는 유력한 증거다.

실제로 그를 포함한 사육신은 그가 강등 조치를 당한 것으로 추정되는 시점에 수시로 모여 세조를 일거에 제거하기 위한 의논을 거듭했다. 거사는 고명을 갖고 온 명나라 사신을 위한 피로연이 열리는 날에 거행하기로 했다. 호위무장 성승과 유응부가 세조와 세자(효경세자)를 치면 밖에서 대기하던 무장들이 들이닥쳐 신숙주와 한명회를 베기로 했다.

피로연이 열리는 날 성승과 유응부는 칼을 차고 창덕궁의 광연전으로 갔다. 그러나 한명회는 호위무장이 필요 없다며 이들을 물리쳤다. 당황한 사육신이 후속 대책을 논의했다. 혼란스런 중에 의견 일치도 되지 않았다. 무장 출신인 성승과 유응부는 그대로 치고 들어가 한명회를 죽이고 세조와 측근을 참하자고 주장했으나 성삼문과 박팽년은 다음 기회를 노릴 것을 주장했다. 전형적 무골인 유응부는 이들의 우유부단한 모습을 보고 '서생과는 대사를 같이 논할 수 없다'라며 자리를 박차고 나갔다.

상황이 불편하게 흘러가자 동석했던 성균사예 김질이 두려운 마음에 장인 정창손을 찾아가 모든 사실을 털어놓았다. 대경실색한 정창손이 김질을 대동하고 다음날 아침 세조를 찾아가 반역 행위를 고발했다. 세조는 김질의 고변을 듣자마자 그들을 잡아들였다. 먼저 성삼문에게 물었다.

"네가 김질과 무슨 일을 의논했느냐."

성삼문이 하늘을 우러러보다가 한참 뒤에 입을 열었다.

"김질과 대질하고 나서 말하겠습니다."

두 사람이 대질하는 사이 성삼문이 소리쳤다.

"다 말하지 말라."

그러고는 이같이 변명했다.

"김질이 말한 것이 대체로 같으나 곡절은 사실과 다릅니다."

| 사육신 묘

세조가 재촉했다.

"사실대로 소상히 말해 보라."

성삼문은 공모한 자를 대라는 재촉에도 입을 다물었다. 세조가 말했다.

"내가 너를 극히 후하게 대접했다. 지금 네가 비록 그 같은 일을 하였다고 할지라도 내가 친히 묻는 것이니 소상히 말하라. 네 죄의 경중이 나에게 달려있다."

성삼문이 마침내 입을 열었다.

"신은 벌써 대죄를 범했으니 어찌 감히 숨기겠습니까? 신은 박팽년, 이개, 하위지, 유성원과 공모했습니다."

세조가 재차 다그쳤다.

"그들뿐만이 아닐 것이다. 모조리 말하는 게 옳을 것이다."

"유응부와 박쟁도 알고 있습니다."

세조는 나머지 사람들을 불러 반역을 공모한 사실을 물었으나, 하위지는 입을 다물었고 이개는 모르는 일이라고 시치미를 뗐다. 세조는 이들을 의금부에 하옥하면서 이같이 탄식했다.

"전에 금성대군 집의 정자를 상왕께 바치려고 할 때 성삼문이 나에게 이르기를, '상왕이 이곳에 왕래하게 되면 참소하고 이간질하는 사람이 있을까 염려됩니다'라고 했다. 내가 경박하다고 여겼더니 과연 이런 일을 꾸미려 했던 것이다."

이후 거듭되는 신문 끝에 20여 명이 넘는 인물들이 가담한 사실이 드러났다. 이들은 모두 사지가 찢기는 거열형에 처해진 뒤 저자에 내걸렸다.

역사는 1인자와 2인자의 만남이다

세조의 치세를 살펴보면 새 왕조가 시작되면 예외 없이 '제2의 창업'이 등장하는 것을 알 수 있다. 창업주가 아무리 손에 피를 묻히며 공신들을 정리하는 '토사구팽'에 성공할지라도 신권 세력의 반격을 제압하지 못하면 위기에 빠질 수밖에 없다. '제2의 창업'이 이뤄진 이유가 여기에 있다.

현재 많은 사람이 태종을 제2의 창업주로 들고 있으나 이는 시기를 소급한 것이다. 태종은 정도전을 비롯한 개국 공신 세력과 자신의 처가인 민씨 일족, 세자의 처가인 심씨 일족을 소탕했다. 그는 토사구팽의 악역을 자처함으로써 '제1의 창업'을 이룬 장본인이다.

세종의 치세는 태종이 구축한 '제1의 창업'의 연장선에 있다. 세종 시기의 신권 세력이 태조 때와 별반 다를 게 없기 때문이다. 권근과 하륜만 태종보다 먼저 숨을 거두었을 뿐 성석린과 이숙번, 맹사성, 황희 등은 세종 때까지 생존했다. 특히 맹사성과 황희는 4대에 걸쳐 봉사하며 국가원훈으로 존재했다. 이는 세종의 치세가 태종의 연장선에 있었음을 나타낸다.

조선조 '제2의 창업'은 세조가 이뤄냈다. '계유정변'과 '단종 복위 사건'이 그것이다. 그의 묘호가 몽골제국의 제2의 창업주에 해당하는 쿠빌라이와 같은 '세조'인 것도 결코 우연으로 볼 수 없다. '세조'의 묘호는 영락제가 받은 '성조'보다 한 단계 더 높은 것이다. 이 또한 그의 시호를 정할 당시 대부분의 군신들이 그의 치적을 '제2의 창업'으로 높이 평가했음을 의미한다.

현재 학계는 조선조의 창업과 수성이 갈리는 시기를 두고 일치된 견해를 보이지 않는다. 세조가 '제2의 창업'을 이뤘다고 간주하면 조선조의 수성 시기는 세조의 뒤를 잇는 성종 때로 보는 게 타당하다. 실제로 성종의 묘호가 '성成'인 것도 이런 취지에서 붙여진 것이다. 숱한 우여곡절을 겪어야 했던 조선조의 창업 과정이 마무리되었다는 뜻을 함축한다. 성종의 치세 때 조선조 전체를 통틀어 최고의 성세를 이룬 사실 역시 뒷받침한다. 세조가 '제2의 창업'으로 성세의 기반을 탄탄히 닦은 결과가 아닐 수 없다.

세조가 '제2의 창업'을 이루는 데 결정적인 공헌을 한 인물은 단연 한명회와 신숙주다. 한명회는 결단에 뛰어났고, 신숙주는 경륜에 밝았다. 이들의 절묘한 만남이 '제2의 창업'을 성사시켰다.

한명회가 이현로의 권유에도 안평대군 대신 수양대군을 택한 것 역시 뛰어난 견해다. 그는 난세의 시기에 누가 뛰어난 임금이 될 수 있는지 통찰하고 있었다. 세조 역시 천하의 책사 장자방을 자부한 한명회가 있었기에 '계유정난'을 성사시킬 수 있었다. 역사는 탁월한 군신의 만남에서 다시 쓰였다.

한명회는 미천한 자리에서 영상의 자리까지 올라 일세를 풍미한 인물이다. 그는 '계유정난'을 계기로 승승장구해 도승지와 판서를 거쳐 영의정의 자리까지 올랐다. 경희궁 문지기에서 영상의 자리에 오르는 데는 13년밖에 걸리지 않았다. 조선의 역사에 비춰 볼 때 음직인 궁궐 문지기에서 극품인 영의정의 자리까지 오른 사람은 한명회가 유일하다.

게다가 그는 2대에 걸쳐 국구(왕의 장인)가 되었다. 근친혼이 일상적이었던 고려에서는 흔한 일이었으나 조선에서는 처음 있는 일이었다. 출산 후 유증으로 요절한 뒤 장순왕후로 봉해진 예종의 정비가 그의 장녀고, 성종이 잘산군으로 있을 때 시집을 갔다가 요절해 훗날 정비로 추존된 공혜왕후가 그의 차녀다. 요직을 두루 거친 한명회는 78세에 세상을 떠났다.

이에 반해 정통 엘리트 관원 출신인 신숙주는 '계유정난'에 구체적으로 가담하지 않았다. 그는 계유정난 이전까지만 해도 오히려 안평대군과 친분을 가졌다. 세조는 고명을 청하는 일을 무사히 마치고 돌아온 신숙주를 위한 연회에서 신숙주에게 술을 청하며 이같이 칭송했다.

"당태종에게 위징이 있었다면 나에게는 보현재(신숙주의 호)가 곧 위징이다."

그러고는 자신의 표현이 마음에 들었던지 즉석에서 사관에게 이를 반드시 기록하도록 지시했다. 위징은 당태종 이세민이 '현무문의 변'을 일으켜 정권을 잡을 당시 반대편에 서 있다가 이세민에게 귀의한 인물이다.

신숙주를 '위징'에 비유한 것은 안평대군 쪽에 서있다가 자신에게 귀의했음을 의미한다. 당태종의 성세는 위징이 있기에 가능했다. 세조도 같은 취지에서 그를 위징에 비유하며 받아들였다.

신숙주는 한명회처럼 자신의 공을 뽐내지도 않았고, 권력이나 재물을 탐하지도 않았다. 그는 위징처럼 묵묵히 학문과 직책에 충실했다. 그의 졸기에 기록된 사관의 평은 다음과 같다.

"신숙주는 타고난 기품이 고매하고 관후하면서 활달했다. 경사經史에 두루 밝고 항상 대체大體를 지녀 까다롭거나 자질구레하지 않았다. 대의를 결단하는 데 막힘이 없었다. 세조가 큰일을 만나면 반드시 그에게 물어보았다."

실제로 신숙주는 검소한 생활을 했으며 책을 손에서 놓는 일이 없었다. 세종에서 성종에 이르기까지 6대에 걸쳐 군주를 모셨고, 3대에 걸쳐 재상을 지냈으나 재산이 조금도 불어나지 않았다. 59세에 숨을 거두면서 "장례는 간소하게 하라. 내 무덤에는 몇 권의 서책을 넣도록 하라."고 당부한 유언이 그의 평가를 뒷받침한다.

모택동毛澤東을 주군으로 모신 주은래周恩來는 2인자의 표상이다. 귀족 가문 출신이었던 주은래는 자신에게는 없는 카리스마를 모택동에게서 발견한 후 자청해서 그를 지도자로 추대했다. 주은래는 늘 모택동의 반걸음 뒤에서 '영원한 2인자'의 길을 걸었다. 역사가들은 실제로 중국을 이끈 두뇌는 주은래였다고 평한다. 닉슨 전 미국 대통령은 "모택동이 없었다면 중국 혁명은 결코 불붙지 않았겠지만 주은래가 없었다면 그 불길은 다 타서 재가 되고 말았을 것"이라는 유명한 어록을 남겼다.

성종
·
정치하는
1인자

VS

학문하는
2인자
·
김종직

리더에게는 원대한 포부와 치밀하고 정확한 계획이 함께 필요하다. 앞장서 나가는 대범함도 있어야 하지만 불확실성과 돌출하는 위험을 대비하는 냉철한 비판력도 있어야 한다. 1인자와 2인자가 함께한다면 두 가지 모두 확보하고 갈 수 있다.

제5장 성종과 김종직

"임금을 섬기되 너무 자주 간하면 욕이 되고,
친구와 사귀되 너무 자주 간하면 멀어지는 것이다."

– 세조

명분을 최우선하지 마라

성종은 세종, 정조와 더불어 명군으로 칭송받는 인물이다. 그는 재위 기간 중 『경국대전』을 편찬했으며 통치제도와 문물이 완비된 국가를 정비해 치세를 이뤄내 '성成'이란 묘호를 얻었다. 성종의 성세는 조부인 세조가 만들어놓은 탄탄한 왕권 위에서 이루어졌다.

성종은 왕권 강화를 위해 신권 세력과 신경전을 벌이는 일에 힘을 낭비하지 않았다. 이는 신권 세력과 줄다리기를 하는 데 쓰는 정력과 시간을 다른 곳에 투자할 수 있는 여력을 비축하기 위함이었다. 그는 결단을 내려야 하는 현안이 아니면 신하들의 요구를 너그럽게 받아들이는 모습을 보여주었다. 신권 세력으로부터 '성군'의 소리를 들을 수 있는 요건을 모두 갖춘 셈이다.

조선조는 세종 때 신권 세력이 서서히 목소리를 내기 시작했다. 태종 때 형성된 공신집단을 견제하기 위해 집현전 출신 소장 신권세력을 육성한 결과였다. 세종의 이런 제신술制臣術은 나름대로 큰 성과를 거두었다. 그러나 세조는 집현전 출신의 신권 세력이 '단종 복위 사건'을 꾸민 사실이 드러나자 집현전을 가차 없이 철폐했다. 집현전을 계속 유지하면 신하들로부터 자신의 재위 기간은 물론, 후대에 이르기까지 왕위 계승의 정통성 문제가 끊임없이 제기될 것을 우려했기 때문이다.

그의 우려는 현실로 나타났다. 발단은 성종이 집권하면서 예문관의 일부 기능을 독립시켜 집현전의 후신이라고 할 수 있는 홍문관을 개설한 데서 시작됐다. 홍문관을 중심으로 떠오른 신권 세력은 세종 때 등장한 신권세력과 달랐다. 대부분이 성리학으로 단단히 무장한 신진기예들로 든든한 지역 기반을 토대로 했다. 이들은 명분을 중시하는 고려 말의 충신 길재의 학통을 이어받은 영남 사림 세력이 주축을 이뤘다. 지금껏 지방에서 영향력을 행사해오던 사림 세력이 중앙 정계에 진출한 것은 조선 개국 이래 처음이었다.

영남 사림을 대표하는 김종직 역시 부친이자 스승인 김숙자로부터 명분론을 중시하는 길재의 학통을 이어받았다. 그의 중앙 정계 진출은 앞으로 조선이 지금까지와는 전혀 다른 신권 국가로 나아갈 것을 예고한 것이었다.

홍문관은 왕의 경연을 전담하기 위한 전문 연구기관의 역할을 위해 세워졌다. 성종이 홍문관을 설치해 신권 세력을 적극적으로 양성한 것은 세조 때 형성된 훈구 세력을 견제하기 위해서였다. 그러나 홍문관 출신 인사들이 대거 사헌부와 사간원의 관원으로 충원되면서 언론 3사가 재상권을 넘어 왕권마저 위협하는 부작용이 생겼다.

홍문관의 가세로 막강한 권력을 얻은 신권 세력은 대부분이 영남 출신의 사림으로, 이들은 보이지 않는 곳에서 끈끈한 결속력을 다지고 있었다. 언론권을 장악한 신권 세력

> **언론 3사言論三司**
>
> 조선시대 언론 3사는 사헌부, 사간원, 홍문관을 일컫는다. 사헌부는 관리의 비리를, 사간원은 정사 비판을, 홍문관은 언론활동을 담당했다. 사헌부와 사간원을 통칭하여 대간 혹은 양사라고 불렀다.
> 언론 3사는 권력의 독점과 부정을 방지하고자 하는 기구로서 조선시대 정치와 관료 구조의 상징적 의미를 지니고 있다.

이 점차 재상권을 장악한 훈구 세력을 대신하면서 두 세력 간의 갈등 또한 점점 깊어졌다. 특히 명분을 중시하는 언론 3사의 관원들은 고위관직을 차지한 훈구 세력을 처신술에 능한 비루한 인물로 여겼다. 언론 3사가 점차 신권의 중심기관으로 부상하면서 성종은 언론기관의 주장을 수용하라는 압력을 받았다. 어느새 언론 3사의 관원 모두가 성리학의 통치 이념을 앞장서서 실천하는 인물로 추앙되었기 때문이다.

이런 상황에서 언론 3사의 의견을 무시하는 것은 스스로를 사리에 어두운 임금이거나 폭군이라 인정하는 것과 같았다. 언론 3사의 출현은 권력의 중심이 왕권에서 신권으로 이동할 것을 예고한 엄청난 사건이었다.

언론 3사의 장악은 왕과 함께 통치 권력을 누리는 것과 같았다. 조선 중기 이후 사대부들이 사색당파로 나뉘어 치열하게 싸운 것도 언론 3사를 누가 장악하느냐 하는 문제와 직결됐다. 언론 3사의 관원들은 자신들의 색깔을 부각시키기 위해 모든 사안을 쟁점화하기 시작했다. 모든 것은 조선이 성리학이라는 강고한 통치이념을 채택한 결과였다.

강력한 왕권국가를 꿈꾸다

결국 성종은 홍문관을 신설해 언론 3사의 기능을 확대함으로써 후대 성리학자들로부터 명군이라는 칭송을 얻었다. 그러나 이는 어디까지나 성리학자들의 관점이었다. 따라서 지금 우리에겐 영남 사림세력의 칭송을 받은 김종직과 그의 정적이었던 유자광에 대한 재평가가 절실하다. 이것이 성종의 리더십에 대한 평가와 직결되기 때문이다. 그럼에도 현재 이들에 대한 평가는 일방적이다. 다음은 『두산세계대백과』에 등재된 '유자광'에 대한 내용이다.

"유자광은 자기보다 뛰어난 남이를 전부터 질투해오다가 예종이 남이를 좋아하지 않는 것을 눈치채고 남이의 언행과 시에서 꼬투리를 잡아 그가 반역의 뜻을 품었다고 밀고하였다. 죄목을 조작해 남이와 강순을 비롯한 수많은 인사를 처형하게 했다. 이들을 숙청한 공으로 익대공신 1등에 녹훈되고 무령군에 봉해졌다. 그는 이때부터 자기보다 뛰어난 자를 모함했다."

역사는 중종반정 이후 김종직을 절의를 숭상하는 충신으로, 유자광을 자신의 영화를 위해 배신과 모함을 일삼는 간신으로 간주했다. 이는 무오사화 때 부관참시를 당한 김종직이 조광조의 노력으로 관작이 회복되어 조선 성리학의 근본으로 추앙받은 데 반해, 유자광은 순종 원년에 이완용의 노력으로 관작이 회복된 사실과 연관해 그들을 평가했기 때문이다. 이완용의 등장은 유자광을 '간신'으로 각인시키는 결정적 역할을 했다.

그러나 최근 유자광을 재조명한 작품이 등장해 시선을 끈다. 최명희의 소설『혼불』이 그것이다. 일본 강점기 한 양반가의 부침을 다룬 이 소설은 남원 일대에 전해져 내려오는 유자광에 관한 다음과 같은 전설을 담았다. "자식을 낳으려면 유자광 같은 자식을 낳아야 한다."

서자에서 종1품까지 올라간 유자광이 간신으로 몰린 것을 동정하는 여론을 담은 것이다. 그러나 유자광은 여전히 명예를 회복하지 못했다. 반면 이들과 대척했던 김종직은 지금까지 커다란 존경을 받고 있다.

김종직과 유자광의 악연은 세조 때로 거슬러 올라간다. 세조는 태종의 6조직계제를 부활시킨 데 이어 의정부와 6조를 모두 측근들로 채워넣는 등 중앙집권체제를 강화함으로써 명실상부한 왕권국가를 완성했다. 모든 정무를 세조 자신이 직접 처리하기 위한 것이었다. 외교통인 신숙주가 예조판서를, 군사통인 한명회가 병조판서를, 재무통인 조석문이 호조판서가 되어 세조의 강력한 왕권 강화 작업을 뒷받침했다. 이들은 현직에서 물러났음에도 부원군 자격으로 조정의 정무에 참여했다. 승정원은 육조의 사무 외 국가의 모든 중대 업무를 담당하면서 막강한 힘을 발휘했다.

왕권국가 체제의 정립은 국가비용의 대폭적인 삭감에서 시작했다. 종래에 휴직 또는 정직 관원에게도 나눠주던 과전을 현직 관원에게만 주는 직전제를 실시했다. 지방에 대한 통제도 강화되었다. 세조 12년에는 도관찰출척사를 관찰사로, 병마절제사를 병마절도사로 명칭을 변경해 중앙의 문신을 파견했다. 지방에 대한 통제를 강화해 반란 가능성을 미리 방지하려는 뜻이었다. 그러나 곧바로 반발에 직면했다. 함길도 길주에서 '이시애의 난'이 일어난 것이다.

원나라 동지주추부사 올로티무르兀魯帖木兒의 손자인 이시애는 길주의 호족 출신이다. 그는 북방민 회유정책으로 1451년에 호군이 되고 나서 1458년에 회령부사가 되었다. 그러나 세조가 점차 북방민의 등용을 억제하고 중앙의 문관을 지방관에 임명하는 중앙집권체제를 강화하자 자신의 지위에 불안을 느꼈다. 당시 함길도는 지리적으로 여진족과 대치한 특수성 때문에 현지 출신 호족 중에서 지방관을 임명해 다스렸다. 그러나 세조가 즉위하면서 북도 출신의 수령을 경관으로 대체하고 호패법을 강화하여 지방민의 이주를 금해 북도인의 불만이 쌓였다.

〈출기파적도〉: 어유소가 해안절벽을 타고 이시애군을 쳐부수는 장면

이를 눈치 챈 이시애는 마침내 세조 13년(1467)에 모친상으로 고향에 머무르며 불만에 찬 호족을 선동하고 도민을 규합해 길주에 있던 함길도 절도사 강효문을 죽이고 반란을 일으켰다. 그는 역모자를 급히 처형했다고 허위보고한 후 스스로 절도사를 자칭해 세력을 확보해나갔다. 북도민의 환심을 산 그는 단천과 북청을 공략한 데 이어 조선조의 왕기로 여겨지는 이성계의 고향인 함흥까지 점거했다.

이에 놀란 조정은 강순, 남이 등에게 3만 명의 관군을 이끌고 가 이시애를 제압하도록 했다. 두 차례 격전에서 대패한 반란군은 힘을 잃었다. 세조의 명령서를 통해 반란임을 알게 된 백성들마저 협력하지 않았고, 조정의 발표로 부하 장수들마저 동요했다. 결국 물러설 곳을 찾지 못한 이시애는 경성으로 퇴각하였다가 같은 해 8월에 체포되어 참형을 당했다.

세조는 이시애의 난을 무사히 평정하고 중앙집권체제를 더욱 강화해나갔으나 오랫동안 보위에 있지 못했다. 그의 재위 기간은 13년으로 말년에는 여러 질병 때문에 직접 업무를 보지 못했다. 그는 죽기 몇 달 전에 원상제를 만들어 자신이 죽은 뒤에도 왕권을 지키려 했다.

'원상제'는 세조가 지명한 '3중신(신숙주, 한명회, 구치관)'이 승정원에서 숙식하며 모든 국정을 상의해 서무를 처결하는 제도를 말한다. 이때 세자는 형식적인 결재만 했다. 엄격히 말하면 조정 대신들에 의한 '공동 섭정'이나 다름없었다. 어떤 면에서는 의정부서사제보다 더 막강한 권력이었다.

법의 정의성으로 주장하라

세조 재위 당시 장남 효경세자의 뒤를 이어 8세의 나이에 세자가 된 차남 해양대군은 10년 동안 세자로서 부왕을 곁에서 돕는 도중에 건강을 크게 해쳤다. 이로 인해 19세에 부왕의 뒤를 이어 보위에 올랐으나 국정을 제대로 살필 수 없었다. 따라서 세조비인 정희왕후의 수렴청정 하에 사실상 '3중신'이 실질적인 통치를 담당했다. 예종은 이들이 내린 결정을 형식적으로 결재했다. 예종은 14개월이라는 짧은 재위 기간 동안 『경국대전』을 완성하는 등 업적을 쌓았으나 결국 20세의 젊은 나이에 요절하고 말았다. 그에게는 제안대군과 인성대군이라는 두 명의 어린 왕자가 있었다.

'3중신'이 막강한 신권 세력으로 존재하는 상황에서 예종이 어린 왕자를 남겨두고 요절한 것은 단종이 즉위할 당시의 위기상황과 같았다. 다만 세조비인 정희왕후가 수렴청정하며 모든 선택권을 쥔 것이 달랐다. 시어머니인 정희왕후의 눈에 든 것은 첫째 며느리인 의경세자의 미망인 한 씨였다. 게다가 한명회의 강력한 천거가 있었다. 조선조 500년에 걸쳐 세종, 정조와 더불어 3대 명군 중 한 사람으로 손꼽힌 성종의 즉위는 장인인 한명회와 생모인 한 씨의 합작품이었다.

잘산군(성종)은 13세에 즉위했다. 그가 성인이 될 때까지 7년 동안 정희왕후가 수렴청정을 했다. 정희왕후가 한명회를 절대적으로 신임했던 까닭에, 실상은 한명회를 중심으로 한 3중신이 '공동 섭정'을 한 것과 같았다. 성인이 된 성종이 친정에서 나서면서 가장 먼저 원상제를 폐지한 것도 왕권을 복원하려는 뜻이었다.

이어 성종은 한명회 등의 공신세력을 견제하기 위해 집현전의 혁파로 인해 산림으로 들어간 사람을 불러들였다. 사림은 고려시대에는 벼슬을 하지 않은 선비들을 통칭했으나 당시에는 공신 및 왕의 친인척과 대비되는 재야 지식인의 개념으로 사용되었다. 사림세력의 대표 주자는 김종직이었다.

성종 2년에 신숙주가 죽은 후 한명회의 위상은 하늘을 찌르고 있었다. 성종의 즉위 직후 병조판서에 제수된 한명회는 막강한 실세로 군림했다. 신진 사림세력은 이들 공신세력을 당해내지 못했다. 한명회의 위세에 눌린 사림세력과 성종이 그를 제대로 비판하지 못한 것은 물론이요, 모든 일에서 그의 눈치를 보기에 바빴다.

어느 날 20세가 된 성종은 친정에 나설 뜻을 품었다. 그러나 자신의 즉위에 결정적인 도움을 준 대왕대비인 정희왕후가 수렴청정을 하는 상황에서 자신이 먼저 이를 요청할 수는 없었다. 누군가가 그의 가려운 부분을 대신 긁어줘야만 했다. 이런 분위기를 감지한 정희왕후는 수렴청정 철수의 뜻을 밝혔다. 이때 한명회가 극구 만류하고 나섰다.

"지금 만약 주상에게 정사를 돌려주면 이는 국가와 신민을 저버리는 것입니다. 노산군이 나이가 어린데도 도와서 보호하는 사람이 없었던 까닭에 간신들이 반란을 꾀했습니다. 지금 중궁전이 정해지지 않았는데 주상에게 정사를 돌려주는 것은 옳지 못합니다."

'노산군'에 대한 사실은 일리가 있으나 성종의 중궁을 정하고 정사를 돌려주어야 한다는 주장은 근거가 없었다. 더구나 이는 신하로서 입에 올릴 말이 아니었다. 그럼에도 사림 세력들은 입을 다물었다. 그의 위세가 두려웠던 것이다. 그런 상황에서 상소를 올려 그를 강력하게 비판한 사람이 있었다. 유자광이다. 성종실록에 그의 상소문이 실려 있다.

"한명회가 대왕대비를 위해 냉정한 말을 하고자 했다면 다른 말이 얼마든지 있는데도 군이 이런 말을 한 까닭은 무엇입니까. 그의 주장대로라면 중궁이 정해지는 것을 기다린 연후에 이에 기대어 임금의 업무를 결단하라는 것입니까. 한당漢唐 이래 국구가 되어 몸을 보전한 자가 열 사람 중 한두 명도 안 되는 것은 그들의 권세가 크게 성해 붙좇는 자들이 많았기 때문입니다. 한명회를 유사有司로 보내 그 죄를 드러내야 합니다."

유자광이 말한 한명회의 죄목은 크게 세 가지였다. 첫째, 수렴청정은 부득이한 경우에 한한 임시방편일 뿐이다. 성종이 이미 성년이 된 데다 학문이 고명하니 당연히 그의 권위를 돌려주어야 한다. 둘째, 신민들이 이 말을 듣게 되면 성종이 능력이 없어 임금이 스스로 업무를 돌보지 못할 것으로 오해할 소지가 크다. 셋째, 대간과 대신들은 내심 '한명회는 국구이고 총신이니 올바른 말을 했다가는 오히려 그에게 화를 당한다'고 생각해 힘써 말하지 않거나 입을 다물고 있다. 이는 공의와 공법을 훼손하는 것이므로 이를 내버려두면 인심이 흔들리고, 인심이 흔들리면 조정이 흔들리고, 조정이 흔들리면 나라가 흔들리게 된다고 지적했다.

누가 충성할 것인가

비록 한명회가 김종서처럼 '황표정사'로 왕권을 농락하며 반역을 꾀하지는 않을지라도 국구의 자리에서 막강한 위세를 떨치는 것은 위험한 일이었다. 대왕대비 일족인 파평 윤씨와 성종의 생모 소혜왕후 일족인 청주 한씨 등의 외척 세력이 요직에 대거 기용돼 신권세력이 자못 비대해진 상황이었다.

그런 의미에서 유자광의 상소는 성종의 의중을 정확히 대변했다. 유자광의 탄핵 상소로 곤경에 처한 것은 한명회뿐만이 아니었다. 오히려 탄핵을 본업으로 하는 대간들이 더욱 곤혹스러워했다. 이들은 이내 책임을 통감하고 사직을 청했으나 성종이 받아들이지 않자 유자광보다 더욱 격렬한 어조로 한명회를 탄핵하기 시작했다. 마침내 한명회가 사직 상소를 올렸다. 그의 사직은 공신세력의 시대가 끝나고 신진 사림세력의 시대가 도래한 것을 의미했다. 유자광은 성종이 왕권을 잡고 직접 나라의 정사를 돌보는 데 결정적인 공을 세웠다.

성종은 내심 유자광이 자신의 친정을 위해 당대의 권신인 한명회를 공격하고 나선 것에 크게 감동했다. 새 내각에서 유자광은 정2품직인 오위도총부 도총관에 올랐다. 오위는 전국을 망라한 군사조직으로, 이를 관리하는 도총부에는 5명의 총관이 있었다. 당시로서는 서얼 출신인 유자광이 도총관에 임명된 것은 매우 파격적인 사건이었다. 대간들은 유자광에게 허를 찔린 망신을 보복이라도 하듯 그의 출신성분을 들먹이며 철회를 요구했으나 성종은 뜻을 굽히지 않았다. 성종은 누가 주군을 위해 온몸을 던져 충성할 인물인지 깨달은 것이다.

흙수저에게도 기회는 온다

유자광은 그의 조부 유두명이 태종 때 사헌부 집의를 지낸 명문 사대부 출신이다. 그의 아버지 유자환은 문과에 급제한 후 성종 때 사헌부 대사헌을 지낸 청렴한 인물이었다. 서자인 유자광은 건춘문(경복궁 동쪽 문)을 지키는 갑사로 있었다. 당시 조선은 사대부에서 배다른 어머니의 여러 자식이 재산 분할을 놓고 다툼이 잦았던 탓에 서얼에 대한 차별을 강화했다. 따라서 그들에겐 과거 응시가 금지되었고 하급무관 자리를 얻는 게 고작이었다.

그러던 어느 날 갑사 유자광은 병마도총사인 이준을 좇아 이시애의 난 진압에 나섰으나 행군 열흘 만에 겨우 철원에 이르는 더딘 행군에 마음을 졸였다. 그는 곧 글을 올려 진압의 계책과 자신이 선봉에 설 뜻을 밝혔다. 『세조실록』에 실린 상소문을 통해 그가 손자병법을 비롯한 제자백가에 얼마나 해박했는지를 짐작할 수 있다.

"장수들이 머문 채 진격하지 않으면서 '여름이 되어 활이 풀어지고, 빗물에 막히고, 산천이 험해 경솔히 진격할 수 없다'고만 하니 우리만 홀로 여름을 당하는 것입니까. 손자는 '용병은 신속함을 중요하게 여긴다'고

했습니다. 신은 비록 미천하나 이시애의 머리를 참하여 바칠 수 있기를 기원합니다."

세조가 그의 글을 보고 탄복했다. 이내 좌우에 명해 이를 큰소리로 읽게 하고는 다음과 같이 전했다.

"이 글은 내 뜻에 매우 들어맞으니 그는 실로 기특한 재목이다. 내가 장차 임용하여 그 옳은 것을 시행할 것이다."

이시애의 난이 평정된 뒤 세조는 유자광을 정5품인 병조정랑에 제수했다. 그의 무략과 기개를 높이 산 것이다. 그러나 서얼 출신의 일개 병사에게는 너무도 파격적인 승진이었다. 대간이 거듭 반대 상소를 올리자 세조가 크게 화를 냈다.

"옛 사람은 '어진 사람을 세우는 데 출신을 따지지 않는다'고 했다. 사람을 얻는 것만을 중히 여길 뿐 어찌 귀천을 따지겠는가. 경들이 유자광같이 어질 수 있겠는가. 임금을 섬기되 너무 자주 간하면 욕이 되고, 친구와 사귀되 너무 자주 간하면 멀어지는 것이다. 혹시라도 다시 말하면 내가 반드시 벌을 내릴 것이다."

사태가 불리하게 돌아가는 것을 예감한 유자광이 노모의 간병을 평계로 낙향했다. 세조는 그를 탁용하기 위해서는 과거시험을 치러야 한다고 판단했다. 온양으로 내려간 유자광에게 문과별시를 베풀고서 이에 응시할 것을 요구했다. 유자광은 세조의 배려로 마침내 온양문과별시에서 장원급제했다. 시험을 주재한 신숙주는 유자광의 논술이 문법에 맞지 않다는 이유를 들어 낙방시켰다. 그러나 이를 이상하게 생각한 세조가 그의 답안지를 가져다 본 뒤 장원급제시켰다. 문장의 형식보다 그 내용을 중시해야 한다는 세조의 논리에 신숙주도 더는 할 말이 없었다.

유자광은 이내 정5품 병조정랑에서 정3품 당상관인 병조참지에 임명되었다. 조정관원으로 근무하던 사람이 문과에 장원하면 품계를 뛰어넘어 당상관으로 임명되는 관례에 따른 것이었다. 그에게 은혜를 베푼 세조가 오랫동안 살아 있었다면 금세 정승의 자리에 올랐겠지만 세조는 너무 일찍 죽었다. 유자광은 또 다시 홀로 남았다.

불순한 동기에 현혹되지 마라

이때 다시 한 번 공을 세울 기회가 찾아왔다. '남이 역모 사건'이 그것이다. 예종이 즉위한 뒤, 세조가 죽기 전 총애했던 남이를 병조판서로 발탁한 것에 신료들이 크게 반발했다. 이로 인해 남이는 겸사복장으로 좌천되었다.

울분을 삼키지 못하던 남이가 어느 날 유자광을 찾아와 "세조는 생전에 우리를 아들처럼 대우했다. 이제 간신이 난리를 피우면 우리는 개죽음을 당할 것이다. 이들은 정사를 독차지하며 재물을 탐하고 있다. 이런 무리는 죽이는 것이 옳다."라고 말했다.

유자광이 물었다.

"어찌하여 이런 말을 하는가?"

남이는 구체적인 언급을 피한 채 이튿날 다시 유자광의 집을 찾았다. 그는 갑자기 하늘을 보고 "혜성이 아직 없어지지 않고 있다. 은하수 가운데 있는 광망光芒이 모두 희어서 쉽게 볼 수 없을 뿐이다."라고 말했다. 혜성은 한 달 전에 처음 나타났었다. 이에 유자광이 『통감강목』을 가져와 혜성을 언급한 대목을 살펴보았다. '광망이 희면 장군이 반역하고 두 해에 걸쳐 큰 병란이 있다'는 글을 찾아냈다. 남이가 탄식했다.

"이번 일 역시 반드시 그 징조를 보이는 것이다. 지금 주상이 선전관으로 하여금 벼슬을 청탁하는 자를 매우 엄하게 살피니 재상들이 반드시 싫어할 것이다. 수강궁은 거사할 수 없고 반드시 경복궁이라야 가능하다."

이를 들은 유자광이 물었다.
"이런 큰일을 어찌 우리끼리 할 수 있겠는가. 함께 모의한 사람이 있는가. 주상은 반드시 창덕궁에 오래 머물 것이다."

남이가 대답했다.
"내가 장차 경복궁으로 옮기게 할 것이다. 세조가 장정을 모두 뽑아다가 군사를 삼은 까닭에 백성들의 원망이 매우 크다. 이 기회를 잃을 수 없다. 나는 호걸이다. 이는 내가 홀로 너와 더불어 말한 것이니 네가 비록 고할지라도 내가 숨기면 네가 죽을 것이고, 내가 비록 고할지라도 네가 숨기면 내가 죽을 것이다."

유자광은 곧바로 입궐해 남이의 반역을 고발했다. 매우 놀란 예종이 남이를 붙잡아 올 것을 명했다. 관군이 몰려오는 것을 안 남이가 칼을 찬 채 활과 화살을 가지고 담을 넘어 도주하다가 붙잡혔다. 예종은 수강궁 후원에서 영의정과 신숙주, 한명회 등이 지켜보는 가운데 남이를 신문했다. 예종이 남이에게 물었다.

"어제와 오늘 네가 어떤 사람을 보았는가."

한동안 망연히 있던 남이가 입을 열었다.

"오늘 민서의 집에 갔다가 그가 성변星變(별의 위치나 빛에 생긴 이상)을 말하기에 신이 '성변이 있으면 근심할 일이 생긴다'고 말하고 술을 마시고 나왔습니다. 어제는 유자광의 집에 가서 이야기하던 중 『통감강목』을 가져다가 혜성이 나타난 한 구절만 보았을 뿐 달리 의논한 것은 없습니다."

민서는 남이와 가까이 지낸 인물이었다. 이때 예종이 유자광과 대질할 것을 명하자 남이가 머리로 땅을 치며 말했다.

"유자광이 본래 신에게 불평했기 때문에 신을 무고한 것입니다. 신은 평생 충성을 맹세하며 악비岳飛(중원의 수복을 주장한 남송의 충신)를 숭상했는데 어찌 이런 일이 있겠습니까."

마침 유자관이 명을 받고 달려와 예종의 물음에 대답했다.

"그가 말하기를, '성변이 이와 같으니 간신이 반드시 일어날 것이다. 내가 먼저 죽음으로써 그 죄를 받을까 염려스럽다'고 했습니다. 신이 '간신이 누구인가?'라고 하자 '상당군 한명회다'라고 했습니다."

남이가 대답했다.

"한명회가 일찍이 신의 집에 이르러 적자(효경세자의 아들인 잘산군. 즉 성종)를 세우는 일을 말하기에 신은 그가 난을 꾀하는 것을 알았습니다."

한명회가 자리를 피해 예종에게 말했다.

"신이 일찍이 그의 집에 가서 더불어 말하지 않았으니 청컨대 대질시켜 주십시오."

"이는 모두 남이가 꾸민 말이니 족히 대질할 것이 못 된다."

예종이 이어 경복궁을 운운한 뜻을 묻자 남이가 갑자기 시치미를 뗐다.

"소신이 어찌 주상을 경복궁으로 옮길 수 있겠습니까."

예종이 곤장을 치도록 명했으나 남이는 끝내 불복했다. 답답한 예종이 그의 노비를 소환해 일일이 신문하자 여종 막가가 대답했다.

"요사이 정승이라 일컫는 이가 왔습니다."

한명회가 물었다.

"지금 정승이 많은데 네가 본 사람이 누구인가?"

"이름은 알지 못하고 검은 수염이 많은 사람입니다."

우의정을 지낸 강순을 지목한 것이었다. 이 사건은 강순은 물론 세조의 고모이자 남이의 모친인 정순공주조차 저자에서 수레로 사지를 찢어 죽임을 당하고 나서 죄인의 목을 베어 높은 곳에 걸어놓는 극형으로 이어진 명백한 역모 사건이었다. 또한 병약한 젊은 군왕이 즉위하는 과정에서 빚어진 신구 신권세력 간의 정면충돌이었다.

유자광은 이 사건을 계기로 한명회, 신숙주와 함께 익대공신 1등에 녹훈됨으로써 두각을 보였다. 그러나 한명회 등의 공신세력은 물론 사림세력 모두 그의 고속 승진을 달갑지 않게 여겼다. 얼마 후 예종마저 14개월의 짧은 임기를 뒤로하고 죽자 그는 또 다시 위기를 맞이했다. 그의 경호원 박성간이 성종 원년(1470)에 그의 실언을 꼬투리 삼아 그의 역모 행위를 고발했기 때문이다.

대간들은 여세를 몰아 유자광을 소인배로 몰아가는 공세에 박차를 가했다. 결국 그는 군자인 현석규를 무책임하게 비판한 죄를 뒤집어쓰고 유배에 처했다. 유자광을 눈엣가시처럼 생각한 대간들은 그를 완전히 제거할 생각으로 유배지에 있는 그를 역모의 주범으로 몰아갔으나 고변 내용에 의심을 품은 성종의 조치로 그의 결백이 증명됐다.

낙담한 유자광은 고향 근처로 유배지를 변경해 달라고 요청하는 상소를 올렸다. 노사신과 같은 대신들이 동조하고 나서자 성종은 이를 수용하면서 4개월 뒤에는 공신녹권을 돌려주도록 조치했다. 일종의 특은을 베푼 것이다. 그러나 더 이상의 은총은 없었다. 그는 이후 성종이 죽는 날까지 10여 년 동안 남원에서 노모를 모시며 지내야만 했다. 그는 연산군이 즉위하고서 다시 조정에 나올 수 있었다.

이후 그는 중정반정에 가담해 반정공신으로 녹훈했다. 당시 반정을 주도한 세력은 갑자사화에서 참화를 입은 훈구세력이었던 까닭에 사림세력은 이들에 대해 비판적이었다. 이들은 김종직과 대립했던 유자광이 반정공신 1등으로 녹훈되자 그를 성토하는 데 총력을 기울였다. 중종과 공신세력은 그를 비호했으나 곧 유자광에 대한 거센 비난에 무릎을 꿇고 말았다. 결국 유자광은 귀양에 처했고 5년 뒤 유배지에서 숨을 거두었다.

과도한 명분은 소통을 방해한다

사림세력이 성종 때부터 유자광을 거칠게 공격한 것은 그들을 대표하는 김종직과의 악연 때문이었다. 일찍이 유자광은 함양군에 놀러 갔다가 시를 지은 뒤 이를 나무판에 새겨 벽에 걸어두도록 군수에게 부탁했다. 함양은 유자광의 처가가 있던 곳으로 장인은 고을의 향리였다. 이후 함양군수로 오게 된 김종직이 유자광의 거만함에 화를 내며 현판을 떼어 불태워버렸다. 이 소식을 들은 유자광은 내심 분개했으나 김종직이 성종의 총애를 입은 까닭에 오히려 이를 감추고 그와 교분을 맺었다고 한다.

실제로 두 사람은 여러 면에서 대립관계를 형성했다. 이념 면에서 김종직은 정통 성리학에 근거해 신권 우위의 왕도사상을 추구했다. 이에 반해 유자광은 정통 성리학보다는 사서와 제자백가서에 밝았다. 그가 시종 사림세력과 대립하며 왕권 우위의 패도覇道를 추구한 것도 이 때문이다. 현실 면에서도 김종직은 명분을 중시하는 영남 사림 세력을 대표했다. 그의 부친이 선산에 은거한 길재의 수제자였던 사실과 관계한다. 이에 반해 유자광은 호남을 포함한 비영남 지역의 훈구 세력을 대표했다. 유자광의 조부와 부친이 사헌부 집의와 경주부윤 등의 현직을 역임한 사실이 이를 뒷받침한다.

두 사람은 개인적으로도 극히 대조적이었다. 김종직은 당시의 기준에서 볼 때 정통 엘리트 관원 출신으로 명분론에 따라 매사를 엄격히 재단하며 반대파를 소인배로 몰아갔다. 김종직은 최초의 '문형'인 서거정에게 노골적인 반감을 드러내기도 했다.

한 번은 대궐에 건물을 세우고 백일장을 열었다. 성종이 김종직에게 심사위원장을 맡기고 나서 서거정에게도 글을 쓰게 했다. 김종직은 서거정의 글에 상중하 3등급 중 맨 끝자리 점수를 매기고 여타 대관의 글을 전부 낙제시켜 버렸다. 그럼에도 성종은 김종직의 손을 들어주었다. 김종직에게도 글을 한 수 짓게 한 뒤 그의 글을 칭송해 건물 안에 비치하라고 지시한 것이다. 장장 26년 동안 대제학의 자리에 있던 서거정에게 이보다 큰 치욕은 없었다. 서거정은 자리를 물러나면서 후임자를 천거할 때 김종직이 아닌 홍귀달을 선택함으로써 복수했다.

김종직은 매사에 거침이 없고 극단적인 행동으로 많은 적을 만들었다. 과도한 명분론과 의리론에 함몰된 결과였다. 그는 정인지와 신숙주 등 훈구대신의 천거로 조정에 발을 들여놓았어도 그들에 대한 노골적인 반감을 드러냈다. 성종 앞에서 성삼문과 박팽년을 충신이라고 말할 정도였다.

이와 반대로 유자광은 비록 서얼 출신이나 어렸을 때부터 제자백가서를 두루 읽어 박람강기(博覽强記(여러 가지의 책을 널리 많이 읽고 기억을 잘함)를 자랑했고 무관 출신인 부친을 닮아 기골이 장대하고 호방했다. 세조실록은 "유자광은 유규의 서자로 효용하고 민첩하여 말 타기와 활쏘기에 능했다. 문장을 잘 지었고 특히 서사에 밝았다. 일찍이 큰소리로 기개를 숭상하였다."라고 전한다. 김종직과 정반대되는 모습이 아닐 수 없다.

김종직의 발탁과 견제

원래 김종직은 토착 향리 출신이다. 그는 16세가 되는 세종 28년(1446)에 향시에 응시했다가 낙방하자 이내 형과 함께 절로 들어가 과거 공부에 매진했다. 얼마 후 진사시험에 합격한 그는 23세가 되는 단종 원년인 1453년에 성균관에 들어갔다. 부친상을 당해 고향으로 내려가 3년 상을 치른 그는 세조 5년에 마침내 식년문과에 급제했다. 이해 6월 승문원의 권지부정자로 있던 그는 세조가 글 잘 쓰는 선비 10명을 선발할 때 성균관 주부 이극균 등과 함께 선발되었다. 세조는 그의 학문을 높이 평가했다. 이후 그가 성균관 박사 등을 거치면서 세조의 명을 좇아 여러 글을 지은 사실이 이를 뒷받침한다.

그러나 그는 문신들에게 천문과 지리 등을 배우게 하려는 세조의 뜻을 거역하다가 노여움을 사 관직에서 쫓겨났다. 이는 연산군 때 빚어진 무오사화의 배경을 이해하는 데 매우 중요한 단서가 되는 사건이다. 실록은 다음과 같이 기록한다.

사헌부 감찰 김종직이 아뢰기를 "지금 문신으로 천문, 지리, 음양, 율려律呂, 의약, 복서卜筮(점), 시사詩詞의 7학을 나누어 닦게 하는데 시사는 본래 유학자의 일이지만 나머지 잡학이야 어찌 유학자들이 힘써 배울 학문이겠습니까?"라고 하였다.

왕이 말하기를 "천문에만 마음을 두어 뜻을 이루는 자가 드물기 때문에 너희로 하여금 이것을 배우게 한 것이다. 비록 비루한 일이라고는 하나 나 또한 일찍이 거칠게나마 이를 섭렵한 바 있다."라고 했다. 이어 이조에 전지하기를 "김종직은 경박한 사람이다. 해당 관사에 내려 그 정상을 국문하는 것이 옳으나 말한 자를 죄준다면 언로가 막힐 것이니 그를 파직시키도록 하라."고 했다.

명분론자인 김종직은 잡학을 배우도록 권한 세조의 처사를 못마땅하게 생각해 이에 정면으로 반박하고 나섰다가 파직됐다. 김종직과 세조의 불행한 인연은 여기서 시작했다. 세조가 오랫동안 재위했으면 유자광과 김종직이 대립할 일도 없었을 것이다. 그러나 성종의 즉위는 두 사람에게 정반대의 결과를 가져왔다.

성종은 예문관의 인원을 확대해 경연관을 겸하는 조처를 하면서 김종직을 예문관 수찬에 발탁했다. 성종의 배려로 다시 벼슬길에 접어든 그는 곧 부친 봉양을 이유로 사직을 원했다. 이에 성종은 그가 고향에 가까운 함양군수로 내려가도록 배려했다. 원칙에 따르면 고향이나 인근의 관장으로는 내려갈 수 없었다. 김종직에 대한 성종의 신임이 그만큼 높았음을 보여주는 일화다. 이내 성종은 그를 곁에 둘 생각에 승문원으로 발탁했다.

"김종직은 문학이 있고 고을을 잘 다스렸다. 그에게 종3품직 벼슬을 내려 승문원 참교 겸 지제교에 임명하라."

얼마 후 그가 다시 노모 봉양을 이유로 사직하려 하자 성종은 그가 선산부사로 내려갈 수 있도록 또 한 번 배려했다. 그는 함양과 선산, 두 임지에서 근무하는 동안 『주자가례』에 따라 관혼상제를 시행하고 춘추로 향음주례鄕飮酒禮(고을의 유생이 모여 향약을 읽고 술을 마시며 잔치하던 일) 등을 실시해 성리학에 입각한 향촌질서 확립에 주력했다. 김굉필과 정여창, 김일손 등의 제자를 육성한 것도 이때의 일이다.

그는 제자들과 함께 유향소 복원 운동을 활발히 전개했다. 유향소는 후대의 서원과 마찬가지로 사대부들이 중심이 되어 각 고을 행정을 관리, 감독하는 일종의 민간 자치기구로 사림의 근거지에 해당했다. 보조기관에 불과하던 유향소가 성종 때 관아를 능가할 만큼 성장한 것은 사림의 발언권이 확대되었음을 뜻했다. 은퇴한 지방관이나 기개 있는 선비들을 유향소의 우두머리격인 감관으로 여긴 결과였다. 이들 대부분은 사림 출신이었다. 유향소의 복원은 중앙정계 장악을 위한 사림 세력을 지속적으로 배출하기 위한 초석이었다.

그가 선산부사를 사직하고 모친의 3년 상을 마치자 성종은 곧 그를 불러들였다. 그는 홍문관, 도승지를 거쳐 이조참판 겸 동지경연사로 승진해 성종의 총애를 한몸에 받았다. 이후 김종직이 전라도 관찰사와 병조참판 등을 두루 역임하는 사이 그의 제자들이 벼슬길에 올라 세력을 형성했다. 이들은 의정부를 장악한 여러 훈구 세력과 대립했다.

그는 성종 20년에 공조참판과 형조판서에 제수되었으나 얼마 안 가 중풍 증세를 보여 지중추부사로 자리를 옮겼다. 병세가 더욱 심화되자 고향인 밀양으로 돌아가 사직서를 올린 뒤 후학을 양성했다. 성종이 이를 허락하지 않는 와중에 지병이 악화돼 성종 23년, 61세를 일기로 세상을 하직했다. 2년 뒤 성종도 38세의 나이로 숨을 거뒀다.

정치와 도덕은 차원이 다르다

성리학에서 말하는 최상의 왕도를 펼치고자 했던 성종이 재위 기간 중 가장 총애했던 신하는 단연 김종직이다. 이는 성종이 '도학군주'가 되고자 한 사실과 밀접한 관련이 있다. 실제로 김종직 등의 문인들은 새로운 언론기관으로 등장한 홍문관을 비롯해 사헌부와 사간원인 언론 3사를 장악해 막강한 세력을 형성했다.

정치와 도덕은 엄격히 분리되어야 함에도 군신 모두에게 강고한 도덕적 수양을 요구한 성리학의 왕도사상을 유일무이한 국가의 통치이념으로 채택한 결과였다. 부국강병의 차원에서 조선 전체의 역사를 살펴볼 때 유자광과 김종직에 대한 재평가가 절실히 요구되는 이유가 여기에 있다.

따라서 김종직과 대비되는 행보를 보인 유자광에 대한 명예회복은 시급한 과제다. 그가 '이시애의 난'에 출사하면서 상서를 올려 큰 공을 세운 것을 두고 출세를 위한 비루한 행동으로 매도하는 것은 잘못이다. 오히려 서얼이라는 이유로 과거 응시조차 봉쇄한 당시의 퇴행적인 제도 아래서 마지못해 취할 수밖에 없었던 고육지책으로 보는 게 타당하다. 남달리 기계와 도량이 컸던 그가 '남이 역모 사건'을 고변해 익대공신 1등에 녹훈된 것을 두고 간신의 소행으로 간주하는 것 역시 잘못된 평가다. 실록에 명백한 증거가 있음에도 『연려실기술』의 기록을 토대로 그를 출세욕에 불타는 간신배로 간주하는 것은 옳지 않다.

특히 김종직과 그의 제자들이 왕통을 부인하며 왕권을 정면에서 위협한 데서 비롯된 '무오사화'를 두고 마치 연산군과 유자광을 폭군과 간신의 전형으로 몰아가는 것은 역사 왜곡에 가깝다. 조선조는 중기 이후 사림을 중심으로 한 신권 세력이 왕권을 압도하는 붕당정치가 고착화되면서 패망의 길로 접어든 사실을 유념할 필요가 있다. 그 실마리가 바로 '무오사화'였다.

무오사화의 발단은 김일손이 사관으로 있으면서 김종직이 전에 지은 조의제문弔義帝文을 사기의 초고에 올린 것을 당상관 이극돈이 발견해 유자광에게 보여주면서 비롯됐다. '조의제문'은 항우에게 죽임을 당한 의제를 추모하는 글이나 그 내용을 자세히 들여다보면 의제를 단종, 항우를 세조에 비유해 세조의 왕통을 부인한 것이었다.

당시 이극돈은 '남이 역모 사건'을 고발한 전력을 가진 유자광이 이 사실을 알면 가만히 있지 않을 것이라 생각했다. 게다가 유자광의 김종직에 대한 개인적인 감정을 지적하기에 앞서, 신화가 왕을 비판하는 글은 국가의 기강을 흔드는 엄청난 사건이었다. 유자광은 이를 크게 문제 삼았고 세조의 왕통을 이어받은 연산군은 철저한 규명을 재촉했다. 신권 세력의 발호를 더 이상 내버려둘 수 없다고 판단한 연산군은 김종직을 부관참시할 것을 명령했다. 결국 김종직은 이미 죽었음에도 그의 무덤을 파고 관을 꺼내 목이 베인 채 거리에 내걸렸다.

『조의제문』

도덕 속에 함몰된 정치는 허상이다

조선의 역사가 왕권 국가에서 신권 국가로 넘어가는 근원은 성종의 총애를 받은 김종직의 등장이다. 그를 중심으로 한 영남 사림 세력은 성종때 집현전의 후신으로 설립된 홍문관을 비롯한 사간원과 사헌부를 장악해 언론권을 장악했다. 신권 세력의 새로운 주역으로 부상한 언론권은 정승의 자격으로 승정원에서 숙식하며 서정을 결재하는 원상을 비롯한 의정부 대신들이 장악한 재상권과 대립하며 왕권을 보좌하는 구실을 했다. 이들은 성리학이 집대성되는 중국 송대의 사대부들과 마찬가지로 천하통치의 실질적인 주역임을 자처했다.

실제로 이들은 비록 현실적 권력과 경륜에서는 훈구대신들을 상대하기 버거워했으나 이념과 이론에 있어서는 상대적으로 우위에 서 있었다. 성리학을 유일한 통치이념으로 삼은 조선이 언론권을 장악한 사림 세력에 의해 통치되는 것은 당연한 결과였다. 사림 세력이 이론을 넘어 현실에서도 신권 세력의 주역이 된 것은 퇴계 이황과 율곡 이이가 등장해 활약하는 명종과 선조 시대였다. 붕당의 출현이 바로 그 상징이다. 김종직이 중앙정계로 진출한 이래 거의 100여 년이 걸린 셈이다.

언론권을 장악한 신진 사림 세력이 재상권의 주요 구성원인 훈구대신을 압도하고 명실상부한 신권 세력의 주축이 되었다는 것은 왕권이 상대적으로 취약해졌음을 뜻했다. 무오사화는 성종 때 강화된 언론권이 왕권에 도전장을 던진 최초의 사례였으나, 재상권과 왕권을 동시에 적으로 돌린 까닭에 실패로 끝났다.

연산군 역시 재위 10년(1504)에 재상권과 언론권을 동시에 적으로 돌리는 갑자사화를 일으키는 우를 범했다. 그 후과는 매우 컸다. 조선 역사상 처음으로 군왕이 재상권과 언론권이 합세한 신권 세력에 의해 보위에서 쫓겨나는 중종반정이 일어났기 때문이다.

조선이 패망한 가장 큰 원인은 왕권국가에서 신권 국가로 나아간 데 있다. 그 계기가 바로 사림 세력의 효시인 김종직의 중앙정계 진출이다. 김종직의 출현이 바로 조선조 운명의 변곡점인 것이다. 이것이 '도학군주'를 꿈꾼 성종의 1인자 리더십과 정치를 도덕 속에 함몰시킨 김종직의 2인자 리더십을 높이 평가할 수 없는 첫번째 이유다.

이에 반해 유자광은 서얼 차별의 관행을 무시하고 오직 능력 있는 자만을 선발하려 했던 세조의 보살핌으로 이상을 펼칠 수 있었다. 그러나 그와 같은 군주를 오랫동안 모시지 못한 것이 불행한 삶의 근원이 되었다. 유자광은 지략과 충성심 등에 있어 결코 한명회에 뒤지지 않은 인물이다. 서얼 출신이라는 약점은 왕업을 도모하는 데 문제가 되지 않았다. 그럼에도 '도학군주'를 꿈꾼 성종은 사림세력의 압력에 굴복해 끝내 그를 내치고 말았다. 뒤 이어 보위에 오른 연산군에게도 강력한 왕권을 구축하기 위해서는 유자광과 같은 인물이 절실히 필요했으나 끝내 그를 중용하지 못하는 한계를 보였다. 이는 성종과 연산군의 1인자 리더십이 세조의 그 것과 극명하게 대비되는 대목이다.

❧

2인자의 전형을 보여준 인물로 쿠바 혁명의 체 게바라를 든다. 혁명 전 게릴라 사령관으로 피델 카스트로와 완벽한 조화를 이뤘던 게바라는 혁명 성공 후 권력의 문제가 발생할 조짐이 보이자 미련없이 2인자 자 리를 거뒀다.

그는 1965년 카스트로를 떠나며 이런 편지를 남겼다.

"명예, 나를 귀찮게 하는 존재! 나는 내가 점하고 있는 당의 직책과 장 관직과 사령관의 직위, 쿠바 시민으로서의 모든 권리를 포기하네. 지구 상의 또다른 땅들이 나의 미천한 힘을 요구하는군."

2인자는 그를 알아주는 1인자가 있을 때 그 존재와 역할을 꽃피울 수 있다.

제 6 장

중종
·
불안한
1인자

VS

위협하는
2인자
·
조광조

우리 시대의 실패한 1인자는 2인자의 역할에서 멈춰버린 경우다. 실패한 2인자는 리더를 위협한 경우다. 1인자는 신속하고 명확한 결단을 해야 한다. 2인자는 보좌하는 것을 벗어나 1인자를 넘보면 안 된다.

제6장 중종과 조광조

"도를 정하고 기강을 세우려면 대신을 공경하고 그에게 정치를
위임해야 한다. 임금은 혼자 힘만으로는 나라를 다스리지 못한다."

– 조광조

불순한 동기는 감춰지지 않는다

중종은 죽은 뒤에도 편안하지 못한 왕이었다. 이복형인 연산군보다 열
두 살이나 어린 그는 진성대군이었을 당시 반역을 주도해 '반정 3대장'이
라 불린 박원종과 성희안, 유순정의 등에 업혀 연산군 재위 12년인 1506
년 보위에 올랐다. 그의 나이 19세였다.

엉겁결에 왕위에 올랐으니 힘이 있을 리 없었다. 그의 정실부인인 신
씨는 연산군의 장인인 신수근의 딸이라는 이유로 일주일 만에 왕비 자리
에서 물러나 사가로 쫓겨났다. 반정공신들이 왕을 강제로 이혼시킨 것이

다. 주군을 보위에서 쫓아낸 그들에게 새로운 군주의 부인을 역적의 딸로 몰아 폐출시키는 것은 그리 어려운 일이 아니었다.

중종은 즉위 직후 반정 3대장 모두를 정국공신靖國功臣으로 삼아 자신을 임금으로 받든 은공에 보답했다. 정국공신의 명단은 반정에 가담한 당사자뿐 아니라 그들의 자녀와 형제, 숙질, 조손, 심지어 사촌들까지 포함했다. 개국 이래 가장 무질서하게 공신을 남발한 것이다. 한 치 앞도 내다보지 않은 행동이 왕권을 약화시키고 국정을 혼란스럽게 만든 것은 말할 것도 없었다.

게다가 중종은 세자가 아니었던 까닭에 세자에게만 교육해온 제왕학을 체계적으로 연마할 기회를 얻지 못했다. 그는 통치를 이끌 경륜, 자신을 도와줄 정치 세력도 형성할 수 없었다. 덕분에 공신 세력의 위세가 하늘을 찔렀다. 그러나 마냥 이들에게 끌려 다닐 수는 없었다. 중종은 왕권을 지키기 위한 비상수단을 강구했다.

이때 그의 눈에 들어온 인물이 바로 조광조다. 중종은 그를 지렛대 삼아 공신 세력을 견제하는 데 성공했다. 박원종이 일찍 죽은 까닭에 조광조와 정면으로 충돌하는 일은 벌어지지는 않았으나 잔여 공신 세력은 중종 14년 기묘사화가 벌어질 때까지 조광조를 중심으로 하는 사림 세력과 팽팽히 맞섰다. 중종의 리더십을 검토할 때 공신 세력의 주체인 박원종과 사림 세력의 두목인 조광조를 함께 검토해야 한다.

원래 중종반정은 바른 곳으로 돌아간다는 뜻의 '반정反亂'을 표방하나, 신권 세력이 군왕을 내쫓았다는 관점에서 볼 때 '반란叛亂'에 지나지 않았다. 반정이 진행된 과정을 살펴봐도 주군인 연산군을 몰아내야 할 이유를 찾기 힘들다. 그렇다면 왜 이런 일이 일어났을까?

연산군 10년인 1504년에 빚어진 갑자사화의 배경에는 토지를 둘러싼 군왕과 신권 세력 간의 갈등이 숨어 있다. 연산군이 토지 개혁을 통해 왕권 강화를 시도하자 이에 반발하는 기득권 세력이 반정을 일으켰다는 논문과 저서가 최근 잇달아 발표되고 있다. 당시 경기 지역의 땅은 대부분 개국 이래 활약한 공신과 유력 사대부 가문이 소유했다. 이들 땅의 조세권은 국가가 아닌 토지 소유자가 가져 국가와 왕실의 재정이 황폐해졌다. 연산군은 사냥과 군사 훈련을 구실로 이들의 토지를 대거 수용해 왕의 전용 사냥터로 만들었다. 왕권 강화를 꾀한 것이다. 그러나 반정 세력은 이를 유흥을 위한 것으로 매도했다. 모든 것이 반역의 불순한 동기를 일시적으로나마 감추려는 술수였다.

가장 믿을 만한 사람을 가장 조심하라

'반정 3대장'의 중추인 박원종은 당대 최고의 무반 가문 출신이었다. 그의 부친 박중선은 무과에 장원급제하고 나서 이시애의 난을 평정하는 공을 세워 적개공신 1등에 녹훈된 인물이다. 박중선은 성종의 친형인 월산대군과 예종의 장남인 제안대군의 장인이기도 했다.

훗날 박원종이 성종 17년에 무과에 급제한 뒤 연산군에 이르기까지 승승장구한 데에는 성종의 형수이자 연산군의 큰어머니인 월산대군 부인

| 연산군 묘(도봉구 방학동)

박 씨의 보이지 않는 도움이 컸다. 성종은 친형인 월산대군을 제치고 보위에 오른 부담을 덜기 위해 월산대군이 죽은 뒤에도 형수인 박 씨에게 많은 은혜를 베풀었다. 연산군 역시 어렸을 때 자신의 생모가 폐위된 사실을 모르고 이복동생 진성대군의 생모인 정현왕후 윤 씨를 생모로 여기고 성장하면서 박 씨를 따랐다. 연산군의 세자 또한 어린 시절을 박 씨 집에서 보냈으니 그녀에 대한 대접이 특별할 수밖에 없었다. 그럼에도 후대의 반정 세력은 『연산군일기』에 연산군에게 겁탈을 당한 박 씨가 자살한 것으로 왜곡하여 기록해놓았다. 연산군의 한없는 신임을 받은 박원종의 반역을 정당화하려는 속셈이었다.

박원종에 대한 연산군의 총애는 백모 박 씨에 대한 존경이 동생인 박원종에게까지 미쳤다고 해석할 수도 있으나, 그 전에 박원종의 집안이 대대로 왕실과 인연을 맺어온 대표적인 무인 가문이었던 점을 고려할 필요가 있다. 즉 그의 뛰어난 무예가 근본적인 배경이 된 것이다. 그의 부친 박중선은 세조가 야간 사냥을 나설 때 경호실장 역할을 수행했는데, 박원종 역시 연산군의 재위 중 유사한 역할을 맡았다. 왕의 경호는 목숨이 달린 만큼 무한한 신뢰를 바탕으로 한다. 따라서 박원종은 연산군이 속마음을 털어놓을 정도로 총애한 인물 중 하나였다.

박원종이 젊은 나이에 승정원 승지와 강원도 관찰사 등의 요직을 역임한 것도 왕의 총애가 있었기에 가능한 일이었다. 연산군은 박 씨가 병으로 자리에 누웠을 때 장례 준비를 위해 특별히 박원종의 관직을 북도절도사에서 중앙관직으로 옮겨주기도 했다. 그럼에도 박원종은 중앙으로 자리를 옮기고 불과 한 달여 만에 반역을 일으키는 데 앞장섰다.

박원종은 무슨 이유로 반정거사에 앞장선 것일까? 여기에는 박원종을 적극적으로 사주한 인물이 있었다. 성희안이다. 그는 반정을 계획하고 이를 실천에 옮긴 책사였다. 그 역시 박원종과 마찬가지로 연산군의 두터운 총애를 받았다. 성희안은 수많은 대소 신료들이 줄줄이 연루되어 목숨을 잃은 갑자사화 와중에 형조참판에 오른 인물이다. 그에 대한 연산군의 신뢰가 녹록치 않음을 짐작할 수 있다.

결국 연산군은 자신이 가장 신임했던 반정 3대장의 배신으로 조선 최초로 신하들에 의해 보위에서 쫓겨나고 폭군으로 매도되었다. 배반에 대한 합의가 이뤄지고 나서 박원종은 인척인 유순정을 끌어들였고, 성희안은 유자광을 끌어들이는 방식으로 세력을 확장했다. 반정의 핵심 세력이 유자광을 포함한 '4대장'이 아닌 '3대장'으로 좁혀진 것은, 반정 직후 유자광이 가장 먼저 사림 세력의 표적이 됐기 때문이다. 반정 3대장은 사림 세력의 공세가 거세지자 유자광을 이들의 먹잇감으로 내놓고 자신을 지키는 '도마뱀 꼬리 자르기' 식의 비열한 행보를 보였다.

역사적으로 폭군이 쫓겨날 때는 그를 모신 신료들 대부분이 간신으로 내몰려 죽임을 당하거나 배척을 당하게 마련이다. 그러나 중종반정의 경우는 임사홍과 왕비 신 씨의 오라비인 신수근을 제외하고는 연산군 때의 신료 대부분이 자리를 유지했다. 반정의 논리와 모순되는 현상이었다.

나아가 중종반정은 과연 신하들이 멋대로 왕을 폐할 수 있는가 하는 근원적인 의문을 해명하기 어려운 사건이기도 했다. 이는 연산군의 생모인 윤 씨가 아무리 성종에게 죄를 지었다 할지라도 반드시 폐위되어야 하냐는 의문과 맥을 같이한다. 더구나 반정 세력은 거사 당일에야 비로소 자순대비와 진성대군에게 사실을 알리고 장차 진성대군이 보위에 오를 것임을 통보했다.

새로운 왕으로 내정된 진성대군이 반정 사실 자체를 전혀 모르고 있었다는 것은 결국 당시 상황에서 누가 보위에 오르는 가는 별로 중요하지 않다는 뜻이었다. 그렇다면 이들은 왜 진성대군을 택한 것일까? 성종의 정실 소생은 오직 연산군과 진성대군뿐이었다. 반정 세력의 입장에서 볼 때 '반란'을 '반정'으로 포장하기 위해서는 마지못해 유일한 대군인 진성대군을 택할 수밖에 없었다. 야사에 따르면 박원종은 반정 직전 신수근을 찾아가 다음과 같이 물었다고 한다.

"누이와 딸 중에 누가 더 중요하다고 생각하오."

연산군의 부인은 그의 누이였고, 진성대군의 부인은 그의 딸이었다. 모반에 동참할 것인지 여부를 타진한 것이다. 신수근이 대답했다.

"세자가 총명하니 설령 주상이 난폭하다 할지라도 큰 걱정은 없소."

박원종이 궐내에 진입하기 몇 시간 전에 미리 신수근을 제거한 것을 보면 이는 전혀 근거 없는 이야기가 아닌 듯하다. 신수근을 살려두면 그는 새로 즉위한 중종의 장인 자격으로 예우를 받게 된다. 신수근이 적극 호응할 경우 얼마든지 택할 방안이다. 게다가 신수근은 사대부들로부터 명망이 높았다.

그럼에도 반란군은 그리하지 않았다. 그들은 연산군의 매부인 신수근을 반정의 명분을 극대화하는 도구로 삼고자 했다. 진성대군의 부인 신씨가 궁으로 들어온 지 일주일 만에 강제로 이혼을 당해 사가로 쫓겨난 사실이 이를 뒷받침한다. 반정의 명분을 찾기 위해 수단방법을 가리지 않은 것이다.

결국 진성대군은 반정거사 당일 면류관도 아닌 익선관(왕과 왕세자가 평상복인 곤룡포를 입고 집무할 때에 쓰던 관)을 쓰고 즉위식을 거행했다. 반정 세력은

| 선정릉

강남의 빌딩 숲 속에 오아시스처럼 자리한 삼릉공원. 공원 안에는 성종과 제2계비 정현왕
후의 능인 선릉宣陵과, 아들 중종의 능 정릉靖陵이 있다. 이 둘을 합쳐 선정릉宣靖陵이라
부른다.

중종의 즉위식을 서둘러 자신들의 '반란'을 '반정'으로 미화해야 한다는 조바심에 면류관을 찾을 여유도 없었다. 중종은 역대 군왕 중 면류관을 쓰지 않은 채 즉위식을 거행한 유일한 인물로 기록되는 수모를 겪었다.

완벽하지 않으면 역공당한다

중종의 업적은 반정 3대장이 사망하는 시기를 전후로 구분된다. 중종은 치세 전기에는 반정 3대장을 위시한 공신 세력의 위세에 눌려 거의 목소리를 내지 못했다. 조광조를 비롯한 사림 세력은 정국의 주도권을 장악하기 위해 우회적인 책략을 구사했다. 정국공신 1등에 녹훈된 유자광을 분리시켜 제거한 뒤 공격의 화살을 반정 3대장에게 돌린 것이다. 반정 3대장은 반격을 힘으로 억누르는 방법을 동원했으나 그 과정에서 도덕적으로 치명상을 입고 말았다.

중종은 언론권을 장악한 사림 세력의 도움으로 반정 3대장을 대표로 한 공신 세력의 왕권에 대한 위협이 어느 정도 제거되자 재위 8년부터 실추된 왕권을 만회하기 위한 목소리를 내기 시작했다.

여기에 막대한 도움을 준 조광조가 중종의 눈에 띈 것은 공신 세력을 공격한 데서 비롯했다. 조광조의 출사는 비교적 늦은 편이었다. 29세가 되는 중종 5년에 진사시에서 장원급제한 그는 곧 성균관에 입학해 대과를 준비했다. 5년 뒤에 알성문과에 급제한 후 사간원 정언에 임명되면서 중종의 눈에 띄는 절호의 기회를 맞이한 것이다.

그해 제1계비인 장경왕후 윤 씨가 죽고 제2계비의 간택 문제가 논의되는 와중에 담양부사 박상이 폐위된 신 씨의 복위를 청하는 상소를 올렸다가 공신 세력의 일원인 이행의 탄핵으로 유배되는 일이 벌어졌다. 공교롭게도 사건이 일어난 지 두 달 후에 조광조가 사간원 정언에 임명되었다. 그는 출근 이틀 만에 직속상관인 이행을 통렬하게 비판하는 상소문을 올렸다.

"대간이 된 자는 언로를 연 후에야 비로소 대간의 직분을 다했다고 말할 수 있는데도 오히려 이행은 이를 막고 박상을 처벌하자고 주장했습니다. 어찌 그 본분을 잃어버린 대간들과 함께 근무할 수 있겠습니까? 사헌부와 사간원의 대간 전원을 파직하고 다시 언로를 열기 바랍니다."

조광조의 상소는 사림 세력의 공론을 대변한 것이었다. 이를 계기로 조정은 뜨거운 논쟁에 휩싸였다. 신하들이 주군을 무력으로 내쫓은 데 이어 새로 옹립한 군왕의 정실마저 멋대로 내쫓은 것은 반정의 도덕성에 큰 의구심을 낳을 만했다. 결국 이 사건은 이듬해 박상이 복직되고 대사헌과 대사간이 바뀜으로써 조광조의 승리로 끝났다. 그리고 관료로서 아무런 경험도 없는 젊은 조광조는 정국의 중심인물로 떠올랐다.

조광조는 당대의 명문가 출신으로 김굉필을 스승으로 삼았다. 김굉필은 갑자사화 때 참형을 당했다. 그러나 그의 제자인 조광조가 그를 순도자로 추앙하면서 어느새 조선 성리학의 도통을 잇는 핵심인물로 부상했다. 스스로 소학동자임을 자처한 스승 김종직과 마찬가지로 권력보다 자신의 마음을 다스리는 데 관심을 기울였다.

"올바른 도리에 뿌리를 둔 정성으로 정치를 하면 하는 일마다 하나도 도에서 어긋남이 없다. 법도를 정하고 기강을 세우려면 대신을 공경하고 그에게 정치를 위임해야 한다. 임금은 혼자 힘만으로는 나라를 다스리지 못한다."

그는 성리학이 강조하는 군신공치君臣共治의 논리로 맹자의 왕도를 풀이했다. 그러나 맹자의 왕도는 태평 시절처럼 극히 예외적인 상황에만 적용할 수 있는 것으로 하나의 이념적 지표로는 가능해도 현실에 그대로 적용해서는 안 되는 것이었다. 그럼에도 성리학자들은 난세에 그러한 왕도를 그대로 적용하려 했다. 이것이 비현실적임은 말할 것도 없었다. 그럼에도 왕도는 계속해서 성리학의 가장 중요한 통치이념으로 자리 잡았다. 길재의 학통을 이어받은 조선의 사림 세력은 여기서 한발 더 나아가 의리와 명분을 극도로 중시하는 경향을 띠었다.

조광조는 정몽주를 문묘에 모심으로써 조선 성리학의 계통을 공론화하는 성과를 거뒀다. 훗날 사림들이 조선 성리학의 도통을 정몽주에서 시작해 길재, 김숙자, 김종직, 김굉필, 조광조로 이어졌다고 간주한 것이 그 증거다.

이로 인해 사림들 사이에서 치평을 담당할 군신은 너나 할 것 없이 성리학에 뛰어나고, 절의가 있어야 한다는 공감대가 형성된 것은 눈에 보이지 않는 큰 소득이었다. 모든 변화는 향후 조선의 정국이 김굉필, 조광조 와 같이 소학동자를 자처하는 사림 세력에 의해 주도될 것임을 예고하는 것이기도 했다.

성급한 판단은 기회를 놓치게 한다

사림 세력은 붕당의 결성을 죄악으로 간주하는 당시에도 무리지어 군 자당의 일원임을 자처했다. 이들이 소인당으로 지목한 것은 말할 것도 없이 이미 사망한 반정 3대장을 포함한 공신 세력이었다. 원래 무오사화에 서는 사림 세력 대부분이 피해를 보았으나 갑자사화에서는 오히려 이전 의 공신 세력이 그들보다 큰 손해를 입었다. 반정공신 반열에 오른 인물 중 상당수가 갑자사화의 피해자들이었던 것은 바로 이 때문이다.

피해를 당한 두 세력은 연산군을 폭군으로 모는 총론에는 뜻을 같이했 으나 각론에는 많은 차이를 보였다. 반정 세력은 반란을 정당화하기 위해 갑자사화를 크게 부각시켰다. 이들 중에는 무오사화는 사림 세력의 자업 자득이라는 생각을 가진 자들이 많았다. 그러나 김종직이 부관참시를 당 한 무오사화의 피해자들을 복권하는 데 총력을 기울인 사림세력은 반정 거사 자체를 전폭적으로 지지하지는 않았다. 이들이 연산군의 폐위에 만 족한 나머지 공신 세력의 '반역'을 '반정'으로 호도하는 데 일조하는 모습 을 보이면서도 공신 3대장을 비롯한 공신 세력의 행태를 강도 높게 비판 한 이유가 여기에 있다.

사림 세력이 볼 때 공신 세력 역시 연산군의 실정에 일정한 책임을 져야 했다. 이들이 가장 화를 낸 것은 공신 세력이 자신의 일족을 마구잡이로 정국공신에 끼워넣은 것이었다. 무려 116명이나 공신에 책봉됐다. 특히 박원종은 연산군의 궁녀들을 자신의 비첩으로 거느림으로써 반정의 의미를 무색하게 만들었다.

중종은 모든 것을 시간에 맡기고 적절한 기회를 노려 왕권을 회복하고자 했다. 그러나 신권 세력의 눈치를 보며 실추된 왕권을 되찾는 것은 불가능했다. 몇 차례 군왕의 위엄을 되찾기 위한 시도를 했으나 오히려 군왕의 위엄을 실추했다. 중종은 재위 8년 동안 모두 다섯 차례나 모반 사건을 겪었다. 이들 사건은 모두 중종을 폐하고 새로운 왕을 옹립하는 것을 골자로 했다.

공신 세력은 계속해서 부도덕과 탐욕에 대해 소리 높여 규탄했다. 이를 내버려둔 무능한 군왕도 책임을 면할 길이 없다는 논리였다. 중종조차 자신이 대군으로 있을 때 가까이 지낸 이웃 사람을 원종공신 명단에 끼워넣었다. 군주와 신하가 모두 연산군을 몰아낸 뒤 눈앞에 놓인 전리품을 놓고 서로 다투어 챙기는 모습을 보인 것이다. 이들의 거듭 된 삭훈削勳(공을 깎아내림) 요구에 참다 못한 박원종이 거칠게 항의하고 나섰다.

"지금의 원종공신이 개국 당시의 원종공신과 무엇이 다릅니까? 그들에게 한 급을 더해주는 것이 아깝다는 것입니까? 이미 오랜 세월이 지났는데 지금에 와서 이를 취소하라고 하면 인심이 예측하기 어렵게 될 것이고, 나라의 일 또한 어지러워질 것입니다."

노골적인 협박이었다. 그럼에도 대간들은 아랑곳하지 않고 더욱 강경하게 나왔다. 결국 공신 세력은 한발 물러서서 69명의 관직을 개정하자는 절충안을 내놓았다. 기세가 오른 대간들은 여세를 몰아 공세의 고삐를 늦추지 않았다. 나머지 사람들의 포상 내용도 축소해야 한다고 주장했다. 이때 중종이 관직을 거두어들인 사람들에게 이를 되돌려주자는 제안을 했다. 공신 세력을 우익으로 삼아 군왕의 권위를 세우자는 취지였다. 사림 세력이 크게 반발하며 전원 사퇴할 뜻을 밝히자 중종은 은근히 공신 세력의 지원을 기대하며 대간 전원을 교체하는 초강수를 뒀다.

이때 상황을 지켜보고 있던 공신 세력이 돌연 중종을 설득하고 나섰다. 결국 고립무원에 빠진 중종은 체면만 크게 깎인 채 자신의 주장을 철회했다. 이때를 계기로 사림 세력은 정국의 주도권을 장악했다. 왕권과 재상권이 상대적으로 크게 실추된 것은 말할 것도 없었다. 이 와중에 반정 3대장이 모두 죽었다.

사림 세력에겐 그야말로 절호의 기회가 온 것이나 다름없었다. 그러나 이들은 너무 성급했다. 공세의 고삐를 바짝 죄어 속히 언론권에 이어 재상권까지 장악함으로써 조선을 자신들이 그리는 명실상부한 신권 국가로 만들고자 한 것이다. 당시는 반정 3대장의 뒤를 이어 남곤과 심정, 홍경주 등의 잔여 공신 세력이 재상권을 독차지한 상황으로 성급하게 접근할 일이 아니었다. 사림 세력은 반정 3대장이 명분과는 동떨어진 숱한 비행을 저지르다 세인들의 지탄 속에 숨을 거둔 사실에 고무된 나머지 이를 간과했다.

형식만 숭상하면 조직이 병든다

중종은 재위한 지 8년이 되도록 왕권 강화를 도와줄 단 한 사람의 측근조차 만들지 못했다. 공신 세력의 일족인 경빈 박 씨를 비롯해 숙의 홍 씨등 여러 명의 비빈을 두었으나 이들 역시 감시자나 다름없었다. 이런 상황에서 신권 세력을 재상권과 언론권으로 양분시켜 왕권 강화를 모색하기는 어려웠다. 제왕학을 체계적으로 연마하지 못한 그에게 절묘한 제신술 역시 기대할 수 없었다.

그는 반정 3대장이 차례로 세상을 떠나는 상황에서 더욱 조바심을 냈다. 절호의 기회를 놓칠 수 없다는 초조함 때문이었다. 재위 8년에 그가행동을 개시했다.

"과인은 즉위하여 줄곧 해당 관청의 주의注擬(3배수 인사 천거)에 낙점만 했을 뿐이다. 앞으로는 전조(이조와 병조)에서 주의를 올리면 과인이 친히 선택해 관직을 제수하도록 하겠다."

엄밀히 볼 때 중종과 조광조의 관계는 일종의 전략적 제휴에 가까웠다. 그는 마침내 사림 세력의 새로운 주역으로 떠오른 사람들을 주목했다. 중종은 이들의 지지를 염두에 두고 친정을 선언했다. 재위 10년에 조광조를발탁한 것도 바로 이런 이유였다. 그러나 '제2의 소학동자'인 조광조는 중종의 이런 속셈을 제대로 헤아리지 못했다. 소학동자의 가장 큰 문제점은치국평천하를 수신제가 차원의 잣대로 재단하는 것이었다. 제2의 소학동자를 자처한 조광조는 특히 이런 경향이 심했다. 『중종실록』의 기록을 보면 그의 치평관治平觀에 적잖은 문제가 있음을 알 수 있다.

당시 여진족 추장인 수쿠내束古乃는 조선에 투항하려다 변심해 중종 7년에 갑산 일대를 노략질해 큰 피해를 입힌 인물이었다. 6년 뒤 노략질이 극심해지자 영의정 정광필과 병조판서 유담년 등이 함경도 절도사 정인겸의 보고를 토대로 군대를 파견해 수쿠내를 토벌할 것을 건의했다.

이때 홍문관 부제학 조광조가 이 소식을 듣고 이의를 제기했다.
"이는 가벼이 의논해서는 안 된다."

중종이 곧 그를 불러들여 그 이유를 묻자 그가 말했다.
"제왕의 거동은 만전을 기해야 합니다. 지금 수쿠내가 모역하는 마음을 가진 것도 아니고 변경을 소란스럽게 한 것이 아닌데 조정에서 도적의 꾀를 내어 엄습한다면 의리에 어긋나는 것입니다. 몰래 군사를 내어 엄습하는 것은 진실로 불가합니다."

정광필이 반대했다.
"조광조의 말은 지극히 유생의 언사입니다. 그러나 예로부터 변방의 일은 하나같이 제왕의 도를 따르지 못하였으니 지금 보내는 것이 좋을 것입니다."

조광조가 반박했다.

"전쟁 또한 일심一心에 있을 뿐입니다. 옛날 제왕이 오랑캐를 도에 맞게 대한 것도 반드시 친히 그곳을 가보고서 안 것이 아닙니다. 모든 일을 다 의로움으로 처리한 것입니다. 왕자가 이적을 대할 때는 변경을 충실하게 하고 백성을 넉넉하게 하여 일이 일어나지 않도록 해야 할 것입니다. 사기의 술책을 가지고 도적의 방법으로 오랑캐를 엄습하고자 하니 국가의 체면이 어떻겠습니까?"

정광필이 노기를 띤 목소리로 말했다.

"옛말에 '경당문노耕當問奴(밭 가는 일은 종에게 물음), 직당문비織當問婢(베 짜는 일은 여종에게 물음)'라고 했으니 이는 담당자인 신의 말을 들어야 합니다."

중종이 말했다.

"조광조의 말에 깊은 뜻이 있다. 재차 논의토록 하라."

결국 중종은 패도가 왕도보다 격이 낮으며 몰래 군대를 보내는 것은 패술이라 할 수도 없는 간사함이라는 조광조의 말을 듣고 계획을 취소했다. 이후 수쿠내가 재차 공격해 큰 피해를 입히자 또 다른 여진족 추장인 망합과 주장합이 가세해 변방이 소란스러워졌다. 5년 후 뒤늦게 여진족 토벌을 시도했으나 조선군은 대패하고 말았다. 결과적으로 유담년의 주장이 옳았던 셈이다.

본래 기습과 복병은 전쟁에서 늘 사용하는 전술이다. 그럼에도 조광조는 이를 패도에 불과하다며 인의의 왕도로 적을 굴복시켜야 한다는 소학 동자의 주장을 관철했다. 중종이 조광조에 동조해 군사 파견을 취소할 당시 대신들은 이를 크게 우려했다.

조광조가 '패왕지도'를 언급한 지 사흘째 되는 날 의정부와 사간원의 출입문에 그를 포함한 신진 사림 세력을 비난하는 글이 실린 화살이 날아와 꽂혔다. '조정의 명성 있는 선비들이 나라를 망치고 있다'는 내용이었다. 정부와 간원 모두가 그 사실을 입 밖에 내지 않았다. 이를 두고 사관은 이같이 평했다.

"당시 조광조와 함께 어울리는 사람이면 그다지 훌륭한 사람이 아니더라도 칭찬하여 추천하고, 어울리지 않는 사람이면 쓸 만한 인재라도 물리치자 원망이 크게 일어났다. 또 신진들의 탄핵이 너무 지나쳐 노성老成한 사람 중 폐기되는 자가 많아지자 재상들은 자신을 보전하지 못할 것처럼 위태롭게 여겼다. 그러나 조광조의 명망이 높아 그를 사모하고 본받는이가 매우 많았다. 연소한 무리는 『소학』의 도리를 말하며 행동거지 또한 법도에 맞게 하려고 애쓰며 농지거리도 하지 않았다. 성리학에 관한 책을 끼고 다니는 사람은 실상이 없을지라도 도학을 하는 사람으로 칭송되었다. 이에 문관과 선비들이 온통 『소학』과 『근사록』 등만 읽고 문예의 학문을 일삼지 않자 문장과 학술은 성종 때보다 크게 후퇴하였다."

준비없이 일어나지 마라

조광조를 비롯한 신진 사림 세력의 소학동자가 내용은 없고 형식만 숭상하는 그릇된 풍조를 만연시키는 화근으로 작용했음을 지적한 것이다. 명분과 의리를 극단적으로 중시하는 소학동자들의 폐해는 엄청났다. 개인의 부정부패 차원을 넘어 나라 전체를 병들게 만들었기 때문이다.

이후 조광조의 소학동자 행보는 계속됐다. 그는 사림의 전폭적인 지지에 우쭐해진 나머지 공신 세력이 무릎을 꿇자마자 자신에게 커다란 보살핌을 베푼 중종에게마저 개혁의 잣대를 들이대기 시작했다.

중종 13년에 빚어진 소격서(하늘과 땅. 별에 지내는 도교의 제사를 맡아보던 관아) 혁파 파문이 그것이다. 시작은 종묘대제의 제물로 쓸 소 한 마리가 종묘의 문턱을 넘는 순간 쓰러져 죽은 것이었다. 보고를 접한 중종이 크게 놀라 대신들에게 문제를 논의하자 조광조가 건의했다.
"우리나라 제사 의식이 옛 제왕의 제도에 맞지 않는 것이 많습니다. 선왕의 영혼이 이를 경계하려는 뜻을 보이는 것입니다."

소격서 폐지를 염두에 둔 발언이었다. 좌의정 신용개가 선왕 때 만들어진 것을 함부로 폐지할 수 없다며 반대하고 나섰다. 이후 별다른 진전이 없었으나 종묘의 변고가 생긴 지 두 달쯤 뒤 홍문관 응교 한충이 한 유생의 상소를 제출하면서 다시 불거졌다.

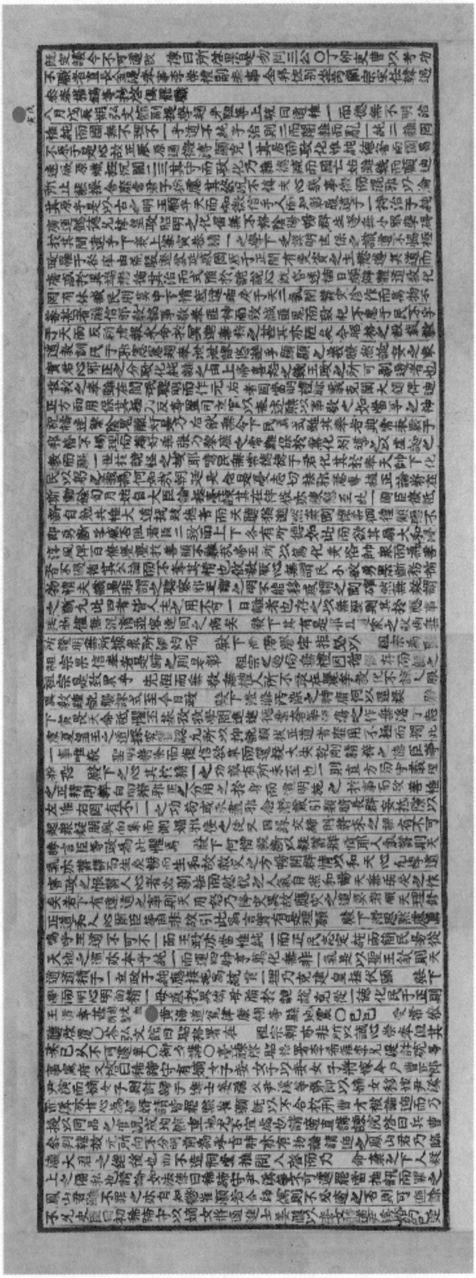

「소격서 혁파소」

이를 계기로 조광조는 이해 8월 1일에 상소를 올려 이 문제를 본격적으로 거론하기 시작했다. 신진 사림 세력은 논란이 빚어지면 논의 참가자들을 군자와 소인으로 명확히 구분했다. 이유 여하를 막론하고 찬성하는 쪽은 군자, 반대하는 쪽은 소인으로 몰렸다. 조광조는 소격서 존속을 왕도를 가로막는 문제로 확대해 철폐 반대를 주장하는 대신들을 소인으로 몰아갔다.

이때 중종이 문제를 왕실의 권위로 해석해 대신의 편에 섰다. 반정 3대장 사후 잔여 공신 세력과 신진 사림 세력이 충돌할 때마다 후자 쪽에 서 왔던 중종으로서는 전혀 새로운 모습이었다. 그는 환호하는 대신들의 지원을 배경으로 전원 사직이라는 방안을 제출한 대간들의 위협에 정면으로 맞섰다. 조광조를 위시한 신진 사림 세력 대 왕권의 충돌이라는 예기치 않은 국면이 조성된 것이다.

조광조는 이 문제를 해결하지 않고는 자신이 구상해온 사림 세력 주도의 신권 국가 건설이 어렵다고 판단했다. 그는 마침내 한없는 보살핌을 베푼 중종과 정면으로 맞서는 승부수를 띄웠다. 대간들이 국가대사인 과거 시행을 며칠 앞두고 전원 사직서를 제출하며 출근을 거부하는 파업을 단행하자, 중종도 때마침 주어진 기회를 놓치지 않고 왕권의 위엄을 보여주기 위해 물러서지 않았다. 조광조가 이를 격렬히 비난하는 상소를 올렸다.

"명군은 남의 말을 좋아하고 암군은 자기 의견을 행하기를 좋아합니다. 지금 전하는 간언을 받아들이지 않을 뿐만 아니라 위엄으로 마구 결단을 내리면서 몹시 위태로워 망할 것 같은 조짐을 보이니 이는 암군이 하는 일입니다. 전하는 자신을 뽐내어 멋대로 결행하다가 스스로 혼미한 지경에 빠지는 줄 모르는 것입니까? 속히 책회지교責悔之敎(자신을 잘못을 책하고 뉘우치는 교서)를 내려 여러 사람의 마음을 시원하게 하고 선비의 기개를 펴도록 해야 할 것입니다."

책회지교는 왕이 자신을 죄인으로 자책하며 잘못을 뉘우칠 때 내리는 조칙인 죄기조를 번안한 것이었다. 조광조의 상소문은 내용에 앞서 문장이 무례했다. 마치 천하통치의 칼자루가 사림 세력의 우두머리인 자신에게 있는 듯 방자한 언사였다. 중종을 믿었던 대신들마저 한발 물러나 중재에 나서면서 저울이 기울기 시작했다. 결국 논쟁이 일어난 지 한 달 만에 소격서 폐지가 확정됐다. 신권 세력의 암합暗合으로 중종의 위신만 형편없이 실추되었다. 이제 조선은 군왕의 나라가 아닌 신하의 나라라는 사실이 명백해졌다.

흔들리는 위상으로는 지배할 수 없다

이 일로 인해 중종은 조광조를 제거할 결심을 굳혔다. 믿었던 조광조마저 군왕을 억누르는 권신의 모습을 보이자 비상한 제신술을 연구하기 시작했다. 소격서를 폐지한 지 두 달 뒤에 조광조를 종2품인 사헌부 대사헌에 전격 발탁했다. 요즘으로 치면 감사원장 내지 검찰총장이 된 것이다.

조광조가 비로소 정치의 전면에 나섰다. 그는 초고속 승진을 거듭하고 있었다. 소격서 사건이 불거지기 직전 성균관 대사성의 자리가 비자 동지 성균관사를 겸직했다. 이 벼슬은 종2품이 대행하는 자리였다. 초고속 승진에 부담을 느낀 조광조는 7번이나 사양했다. 그러나 교체되기는커녕 오히려 종2품의 가선대부로 품계가 오르자 할 수 없이 받아들였다. 소격서 사건 직후 그는 출사한 지 40개월도 안 돼 대사헌에 제수된 것은 외람된 일이라며 극구 사양했으나 중종은 이를 허락하지 않은 채 동지성균관사의 직책까지 계속 겸직하여 달라고 요구했다. 감사원장이 서울대 총장의 자리까지 대행한 셈이다. 이는 극히 드문 일이었다.

소격서를 폐지할 때까지 조광조는 줄곧 홍문관직을 맡으면서 경연에서 발언할 때 항상 왕도 이념을 강조했다. 그의 말에 대신들도 이견을 제기하기 어려웠다. 젊은 조광조가 유례없이 거듭하는 승진과 높은 명망을 얻었음에도 안전할 수 있었던 이유가 바로 여기에 있다. 현실 정치와 일정한 거리를 둔 것이다. 그러나 대사헌의 자리는 정반대로 정치의 한복판에 있었다. 그의 일거수일투족은 정치적인 의미를 띤 것으로 해석될 수밖에 없었다.

이때 조광조가 과거제 대신 천거에 바탕을 둔 새로운 관리 등용 방안을 제시하고 나섰다. 벼슬에 맞는 인물을 추천하는 현량과賢良科가 그것이다. 곧이어 공신들의 공훈을 삭제하는 문제에 뛰어들었다. 이는 사림 세력의 일방적인 공세에 피폐를 면치 못하던 잔여 공신 세력에게 반격의 기회가 됐다. 잔여 공신 세력의 대표주자인 이조판서 남곤이 강력히 반대하고 나섰다.

"비록 과거로 인재를 뽑을지라도 훌륭한 사람은 당연히 도리를 다할 것입니다. 한나라 때의 현량과 제도를 오늘날 다시 시행하고자 해도 그를 추천하는 사람이 어찌 요순시대(치세의 모범으로 삼는 태평한 시대)의 사람과 같겠습니까? 천거제로 인재를 선발하는 것은 한 번은 할 수 있어도 항상 할 수는 없는 일입니다."

천거제는 추천하는 사람이 편파적으로 운용하면 오히려 과거제보다 더 큰 문제를 일으킬 수 있었다. 조광조가 잔여 공신 세력들로부터 자신의 세력을 확산하고자 현량과 실시를 무리하게 서두르고 있다는 의심을 받는 것은 당연했다.

중종 14년 우여곡절 끝에 현량과가 시행되었다. 중앙에서는 성균관을 비롯한 삼사와 육조에 천거권을 주고, 지방에서는 유향소에서 천거하면 수령과 관찰사가 이를 예조에 통보하게 했다. 천거 근거로는 성품, 기국, 재능, 학식, 행실과 행적, 지조, 생활태도와 현실 대응의식 등 7가지 항목이었다. 이런 과정을 거쳐 천거된 사람은 왕이 참석한 전정에 모여 시험을 치렀다.

결국 후보자 120명 중 28명이 선발되었다. 학식과 행실이 가장 큰 비중을 차지했다. 이들은 조광조의 추종자들로 학맥 또는 인맥으로 연결되어 강한 연대의식을 지니고 있었다. 평균 나이는 과거시험 합격자보다 10세가량 많은 30대 중반이었다. 게다가 합격자의 43퍼센트 정도인 12명이 이미 관직을 갖고 있었다. 현량과의 목적이 장기적인 안목에서 새로운 관료를 등용하려는 것이 아니라, 당장 중요한 위치에 임명해 곧바로 써먹을 수 있는 인재를 등용하는 데 있음을 보여준 것이다. 잔여 공신 세력에게 조광조는 자기 세력을 확충하기 위해 편법을 동원하는 속물로 비쳤다.

이때 조광조 일파가 현량과 실시 직후 삭훈 문제를 들고 나왔다. 조광조는 공신 중에 연산군 때의 총신들이 많으므로 이들을 용서할 수 없다는 이유를 들어 삭훈을 강력히 요청했다. 명분 면에서는 나름대로 일리가 있었으나 10여 년이 지난 문제를 재차 거론하고 나선 것은 저의를 의심받을 만했다. 이것이 잔여 공신 세력의 위기의식을 극도로 자극한 것은 말할 것도 없다.

중종이 반대하자 승정원과 홍문관에서도 들고 일어났다. 주장이 받아들여지지 않자 대간들이 전원 사직하는 초강수를 들고 나왔다. 중종이 한발 물러서며 70여 명에 달하는 공신 전원을 개정할 수는 없으므로 물의가 있는 사람만 개정하자는 절충안을 제시했다. 그러나 조광조를 위시한 대간들은 공세의 강도를 낮추지 않았다. 이들은 특별한 공로가 없다고 판단되는 공신의 이름을 구체적으로 거명하면서 사안을 확대시켰다.

객관성은 실행하는 힘이 된다

중종의 삭훈 결단이 임박할 즈음 조광조를 비롯한 그의 추종자들이 일제히 검거됐다. '기묘사화'의 서막이었다. 사건의 발단은 잔존 공신 세력이 경빈 박 씨 등 후궁을 움직여 중종을 부추긴 데 있었다. 이들은 나라의 인심이 모두 조광조에게 돌아갔고, 이내 왕권까지 위태로워질 것이라며 중종의 위기의식을 자극했다. 중종은 공신 세력에 조광조를 위시한 사림 세력을 잡아들이라 명했다. 이날 저녁 곧바로 의금부 당상관들이 소집되어 이 문제를 논의했다. 그러나 의견이 분분했다. 날이 새자 영의정 정광필이 조정에 나와 조광조를 적극 옹호하고 나섰다.

중종이 앞장서 적극 옹호하고 그의 말을 경청했으므로 '붕당의 죄'가 성립되지 않는다는 논리였다. 사태의 궁극적인 책임은 군왕에게 있다는 정광필의 주장에 당황한 중종은 이내 조광조 일파의 검거는 자신의 뜻이 아니라 조정에서 청한 것을 승인한 것이라고 변명했다. 의정부와 육조, 한성부 등에서도 뚜렷한 증거도 없이 붕당의 죄로 다스리는 것은 군왕의 덕에 큰 흠이 될 것이라는 반대 의견이 나오자 중종은 조광조와 김정만 사사하고 나머지 인물은 차등 있게 처벌할 것을 명했다.

그러나 정광필이 계속 적법한 절차에 따른 처벌을 요구하자 논리가 궁해진 중종은 재고를 약속하며 한발 물러섰다. 이어 성균관 유생들이 궐문으로 난입해 대성통곡하며 항의하는 소동이 벌어졌다. 중종은 곧바로 조광조 등 4인의 사형을 면하는 대신 장 100대에 원지유배의 명을 내렸다. 결국 조광조는 전라도 능성으로 유배되었다. 사건이 일어난 지 하루 만이었다. 중종이 뒤로 물러서자 대간들이 곧 중종의 행위 자체를 문제 삼기 시작했다.

"군왕이 몰래 명령을 내려 깊은 밤중에 비밀리에 처리해야 할 이유가 어디에 있겠습니까? 밖으로는 가깝고 신임하는 척하며 안으로는 죽일 생각을 했으니 군주의 마음이 이러하면 나라가 위태로울 조짐이라 하겠습니다."

그러나 잔존 공신 세력의 사주를 받은 무인들이 훈련원에 모여 조광조를 추종하는 관인들을 제거하려는 움직임을 보이는 등 정국이 정면충돌 위기로 치닫자 곧 대대적인 인사개편이 단행되었다. 뒤이어 사건 발생 한 달 뒤에 조광조 일당에 대한 엄벌을 요구하는 상소가 올라오자 여론이 급반전되었다. 잔존 공신 세력이 뒤에서 부추긴 것이다. 마침내 조광조를 사사하고 현량과 급제자 발표를 취소한다는 명령이 내려졌다. 조광조의 나이 38세였다. 그는 사약을 받을 당시 새 옷으로 갈아입고 다음과 같은 절명시絶命詩를 남겼다.

임금 사랑을 어버이 사랑하듯 하고
나라 걱정을 내 집 걱정하듯 했네
대낮의 밝은 해가 세상을 굽어보니
나의 뜨거운 충성심도 훤히 비추리

적으로 적을 제압하라

중종과 조광조는 서로 다른 생각을 하고 같은 배를 탄 오월동주의 처지에 있었다. 중종은 늘 왕권의 회복에 관심을 기울였으나 조광조는 왕도로 다스려지는 신권 국가의 건설에 매진했다. 막강한 힘을 과시하던 공신 세력의 견제에는 뜻을 같이 했으나 이후 국가를 다스리는 방법에 대해서는 서로 다른 해법을 지니고 있었던 셈이다.

당시 공신 세력은 반정 3대장 사후 사림 세력의 공세에 밀려 크게 위축되기는 했으나 여전히 막강한 힘을 보유하고 있었다. 이들을 제압하기 위해서는 치밀하면서도 점진적인 방안을 선택할 필요가 있었다. 그럼에도 조광조는 이들을 벼랑 끝으로 몰고 갔다. 사력을 다한 공신 세력의 반격은 묻지 않아도 알 수 있었다.

더 큰 문제는 중종을 끌어들이지 못한 가운데 일을 성급하게 추진한 것이었다. 중종이 조광조를 신뢰하며 사림 세력에 힘을 보태준 것은 이들을 지렛대로 활용해 공신 세력을 견제함으로써 땅에 떨어진 왕권을 회복하려는 의도였다. 공신 세력을 완전히 제압하길 원한 조광조는 왕을 끼고 제후를 호령하는 계책을 구사했어야 했다.

그럼에도 사림 세력은 오히려 소격서 혁파 등과 같은 사소한 문제로 군왕의 위엄을 형편없이 떨어뜨려 중종의 반발을 사고 말았다. 시종 의리와 명분을 내세운 사림 세력에 눌려 피폐를 면치 못하던 잔존 공신 세력이 천재일우의 기회를 놓칠 리 없었다. 이것이 두 세력의 운명을 갈랐다.

많은 사람이 중종의 리더십을 실패한 것으로 평가한다. 그를 사리에 어둡고 유약한 군주로 간주한 것이다. 그러나 내막을 살펴보면 간단히 단정할 문제가 아님을 알 수 있다. 다른 각도에서 보면 오히려 교활한 느낌마저 든다. 중종은 사림 세력의 두목 격인 조광조를 끌어들여 박원종과 같은 공신 세력을 굴복시킨 뒤 사림 세력이 왕권을 위협하는 지경에 이르자 다시 잔존 공신 세력을 끌어들여 이들을 일거에 소탕하는 기묘사화를 주도했다.

　기본적으로 군왕의 리더십을 재상을 비롯한 군신들의 리더십과 같은 차원에서 논하는 것 자체가 잘못이다. 중종이 공신 세력을 제압하기 위해 조광조를 이용한 것을 탓할 수는 없다. 실권을 장악한 공신 세력을 노골적으로 적대시할 때 보위를 유지하기조차 어려운 상황에서 이는 최선의 선택이었다. 사림 세력을 이용해 공신 세력을 제압함으로써 왕권 강화라는 반사이익을 꾀한 셈이다.

　그런 점에서 그는 나름대로 제신술에 성공해 왕권국가의 기조를 유지했다고 평가할 수 있다. 그러나 기묘사화 이후의 시기를 포함해 총체적으로 평가하면 그는 유약하고 우유부단한 모습을 면치 못했다. 남곤과 심정의 공신 세력을 비롯해 문정왕후를 배경으로 삼은 윤원형 등의 외척 세력과 김안로 등의 인척 세력에 휘둘렸기 때문이다. 여기에는 체계적으로 제왕학을 연마하지 못해 제신술을 터득하지 못했다는 중요한 배경이 작용한다. 그가 죽은 지 불과 1년 뒤에 또 다시 대규모 사화가 빚어진 것도 이와 무관하지 않다.

　박원종과 조광조 역시 2인자의 관점에서 볼 때 모두 수준 낮은 리더십을 보여줬다. 박원종은 개인의 부귀영화를 위해 반란을 획책했다. 유자광

이 죽은 뒤 곧바로 그를 포함한 반정 3대장이 사림 세력의 표적이 된 게
그 증거다. 조광조 역시 협천자의 이치조차 깨닫지 못한 소학동자에 불과
했다. 교조적인 왕도 이념에 함몰된 후과다.

학계의 잘못된 흐름이 크게 수정되어야 하는 이유이기도 하다.

워런 버핏 버크셔해서웨이 회장은 찰리 멍거 부회장을 정신적인 동반
자로 생각한다. 워런 버핏에 가려 누구인지 잘 모르는 사람이 많지만
1962년부터 13년 동안 19.8의 수익을 올렸다. 한때 손실이 나기도 했
으나 그때를 제외하면 워런 버핏의 평균 수익률인 24퍼센트에 근접하
는 수치다.

멍거 부회장은 버크셔해서웨이의 2인자 모습으로 있지만 사실상 가치
투자를 하도록 인도한 사람이라고 알려져 있다. 워런 버핏은 멍거에
대해 이렇게 말한다.
"나는 보고, 그는 듣습니다. 우리는 명콤비입니다."

두 사람은 서로를 존중하기에 평생을 함께할 수 있다고 한다. 서로의
자리를 넘어서거나 훼손하려 했다면 결코 지금의 관계를 유지할 수 없
었을 것이다.

선조
·
도망가는
1인자

VS

용기있는
2인자
·
유성룡

승자독식사회는 1등을 지향한다. 오케스트라에서 제1 연주자만 되고 싶어 한다. 그러나 제2 연주자가 없다면 오케스트라가 될 수 없다. 사회가 세분화될수록 1인자의 역할은 축소된다. 2인자의 역량이 더 필요한 시대다. 현대의 조직에서는 1인자와 2인자의 힘의 황금비율을 찾아내는 게 관건이다.

제7장 선조와 유성룡

"율곡은 선견지명이 있었으니
그가 죽지 않았다면 반드시 오늘날 도움이 있었을 것이다."

— 유성룡

분석하고 종합하는 능력을 연마하라

군왕이 죽은 뒤 신주를 종묘에 모실 때는 조공종덕祖功宗德의 원칙에 따라 묘호를 붙인다. 공이 많은 군왕은 '조', 덕이 많은 군왕은 '종'을 붙이는 것이다. 그러나 큰 업적을 남기지 못한 경우도 인민에게 유덕한 군주로 간주해 '종'을 붙인다. 일종의 미화작업이다.

선조는 전대미문의 병란을 끌어들였다는 점에서 '조'보다는 '종'이 어울렸다. 실제로 그가 죽었을 때만 해도 그의 묘호는 '선종'이었다. 그러나 동인에서 갈라져 나온 북인이 왜란에서 활약한 광해군의 공을 높이기 위해 왜란을 조선의 승리로 몰아갔다. 이에 '선조'로 바뀌었다. 후대는 아예 그의 왕릉 명칭인 목릉을 따서 '목릉성세'로 부르기도 했다. 그가 나라를 다스리던 시기 문예가 왕성히 발전했음을 평한 것이다. 실제로 선조는 서화를 지극히 애호했다. 그림에 조예가 깊었던 그는 직접 묵화를 그리기도 하고 종실과 부마들에게 서화를 익힐 것을 명하기도 했다. 그러나 아무리 문예가 흥성했을지라도 나라를 패망 직전까지 가도록 만든 그의 치세를 두고 '목릉성세'로 평한 것은 중요한 것이 무엇인지 제대로 판단하지 못했다는 지적을 면하기 어렵다.

선조에 대한 평가가 엇갈리는 상황에서 그의 묘호 변경에 대한 논란은 지금도 진행 중이다. 선조를 암군으로 보는 사람들은 그가 붕당을 허용하고, 병란을 자초한 점을 내세운다. 또한 조선 최고의 재상으로 평가받을 만한 유성룡을 내친 사실도 거론한다. 반대로 붕당의 허용과 병란의 발발은 당시의 국내외 정세에 기인한 것으로 선조에게 모든 책임을 뒤집어씌우는 것은 잘못된 판단이며, 그의 리더십을 재평가해야 한다는 견해도 있다. 이들은 더불어 유성룡, 이순신과 같이 뛰어난 장수와 재상을 발탁한 인물이 선조였다고 역설한다. 그러나 두 견해 모두 어느 한 쪽만을 지나치게 부각해 설득력이 약하다.

선조는 방계 출신으로 보위에 오른 최초의 인물이다. 그의 즉위는 선왕인 명종이 후사를 두지 못한 결과였다. 명종은 생전에 모후의 지나친 간섭으로 심열증을 얻어 자신의 수명이 얼마 남지 않은 것을 알고 왕손 중

재주가 뛰어난 인물을 찾아내 후계자로 삼고자 했다. 이때 그의 눈에 띈 인물이 중종과 창빈 안 씨 소생의 덕흥군이 낳은 3남 중 막내아들인 하성군(선조)이었다. 호학군주인 명종은 자신처럼 호학하는 하성군을 일찍부터 낙점해두었다.

하성군은 매우 총명한 인물이었다. 하루는 명종이 익선관을 벗어 직접 왕손들에게 써보게 시킨 적이 있었다. 익선관은 군왕만이 쓸 수 있었다. 여러 왕손이 달려들어 서로 먼저 써보겠다고 했으나 하성군만은 두 손으로 정중히 받아들더니 도로 명종 앞에 내려놓았다. 명종이 이유를 묻자 하성군이 대답했다.

"익선관은 아무나 쓰는 게 아닙니다."

이 일화는 선조가 어렸을 때부터 매우 총명한 데다 호학했던 인물이었음을 보여준다. 그러나 문제는 그가 보위에 오른 후에 나타났다. 즉위 당시 그의 나이는 16세였다. 사리를 판단하기에는 어렸다. 게다가 방계출신으로 보위에 오른 탓에 열등감마저 높았다. 퇴계, 율곡 등 기라성 같은 대학자들이 즐비한 상황에서 제대로 된 군왕의 모습을 보여주지 못하면 정통성 문제를 야기할 수도 있는 상황이었다.

어렸을 때부터 호학했던 선조는 자신의 능력을 최대한 살려 세종과 성종 등 선왕을 흉내 내 정통성 시비를 무마하려 했다. 여기에는 대소 신료들로부터 '명군'의 칭송을 받고자 하는 욕구도 크게 작용했다. 선조는 성종이 김종직을 비롯한 사림 세력을 끌어들여 명군의 칭송을 얻은 전례를 따라 퇴계와 율곡 등 문인들을 대거 중용했다. 퇴계와 율곡으로 대표되는 두 사림 세력 간의 갈등을 이용해 취약한 왕권을 보완하려는 목적이었다.

그러나 이는 오히려 왕권을 약화시켰다. 훈척 세력을 배제한 채 오직 사림 세력만으로 구성된 붕당정치를 고수했기 때문이었다. 결정적인 계기는 왜란이 제공했다. 도학군주를 이루고자 한 선조에게 전대미문의 병란은 큰 불행이었다. 왜란이 일어나지 않았다면 선조는 후세로부터 세종, 성종 등에 버금하는 명군으로 칭송받았을 것이다.

불행하게도 선조는 왜군의 침략으로 나라가 망국 직전까지 가는 난세에 재위한 까닭에 파죽지세로 밀려오는 왜군을 피해 황급히 백성들을 버리고 도성을 빠져나가는 보잘것없는 왕의 모습을 보여주고 말았다.

리더는 사람의 능력을 본다

선조의 최고 참모라 불리는 유성룡은 부친이 황해도 관찰사를 지낸 명문가 출신이다. 그는 어릴 때부터 총명해 『대학』을 읽었다고 한다. 20세가 되던 명종 16년에는 도산서원으로 가 퇴계의 문하생이 되었다. 이때 김성일과 함께 도학을 연마하며 뛰어난 재능을 보여 퇴계의 칭송을 받았다. 23세가 되는 1564년에는 생진과를 거쳐 성균관에 들어갔고 2년 뒤 별시 문과에 급제해 출사했다. 이후 병조좌랑과 이조참의, 동부승지 등의 요직을 두루 지냈다.

그는 '니탕개의 난'이 일어났을 때 율곡의 '10만 양병설'을 반대한 인물로 알려졌다. 『선조수정실록』은 이렇게 말한다.

"율곡이 일찍이 경연에서 말하기를, '미리 10만 명의 군사를 양성하여 앞으로 뜻하지 않은 변란에 대비해야 한다'고 했다. 이때 유성룡은 '군사를 양성하는 것은 화단을 키우는 것이다'라며 강력히 반대했다. 율곡은 늘 탄식하기를, '유성룡은 재주와 기개가 참으로 특출하지만 우리와 더불어 일을 함께 하려고 하지 않으니 우리가 죽은 뒤에야 반드시 그의 재주를 피울 수 있을 것이다'라고 했다. 임진년의 변란이 있자 유성룡이 국사를 담당하여 군무를 전담하게 되었다. 그는 늘 '율곡은 선견지명이 있었으니 그가 죽지 않았다면 반드시 오늘날 도움이 있었을 것이다'라고 탄식했다."

유성룡은 평소 자신이 퇴계의 제자라는 사실에 커다란 자부심을 지니고 있었다. 그는 율곡이 자신의 스승인 퇴계와 8년에 걸쳐 논쟁을 벌인 기대승의 손을 들어주며 독자적인 이론을 전개해 도학의 쌍벽을 이룬 사실에 내심 불만을 품었다. 율곡은 그보다 겨우 6세 위였다. 실제로 두 사람은 호형호제하는 사이로 지냈으나, 유성룡이 율곡에게 커다란 경쟁의식을 갖고 '10만 양병설'을 반대했을 가능성이 크다.

유성룡은 나름대로 변방 방위를 위한 건의안을 올렸다. 국지전을 염두에 둔 것이다. 그러나 이 역시 서인의 반대로 채택되지 못했다. 이후 유성룡은 당쟁을 피해 노모 봉양을 이유로 일시 낙향했다.

그는 선조 21년(1588)에 형조판서에 임명돼 대제학을 겸했다. 그에 대한 선조의 총애가 특별했음을 알 수 있다. 2년 뒤 마침내 우의정에 올라 국정을 총괄하기에 이르렀다. 당시 유성룡은 일본에 통신사를 보내 그곳의 정황을 소상히 파악할 것을 청했다. 일본의 움직임이 심상치 않다고 판단한 것이다.

『징비록』에 따르면 그는 막역지우인 김성일이 귀국 보고에서 병란 발발 가능성을 애써 부인하자 책망하듯 물었다.

"장차 전쟁이 터지면 어찌하려는 것이오."

김성일이 대답했다.

"나 역시 왜국이 끝내 군사를 일으키지 않는다는 게 아니오. 황윤길의 말이 하도 지나쳐 안팎으로 민심이 혼란스러워질까 우려돼 짐짓 그리 말한 것이오."

나라가 존속과 멸망을 결정할 중요한 일을 두고 '민심이 혼란스러워질 것을 우려해 짐짓 그리 말했다'는 김성일의 변명은 논리적으로 맞지 않았다. 김성일이 당시의 상황을 그렇게 관망한 것이 사실이라면 내밀히 왜군의 침공에 대비할 수 있는 대책을 마련해야 했다. 그러나 그는 각 지방의 축성 작업을 중단하는 등 오히려 일본의 침공의지를 강화시키는 일을 벌였다.

이는 김성일이 왜란 직후 책임을 회피하기 위해 변명을 늘어놓은 것을 두고 마치 유성룡이 사실인 양 기록한 것으로밖에 볼 수 없다. 동료인 동인 세력을 변호하기 위한 행동이다. 다만 그가 선조의 신임을 토대로 좌의정으로 승진하면서 이조판서를 겸하게 된 것을 계기로 권율과 이순신을 발탁한 점은 높이 평가할 만하다.

유성룡은 이순신과 잘 아는 사이였다. 그는 어린 시절을 세 살 아래의 이순신과 함께 보냈다. 그가 정승의 자리에 있을 때 이순신은 말직으로 변방을 돌다가 겨우 종6품의 정읍현감을 지내고 있었다. 그는 왜란이 일어나기 1년 전에 이순신을 전격 발탁해 정3품인 전라좌수사에 임명했다. 파격적인 승진이었다. 이순신의 나이는 47세였다. 대간의 반발이 빗발쳤으나 선조는 이를 물리쳤다. 당시의 기록이다.

"사간원이 아뢰기를 '이순신은 현감으로서 아직 군수에 부임하지도 않았는데 좌수사에 부르니 비록 인재가 모자란 탓이라고는 하나 관작의 남용이 이보다 심할 수 없습니다'라고 했다. 그러자 선조가 '지금은 상규에 구애될 수 없다. 그 사람이면 충분히 감당할 터이니 관작의 고하를 따질 필요가 없다'라고 했다."

이순신의 발탁을 놓고 유성룡의 공으로 보는 견해와 선조의 공으로 간주하는 견해가 엇갈리고 있으나 1차적으로는 유성룡의 공이 컸다. 그러나 대간들의 반발을 물리친 선조 역시 높이 평가할 만하다.

유성룡은 왜군과의 전면전에 대비한 방어체제를 구축하려 했으나 이를 관철하지 못했다. 당시 조선의 방위체제는 을묘왜변을 계기로 진관에서 제승방략制勝方略 체제로 바뀐 상태였다. 진관제는 전국의 요충지에 주진主鎭을 설치하고 그 아래에 여러 진을 소속시키는 일원화된 방위체제로 전면전에 유리했다. 이와 달리 제승방략은 국지전에만 유용할 뿐 전면전에는 오히려 방해가 되는 체제였다. 그러나 유성룡의 건의는 경상감사 등의 반발로 이내 무산되고 말았다. 이는 결국 조선군이 크게 패하는 원인이 되었다.

선조 25년에 총 20만 명에 달하는 왜군이 부산에 모습을 드러내자 조정은 경악했다. 선조는 급히 유성룡에게 병조판서에 도체찰사까지 겸임시켜 전쟁을 지휘하도록 했다. 그러나 충주의 신립이 참패하면서 왜군의 북상을 막을 방법이 없었다. 선조는 유성룡과 함께 도성을 버리고 평양으로 향했다. 개성에 다다랐을 때는 호위하는 신하가 급격히 줄었다. 대간들이 영의정 이산해를 탄핵하자 선조는 이산해를 파직하고 유성룡을 영의정에 제수했다.

유성룡이 이를 거부하고 나서 취임한 탓에 이내 대간의 탄핵을 받고 파직됐다. 얼마 후 고니시가 이끄는 왜군 선발대가 도성을 점령했다는 소식이 들려왔다. 불과 보름 만에 조선의 심장부를 장악한 것이다. 선조가 머무는 평양도 위태로웠다. 갑론을박 끝에 의주로 거처를 옮겼다. 평양을 접수한 일본군은 더 이상 진군하지 않았다.

이때 각지에서 의병이 일어나 왜군의 후방을 교란시켰다. 왜군으로선 전혀 예상치 못한 일이었다. 여기에 이순신의 한산도대첩 소식까지 들려

鳴梁海戰圖一

右水營

羊島

花源半島

珍島

〈명랑해전도〉

왔다. 얼마 후에는 경상우도 순찰사 김성일도 진주에서 대첩을 거뒀다. 이들을 천거한 유성룡의 안목이 빛나는 상황이었다.

반대파를 잠재우고 위기를 돌파하라

이듬해 정월에 조명 연합군이 대대적인 공세로 평양을 되찾았고, 유성룡은 영의정에 복귀해 전란 수습을 진두지휘했다. 벽제관에서 패한 이여송이 개성으로 퇴각하려 하자 유성룡이 설득했다.

"승패는 병가의 상사인데 어찌 경솔히 움직이려 합니까? 대군이 한 번 퇴각하면 저들이 더욱 교만해질 것이니 조금 더 머물러 사세를 보아 결행하도록 하십시오."

결국 파주에 진을 치고 머물렀다. 명이 접전을 피하며 강화 논의를 계속하는 사이 유성룡은 훈련도감을 설치해 앞날을 대비했다. 일진일퇴의 국지전이 거듭되는 와중에 왜군의 주력부대가 본국으로 철수했다. 명과의 강화가 결렬되자 1597년 정월 15일에 다시 왜군 15만 명이 침공해왔다. 철군했던 명군도 이를 저지하기 위해 다시 조선으로 들어왔다. 이때 이순신이 거듭된 출병 명령에도 응하지 않자 조정이 그를 전격 소환해 파직했다. 유성룡이 변호에 나섰으나 아무 소용이 없었다.

원균의 패사로 왜군이 남원에서 조명 연합군을 격파하고 호남지역으로 밀려들었다. 왜군은 전주를 접수한 여세를 몰아 순식간에 공주에 이르렀다. 파천 문제가 다시 논의되자 선조가 크게 화를 냈다.

이때 유성룡이 이순신의 재기용을 청했다. 병조판서 이항복도 동조했다. 결국 이순신은 남아 있던 배 12척을 이끌고 명량대첩에서 승리를 거두었다. 조명 연합군도 육상에서 일본의 주력군을 철퇴시켰다.

다음 해 8월에 도요토미가 숨을 거두자 왜군이 철수하기 시작했다. 그러나 이순신이 바닷길을 막아 마음대로 돌아갈 수 없었다. 500척의 왜선 중 겨우 50여 척만이 일본으로 돌아갔다. 이순신도 이 싸움에서 최후를 맞이했다.

전쟁이 끝나자 치열한 책임공방전이 전개됐다. 유성룡은 서인과 북인의 집중 탄핵을 받았다. 조선과 일본이 합세해 명을 치려 한다는 유언비어를 소명하러 가지 않은 게 주된 이유였다. 권력을 남용해 재물을 쌓았다는 무고도 들어왔다. 선조는 유성룡을 파직했다. 낙향한 유성룡은 독서와 집필로 말년을 보냈다. 그 결과물이『징비록』이다. 그는 선조보다 1년 먼저 숨을 거두었다.

유성룡은 왜란 발발 이전에 여러 문제가 드러났음에도 자신의 뛰어난 재주로 적을 막아냈다. 그러나 졸기에 나오는 사관의 평은 매우 인색하다. "기량이 부족하고 마음이 굳세지 못하여 이해가 눈앞에 닥치면 흔들림을 면치 못했다."라고 지적한다. 당시 그의 리더십에 대한 평이 좋지 않았음을 알 수 있다. 하지만 이순신과 권율 등을 천거한 점은 높이 평가할 필요가 있다. 그의 리더십을 총체적으로 평가하면 당파적 이해에 얽매여 '10만 양병설'을 저지한 것은 크게 비판 받을 만하나 왜란 이후의 행보를 고려해 자신에게 주어진 임무를 충실히 수행했다고 할 수 있다.

후일을 도모하는 것도 방법이다

유성룡과 더불어 왜란의 수습에 진력했던 이항복은 다섯 차례나 병조판서를 역임한, 선조의 돈독한 총신이었다. 그는 광해군 9년인 1617년에 인목대비의 유폐를 강력히 반대하다 이듬해에 관직을 빼앗기고 함경도 북청에 유배돼 그곳에서 생을 마감했다. 그러나 인조반정 후 세종 때의 황희 등과 더불어 조선 4대 명재상의 한 사람으로 이름을 떨쳤다. 반정공신 대부분이 그의 천거로 발탁된 인물이기 때문이다. 그가 유배를 떠나며 읊은 시는 지금까지도 널리 애송되고 있다.

철령 높은 재에 자고 가는 저 구름아
고신원루孤臣冤淚를 비 삼아 띄워다가
임 계신 구중궁궐에 뿌려본들 어떠리

충신의 기상이 절절히 배어 있는 시다. 과연 이항복은 유성룡을 뛰어넘는 2인자 리더십을 발휘했을까? 일각에서는 그가 선조를 부추겨 요동으로 넘어가려 했다는 사실을 근거로 매우 비판적인 견해를 제시한다. 『선조실록』에 따르면 당시 대신들이 며칠 동안 임금의 거처를 옮길 곳을 논의했으나 결론을 내지 못했다.

병조판서 이항복이 말했다.

| 이항복

"군대가 의주로 쳐들어가 주둔해야만 중국 군사와 접할 수 있고, 불행해질 경우 은밀히 중국에 들러붙어 서서히 국토를 회복할 수 있습니다."

이날 저녁 이항복이 다시 선조에게 간곡히 말했다.

"함경도 쪽은 한 가닥 길만 있으니 궁해지면 오랑캐 지역 외에는 갈 만한 곳이 없습니다. 의주로 가느니만 못합니다."

선조가 말했다.

"나의 뜻도 본래 내부來附(한 나라가 다른 나라 안으로 들어가 붙음)하려는 것이었으니 경의 말을 따르겠다."

선조는 이항복의 건의를 좇아 절체절명의 상황에서 중국으로 망명할 생각을 했다. 실록은 선조의 의지가 매우 강했던 것으로 기록했다.

선조는 '왜적의 손에 죽기보다는 차라리 중국에 가서 죽겠다'며 유사시 압록강을 넘어 요동으로 들어갈 뜻을 밝혔다. 이 기록만을 놓고 보면 이항복은 선조의 결사항전 의지를 북돋우기보다는 오히려 명나라에 기대어 잔명을 이어가는 방안을 건의한 셈이다. 그러나 이항복의 진짜 취지는 달랐다. 후일을 도모하기 위해 일시적으로 요동으로 넘어가야 할 필요가 있다고 여긴 것이다.

『선조수정실록』에 따르면 비변사가 요동도사에게 자문을 보내 도움을 청했다. 대신들이 선뜻 결정하지 못하고 있을 때 이항복이 강하게 주장했다.

"지금 팔도가 무너져 온전하기를 도모할 희망이 없습니다. 제갈공명의 지혜로도 유비가 몸을 의탁하여 용병이 없자 손권에게 구원을 청하여 마침내 적벽대전에서 승리를 거두었습니다. 우리 또한 어찌 할 수 없으니 명나라에 구원병을 청하는 것이 최상입니다."

대다수 신료들은 이에 반대했다.

"명나라는 틀림없이 구원하지 않을 것입니다. 설령 와서 구원할지라도 요동 일대의 병마를 출동시킬 것인데 그들은 오랑캐의 일종으로 반드시 횡포를 부릴 것입니다."

이덕형의 적극 찬동으로 이항복의 건의가 채택되었다. 명나라 군사 지원은 이로써 이루어졌다. 만일 대다수 신료들의 건의를 좇아 구원을 청하지 않았으면 조선의 국토는 왜군에게 점령당했을 것이다. 이항복이 '내부'를 언급한 것은 최악의 상황을 가정한 것으로 결코 망명정부를 세워 구차하게 조선의 잔명을 이어가자는 취지는 아니었다. 따라서 이를 근거로 그를 비판하는 것은 잘못된 견해다.

이항복은 명종 11년(1556)에 고려 말의 대학자 이제현의 후손인 이몽량의 아들로 태어났다. 훗날 오성부원군에 오른 까닭에 흔히 '오성대감'으로 불렸다. 어렸을 때부터 총명했던 그는 6세 때 부친이 칼과 거문고를 주제로 시를 짓게 하자 즉석에서 다음의 시를 지었다.

칼은 대장부의 굳건한 기상을 가졌고
거문고는 천고의 소리를 간직했다네

시는 뛰어난 글재주와 호연지기를 담고 있다. 왜란 때 다섯 차례에 걸쳐 병조판서에 제수된 것도 그의 기개를 높이 산 결과였다. 그와 죽마고우인 한음 이덕형과의 관계는 '관포지교管鮑之交'에 비유되며 많은 일화를 남기도 했다.

이항복은 9세에 부친을 여의고 어머니 슬하에서 자라며 한때 헛된 세월을 보내기도 했다. 이후 모친의 영향으로 학업에 열중했으나 16세에 모친마저 잃었다. 상을 치른 그는 학문에 더욱 정진했다. 당시 영의정을 지낸 권철이 그의 이웃에 살았는데, 그의 인물됨을 알아보고 아들 권율에게 그를 사위로 삼도록 권해 19세에 권율의 딸과 결혼했다.

25세인 선조 13년 알성문과에 급제해 검열이 되었다. 죽마고우인 이덕형도 문과에 급제해 함께 벼슬생활을 시작했다. 3년 뒤에는 율곡의 추천으로 이덕형과 함께 독서당에 들어가 공부하기도 했다. 이후 홍문관, 예문관 대제학을 지내는 등 당대 최고의 문인으로 활약했다.

이항복의 유머

그가 선조를 호위해 궁으로 돌아왔을 때의 일이다. 더운 여름 날씨에 장인이자 도원수인 권율에게 말했다.
"오늘 어전 회의에는 반드시 갑옷을 입고 나가셔야 할 터인데 너무 더우니 속옷만 입고 갑옷을 두르시지요."
권율이 이를 따랐다. 회의 도중 이항복이 너무 더우니 관모와 관복의 상의를 벗고 회의를 계속하자고 제의했다. 선조가 수락하자 권율의 속옷이 고스란히 드러났다. 삽시간에 웃음바다가 되었다.
이항복이 말했다.
"전란 중에도 모두 비단옷을 두르기를 즐기나 도원수는 관복과 갑옷 외에는 마땅히 입을 옷이 없습니다."
조정의 밝은 분위기와 왕의 신의를 모두 얻을 수 있는 발언이었다.

그는 35세에 당상관으로 승진해 임금을 가까이서 모시게 되었다. 이듬해에 터진 세자 책봉 논의 사건 당시 아무도 정철을 찾아간 자가 없었으나 그는 아무 꺼리낌도 없이 정철을 방문했다. 이 사건은 서인의 거두 정철이 세자 책봉 문제를 논의한 것을 이유로 동인의 공격을 받아 축출된 사건이었다. 이항복은 승지로 있으며 정철의 죄안을 게을리 처리했다는 탄핵을 받고 파면되었다.

이후 왜란이 발발하자 도승지의 신분으로 선조를 모시고 개성으로 피난을 갔다. 임진강을 무사히 건넌 공을 인정받아 이조참판에 오르고 '오성군'에 임명됐다. 이어 두 왕자를 모시고 먼저 평양으로 간 공을 인정받아 형조판서에 제수되고서 바로 병조판서로 옮겨 왜군 격퇴의 사령탑을 맡았다. 의주에서 명나라 사신을 맞아 조선과 일본이 합세해 중국을 치려 한다는 근거 없는 소문에 대한 의심을 풀어 구원병을 얻는 데 성공했다.

이항복은 조정에서 활동한 40년 동안 늘 당쟁에서 초연하려 노력했다. 관직에 진출한 뒤에도 뛰어난 재치와 익살로 좌중을 즐겁게 만들어 부드러운 분위기를 유도했다.

왜란이 끝난 어느 날 이항복이 호남관찰사로 제수받아 떠날 때의 일이다. 선조가 말했다.

"부임하거든 역적의 동태를 잘 살펴 보고하시오."

"역적은 새나 짐승과 같이 곳곳에서 나오는 물건이 아니라 살피기가 실로 어렵습니다."

선조가 박장대소했다.

왜란이 끝나 재상의 자리에 오른 그는 선조 33년에 영의정 관직에 올라 왜란 평정의 공을 인정받아 일등공신에 녹훈되었다. 그러나 얼마 후 북인의 영수 정인홍이 서인의 수령인 성혼을 무고하자 성혼의 무죄를 변호하다가 정철의 당이라는 혐의를 받자 스스로 영의정 자리를 내놓았다.

광해군 즉위 후 좌의정에 임명된 그는 훈련도감 도제조와 체찰사 등을 지냈으나 광해군 5년에 북인의 공격을 받고 물러났다. 4년 뒤 이덕형과 함께 교대로 영상을 역임한 그는 인목대비 폐위를 반대하다가 결국 북청으로 유배돼 그곳에서 생을 마감했다. 광해군은 곧 그의 관작을 회복시켜 주면서 운구에 협조할 것을 명령했다.

다음은 『광해군일기』의 기술이다.

"이항복은 호걸스럽고 시원한 성품에 넓은 아량과 풍도가 있었다. 젊어서는 이덕형과 나란히 이름을 날렸으며 문학으로 함께 진출해 현달했다."

우유부단하면 아무것도 변화되지 않는다

왜란은 조선 개국 이래 최대의 위기였다. 선조는 왜란이 끝나고 스스로 의복과 음식을 검소하게 하고, 농토 개간을 적극적으로 권장해 전란 중에 공을 세운 모든 사람을 신분에 상관없이 공신록에 기록하는 등 민생 안정과 민심 수습을 위해 애썼다. 선조의 이러한 노력은 거듭하는 흉년 때문에 별다른 실효를 거두지 못했다. 그는 전란의 뒷수습을 마무리하지 못한 채 재위 41년 만인 1608년에 59세를 일기로 세상을 떠났다.

그는 명군의 자질을 지니고 있었음에도 결정적인 순간에 우유부단한 모습을 보임으로써 왜란을 가져왔다는 지적을 받았다. 시류를 좇아 성군이 되고자 한 것을 탓할 수는 없으나 안팎의 상황을 자세히 검토하지 못한 것은 매우 안타까운 일이다. 선조는 안이하게도 붕당 간의 갈등을 이용해 왕권을 유지하려 했다. 그러기 위해서는 먼저 율곡이 '10만 양병설'을 제의했을 때 강력하게 부국강병책을 펼치며 왕권 강화를 꾀하는 것이 옳았다.

왜란이 끝나고 나서도 왜란의 책임을 엄중히 물어 왕권을 강화할 기회가 있었다. 그러나 그는 이 기회마저 흘려보냈다. 그 결과는 붕당정치로 인한 국가의 쇠망이었다. 붕당정치는 무오사화 이후 70여 년 동안 지속한 훈척勳戚(공을 세운 신하와 임금의 친인척)과 사림 세력 사이의 대립을 지우는 긍정적 결과를 가져오기도 했다. 그러나 이론 투쟁을 앞세운 붕당정치의 폐해는 국가 입장에서 극히 치명적이었다.

선조 이후에 벌어진 고질적인 당쟁은 겉으로는 성리학 이론의 해석을 둘러싼 이론 투쟁을 내세웠으나 깊이 살펴보면 수단과 방법을 가리지 않은 권력 투쟁이었다. 이로 말미암아 왕권은 사림 세력의 눈치를 보는 종속변수로 변질하고 말았다. 신권 우위의 성리학 이론 해석을 둘러싼 당쟁이 격화될수록, 붕당이 많아질수록 왕권은 더욱 미약해졌다.

사림 세력이 동서로 갈라설 때 기호 지방(경기도 및 황해도 남부와 충청남도 북부 지방을 통틀어 이르는 말) 사대부를 주축으로 한 율곡학맥의 서인은 자신을 다스리는 수기修己보다 권력을 얻는 치인治人을 중시했다. 이들이 제도 개혁을 통한 안국안민安國安民에 초점을 맞춘 것은 이 때문이었다. 이에 반해 영남지역을 비롯한 지방 유생들이 주축을 이룬 퇴계학맥의 동인은 수기에 중심을 두었다. 이들은 군왕을 비롯한 위정자의 도덕성 제고와 자기 절제를 통해 나라와 백성을 가지런히 하는 제국제민齊國齊民에 커다란 관심을 기울였다.

사후약방문보다 사전 예방을 택하라

퇴계와 율곡의 학풍 차이에 따른 동인과 서인의 갈등은 시간이 지나면서 점차 격화되었다. 모든 것은 명분과 의리를 중시한 사림 세력이 신권 세력의 주축이 되면서 통치 권력을 장악한 데 따른 필연적인 부작용으로 볼 수밖에 없다. 이는 끝내 조선을 '군약신강'의 나라로 만들어 급기야 망국으로 이끄는 화근으로 작용했다. 조선의 사림 세력은 당리당략에 얽매여 국가가 어려운 상황에서도 의견을 하나로 모으지 못했다. 난세만큼 붕당의 폐해가 극명하게 드러나는 경우는 없다. 당시 일본이 조선에 대해 명나라를 정벌하기 위한 길을 내달라고 공공연하게 알렸음에도 조선의 군신 모두 이를 무시한 게 그 증거다.

역사상 가장 큰 어려움을 극복하는 과정에서 유성룡과 이항복은 공을 세운 인물이다. 이순신과 같은 명장을 과감히 발탁하고 대명 군사외교를 무난히 처리했다. 그러나 두 사람 모두 당파적 한계를 벗어나지 못했다. 왜란에 대한 철저한 반성을 잃어버린 조선의 군신은 이후 호란을 맞이하면서 더욱 자폐적인 모습을 보였다. 극단적인 명분론에 입각한 조선 성리학과 이에 기초한 붕당정치에서 비롯된 필연적인 결과가 아닐 수 없다.

따라서 유성룡을 패망 위기에 처한 나라를 구한 조선 최고의 재상으로 평가하고 선조를 암군으로 몰아가는 것은 옳지 않다. 다만 왜란의 궁극적인 책임은 사림 세력의 이기理氣 논쟁에 편승해 붕당을 적극적으로 허용하고 나선 선조의 몫이다. 선조는 즉위하자마자 정통성을 확보하려 잔여 훈척 세력을 모두 몰아내고 사림의 명사를 대거 중용했다. 그는 모든 공론이 사림 세력에 의해 좌우되는 시류에 적극적으로 편승한 것이다. 사림의 시대가 열린 배경이다. 그 상징이 바로 붕당정치였다. 나라가 안팎으로 어려운 상황에서 붕당정치는 치명적이었다.

그러나 모든 책임을 선조에게 떠넘길 수는 없다. 헛된 일에 파묻혀 나라를 위기상황으로 몰아간 유성룡도 같은 책임을 떠안아야 한다. 왜란이 발발하기 전까지 선조와 유성룡이 보여준 잘못된 리더십에 강도 높은 비판을 가하는 이유가 여기에 있다.

물론 이들이 왜란 발발 후 국가를 위해 노력한 점은 액면 그대로 평가할 필요가 있다. 선조가 왜군을 격퇴하려 모든 수단을 연구하고 왜란이 끝난 이후에도 민생 안정을 위해 근검절약에 힘쓴 것은 긍정적으로 평가받을 만한 행동이다. 유성룡이 왜란의 와중에 불철주야하며 왜군을 격퇴하는 데 온갖 노력을 기울인 것도 좋게 평가받아야 한다. 하지만 '사후약방문'을 '사전 예방'보다 높이 평가할 수는 없다. 결국 두 사람 모두 전대미문의 병란을 가져온 책임만큼은 엄중하게 물어야 할 것이다.

박지성은 세계 최고의 명문 구단 맨체스터 유나이티드에서 뛰었다. 맨유의 1인자는 알렉스 퍼거슨 감독이었다. 그라운드에서의 1인자는 웨인 루니였다. 박지성은 1인자를 돕거나 1인자의 지시를 받는 2인자의 자리에서 뛰었다. 그러나 박지성은 구단에서 경이로울 정도로 열심히 그 역할을 했고 성공했다.

컨설팅회사인 올리버와이먼의 정호석 서울지사장은 박지성에 대해 "평소에는 드러나지 않지만 어느날 문득 공헌이 느껴지는 감동"이라고 표현했다.

이것이야말로 2인자가 갖출 수 있는 최고의 무기다.

인조
·
우유부단한
1인자

S

현실적인
2인자
·
최명길

1인자에게는 2인자의 역량이 대단히 중요하다. 1인자의 꿈을 이루는 데 절대적이다. 2인자는 어떤 상황에서라도 1인자를 보좌할 수 있어야 하고 당당하게 노No라고 말할 수 있어야 한다. 예스맨 Yesman은 치명적이다. 2인자는 부단히 노력해서 가장 객관적인 직언을 할 수 있어야 한다.

제8장 인조와 최명길

"모든 것이 내 책임이다.
국왕과 다른 신료들은 전혀 모르는 일이다."

— 최명길

현재를 직시하고 관계를 파악하라

광해군은 연산군과 함께 조선왕조를 대표하는 폭군으로 알려졌다. 그러나 그는 국왕으로 재위한 15년 동안 명나라와 청나라 사이에서 탁월한 중립외교로 나라를 보전한 인물이다. 그가 즉위할 당시 붕당정치는 더욱 심화되고 있었다. 실권을 장악한 북인 세력은 정적의 처리를 두고 소북과 대북에 이어 중북으로까지 분화되는 분열의 조짐을 보였다. 집권 세력인 대북 세력은 서인과 남인은 물론 한 뿌리에서 나온 소북과 중북까지 밀어내고 권력을 장악함으로써 고립을 자초했다.

여기서 인조반정이 시작됐다. 이는 광해군의 '실리 외교'가 얼마나 중요한 것인지를 뒷받침한다.

조카에게 폐위된 광해군의 대외 정책은 명나라의 무리한 군사 지원 요구를 절묘하게 피하면서 왕권을 다지고 황폐해진 나라의 형편을 개선하려는 것이었다. 즉 반정을 주도한 인물의 주장과 달리 그는 명나라에 대한 신의를 저버리지 않았다. 그럼에도 반정 당사자들은 그를 친명사대의 의리를 저버리고 패륜을 저지른 폭군으로 몰아갔다. '반란'을 '반정'으로 합리화하기 위한 역사 왜곡이었다. 그들이 내세운 것은 명분과 절의였다. 광해군이 후금(청나라)과 암합해 왜란 때 조선을 구해준 명나라에 대한 사대의 명분과 절의를 잃고, 영창대군과 임해군 등 형제를 죽여 어머니인 인목대비를 유폐하는 패륜을 저질렀다는 것이다. 하지만 모든 것은 왜란에 상처 입은 민생을 진작시키기 위해 전란의 소용돌이에 휘말리지 않으려는 광해군의 줄타기 외교였다.

인조의 리더십에 대한 학계의 평가가 비판 일색인 것도 실록과 같은 기록을 통한 정확한 사실 파악에서 비롯된 것이다. 그런 점에서 재위 기간 중 최대 위기인 정묘호란과 병자호란을 자초한 인조는 난세의 1인자 리더십을 연구하기에 좋은 반면교사다. 척화斥和와 주화主和를 두고 입장이 갈린 조선은 매우 복잡한 상황이었다. 대부분이 척화의 입장을 취했는데 대표적인 인물이 김상헌이었다. 그러나 이에 반대해 조선의 사직을 살린 주화파 최명길 덕분에 조선은 명맥을 유지할 수 있었다. 두 사람이 보여준 2인자 리더십은 인조의 1인자 리더십과 연결해 그 의미를 파악할 수 있다.

우선 인조반정이 일어난 배경부터 살펴보자. 선조가 재위 41년에 57세의 나이로 갑자기 운명하자 광해군이 우여곡절 끝에 보위에 올랐다. 그러나 그는 즉위한 뒤에도 안팎의 여러 사건으로 인해 곤경에 처했다. 광해군 5년에는 영창대군의 외조부인 김제남의 역모 사건이 터졌다. 5년 뒤에는 대북파가 폐모를 주장하고 나섰다. 소북 세력을 포함한 남인 세력과 이항복을 중심으로 한 서인 세력이 강력하게 반발했다.

이 와중에 만주에서는 누르하치가 이끄는 여진족이 날로 세력을 확장했다. 이들이 조선을 위협하기 시작한 것은 선조 40년인 1607년 무렵이었다. 광해군은 즉위하자마자 이들의 동태에 촉각을 곤두세웠다. 왜란 때 병조판서를 지낸 서인의 거두 이항복을 서북면도체찰사에 임명한 것은 이 때문이었다. 이를 계기로 서인에 속한 무인들이 서북변계의 무장으로 많이 발탁되었다. 이것이 훗날 인조반정의 불씨가 되었다.

광해군은 줄타기 외교를 통해 중원의 소용돌이에 빠져들지 않기 위해 안간힘을 썼으나 한계에 부딪혔다. 광해군 11년에 벌어진 '사르후 전투'에서 명의 강압에 의해 출정했던

사르후 전투

1618년 후금을 건국한 누르하치는 동아시아로 세력을 확장하면서 명나라와 전쟁을 선포했다. 이듬해인 1619년 후금군이 진격해오자 명나라는 조선에 원군을 요청했다. 광해군은 강홍립에게 군사 13,000명을 주어 참전하게 했다. 그러나 명나라의 군사는 대패했고 조선군 역시 패퇴해 강홍립은 남은 군사 5,000명을 데리고 투항하고 말았다. 이후 군사들은 돌아왔지만 강홍립은 계속 억류되어 있었다.

이후 조선에서는 인조반정이 있었다. 반정주도세력인 서인은 후금에 적대적이었다. 이는 결국 정묘, 병자호란의 불씨를 만들었다.

조선군사 13,000명이 후금군의 습격을 받고 대패한 것이다. 곧 강홍립이 남은 병력을 이끌고 투항했다. 3년 뒤 광녕 일대마저 후금에 넘어가자 조선과 명의 육로가 끊겼다. 명은 조선이 후금과 합세해 후방의 병참기지로 변할 것을 크게 우려했다.

광해군은 명의 의심을 풀어주기 위해 이정구를 변무사辨誣使로 파견하는 동시에 사르후 전투에서 분사한 선천부사 김응하를 현창하는 사업을 크게 벌렸다. 이때 명나라 장수 모문룡이 새로운 골칫거리로 등장했다. 그는 평안도 일대를 오가며 요동에서 탈출해 조선으로 들어온 중국인들을 불러 모은 뒤 압록강 일대에서 후금군과 끊임없이 충돌하는 등 사단을 일으켰다. 간신히 그를 설득해 철산 앞바다의 가도로 들어가게 했으나 모문룡은 인조반정 이후에도 큰 두통거리로 남아 호란을 촉발하는 배경이 되었다.

이런 상황에서 정권에서 밀려난 서인 세력들이 광해군의 감시를 받는 능양군(인조)과 합세해 반정을 일으켰다. 능양군은 선조와 인빈 김 씨 사이에서 태어난 정원군의 장남이었다. 그는 광해군의 견제로 자신의 동생들이 죽어나가자 이내 권력에서 소외된 서인 세력과 연합해 반란을 꾸몄다. 율곡과 성혼, 이항복, 김장생 등의 문인들로 대부분 이항복에 의해 발탁된 자들이었다.

이들은 도중에 기밀이 누설돼 무산될 위기에 놓이기도 했으나 예정대로 거사를 단행했다. 어두운 저녁 도성의 북쪽 문인 창의문을 통해 궁궐

『만주실록』〈강공립솔병귀항도〉

뒤쪽으로 진입한 뒤 훈련대장의 협조 아래 간단히 궁궐을 점령했다. 이어 인목대비의 허락을 얻어 능양군이 보위에 올랐다. 광해군은 의관 안국신의 집에 피신하였다가 잡혀 폐서인이 되고 강화도로 유배되었다. 대북파의 거두인 이이첨과 정인홍은 모두 참수되었다.

상대가 강하면 실리를 구하라

능양군은 보위에 오른 뒤 이귀와 김류를 일등공신에 올렸다. 그는 명분 없는 반정을 합리화하기 위해서는 남인의 지지가 필요하다고 판단, 남인인 이원익에게 영의정을 맡겼다. 그러나 나머지 요직은 모두 서인이 차지했다. 김류가 병조판서를, 이귀가 이조참판을, 이서가 호조판서를 장악했다. 300년 가까운 시간 동안 조선을 호령한 서인 정권이 시작된 것이다.

반정 세력은 반정의 명분을 살리기 위해 친명親明을 내걸었다. 하지만 이들이 후금을 멀리하는 배금排金을 한결같이 추진한 것은 아니었다. 일정한 거리를 유지한 채 교섭을 계속하는 광해군 시기의 후금 대책이 그대로 유지되었다.

그럼에도 인조가 보위에 오른 지 5년 만에 정묘호란이 일어났다. 여기에는 여러 요인이 복합적으로 작용했다. 국내에서는 '이괄의 난'이 벌어졌다. 이는 반정군의 총사령관에 해당하는 김류가 거사 직전 정보가 누설되었다는 소식을 듣고 놀라 약속된 장소에 나타나지 않은 데서 시작했다.

그는 집에 머문 채 사태의 추이를 살폈다. 이때 결단력 있는 이괄이 임기응변으로 대장을 맡아 군사를 움직이자 김류가 황급히 합류했다. 이괄이 없었다면 거사에 가담한 자들 모두 역도로 몰려 일망타진될 상황이었다.

이괄은 논공행상에서 정사공신 2등에 녹훈돼 한성부윤에 임명되었다. 당시 이괄은 내심 1등에 녹훈될 것으로 생각했다. 그러나 2등에 녹훈되었고 커다란 불만을 품고 반역을 꾀했다. 이를 눈치 챈 좌찬성 이귀가 그를 압송할 것을 요구했으나 인조는 이를 믿으려 하지 않았다.

"이괄은 충성스런 인물인데 어찌 반심을 품었겠는가. 경은 무엇으로 그가 반드시 반역하리라는 것을 아는가."

"그가 반역을 모의했는지는 확실히 알 수 없으나 그의 아들 이전이 반역을 꾀한 것만은 잘 알고 있습니다. 어찌 그 아비가 이를 모를 리 있겠습니까?"

인조가 반박했다.

"만일 사람들이 경의 반역을 고발하면 내가 믿겠는가. 이괄의 일이 어찌 이와 다르겠는가."

대간들도 이귀를 좇아 이괄을 압송할 것을 청했으나 받아들여지지 않았다. 그것은 이귀가 이괄을 제거하기 위해 배후에서 반역행위에 대한 고발을 사주했을 가능성을 보여주는 것이다. 인조는 이귀가 거듭 청하자 절충안을 취해 금부도사에게 이괄의 아들 이전을 잡아들이도록 명했다. 이 사실을 안 이괄이 크게 화를 냈다. 그는 마침내 자신과 함께 역모를 꾀한 혐의를 받고 있던 순변사 한명련과 함께 아들을 압송하러 온 금부도사 등을 죽이고 반란을 일으켰다.

반란군 1만여 명이 임진강 나루터에서 관군을 격파하고 파죽지세로 돌진하자 인조는 황망히 공주로 피했다. 이들은 19일 만에 도성을 점령했다. 선조의 아들 흥안군이 새로운 군주로 옹립됐다. 그러나 이들이 경성에 입성하자 장만이 이끄는 관군이 전열을 정비해 진격해왔다. 관군과의 전투에서 대패한 이괄과 한명련은 이천으로 도주했고 그곳에서 부하장수에게 살해되었다. 3일 천하였다. 이때 이괄의 일부 휘하 장졸이 후금으로 도주해 누르하치에게 인조의 '친명배금' 정책을 고발하며 토벌을 청했다. 정묘호란의 불씨가 타오른 것이다.

그러나 보다 큰 이유는 명과의 전쟁으로 무역이 중단된 후금이 생필품 조달에 커다란 어려움을 겪었던 것이었다. 당시 조선은 명나라 장수 모문룡에게 1년 재정의 3분의 1에 달하는 막대한 양의 곡식을 보냈다. 후금에 대한 명백한 도발이었다. 그럼에도 인조와 공신 세력은 모문룡에 대한 지원이 어떤 파장을 일으킬지 헤아리지 못했다. 누르하치에 이어 보위에 오른 홍타이지는 조선을 확실히 제압하고 중원으로 진공하려 했다.

마침내 홍타이지는 누르하치의 장례가 끝난 인조 5년에 휘하장수 아민에게 3만 명의 군사를 이끌고 가 조선을 칠 것을 명령했다. 아민의 군사는 의주성을 함락하고 여세를 몰아 순식간에 평양을 지나 황주까지 밀고 들어왔다. 인조는 이괄의 난으로 공주로 피난한 지 3년 만에 또 다시 피난길에 올랐다.

　당시 김상헌은 명나라에 사자로 가 있었다. 전란 소식을 접한 그는 곧 명나라 조정에 지원군을 요청했다. 명은 원숭환을 시켜 모문룡과 더불어 조선을 돕게 했다. 당시 평산까지 파죽지세로 밀고 내려온 아민의 후금군은 홍수로 인해 임진강을 건널 엄두를 못 냈다. 척화파는 삼남의 군사를 결집해 명과 대응하면 후금군을 물리칠 수 있을 것으로 생각했다. 아민도 이를 우려했다. 후금군이 더 이상 진격하지 않은 채 평산에 머물며 강화도로 사자를 보내 강화를 먼저 청한 배경이 여기에 있다.

　후금군이 머무는 평산은 강화도에서 불과 4km 정도 떨어져 있었다. 강화도를 지킬 군사와 식량이 턱없이 부족한 형편임에도 이들은 허울 좋은 명분론에 목을 매고 있었다. 후금군이 제시한 조건은 크게 세 가지였다. 모문룡이 소란을 일으키는 압록강 이남의 변경을 떼어주고, 모문룡을 압송하며 군사 1만 명을 지원하는 것이었다. 이를 두고 강화도 행궁에서는 갑론을박이 벌어졌다. 명분을 중시하는 김상헌의 척화파가 반대의 목소리를 높이자 현실을 중시하는 주화파는 속내를 드러내지 못했다. 이때 최명길이 강화를 역설하고 나섰다. 이귀가 이를 지지하자 이내 강화 협상이 시작되었다. 척화파의 비난은 최명길에게 집중되었다.

　"최명길은 화의를 자기의 책임으로 삼아 교활한 오랑캐를 믿을 만하다고 말하고 하찮은 무리를 친히 접견했습니다. 속히 그를 내쫓아 들끓는 여론을 진정시켜야 합니다."

그러나 최명길은 온갖 욕설을 무릅쓰고 평화협정을 성사시켰다. 명의 연호를 사용하지 않고 해마다 목면 1만 5,000필을 바치는 선에서 타결됐다. 이른바 형제지맹兄弟之盟이었다. 후금에 보내는 공물이 결코 적은 양은 아니었으나 명나라 환관들이 요구하는 천문학적인 비용에 비하면 대단한 것도 아니었다. 청군이 물러나자 인조도 한 달 뒤 환도했다. 온갖 비난과 수모를 무릅쓰고 나라와 주군을 위기에서 구한 최명길의 리더십이 빛나는 현장이었다.

형제지맹을 맺은 후금은 자신들이 가장 바라는 식량 조달이 원활히 이뤄질 것을 기대했다. 그러나 양국의 교역은 기대에 못 미쳤다. 이로 인해 인조 9년에 또 다시 긴장이 조성됐다. 이듬해에 요동 일대를 공략한 후금은 조선에 대한 압박의 수위를 높였다. 인조 12년에 들어와 전쟁에 쓸 배를 제공하거나 공물의 양을 늘리라는 국서가 전달됐다. 최명길은 이를 받아들일 것을 주장했으나 받아들여지지 않았다.

조정 안팎에서 척화를 주장하는 목소리가 높게 인 결과였다. 인조는 사자로 온 용골대와 마부대의 접견 요구조차 거절하고 국서도 받지 않았다. 성균관 유생들은 후금의 사신을 참수하고 국서를 불태우라는 상소를 올렸다. 척화파들의 주장도 갈수록 강경해졌다.

인조는 이내 후금과의 결전을 굳히고 이를 알리는 선전문을 각지에 내려 보냈다. '친명사대親明事大'의 대의를 지키기 위해 후금과 절교한다는 내용이었다. 인조는 후금이 다시 침략하면 강화도로 피신할 생각을 했으나, 이 또한 후금이 수군을 확보한 상황에서 결코 안전한 전략은 아니었다.

척화파와 주화파의 대립

홍타이지는 인조 14년에 국호를 '청'으로 고친 뒤 스스로 황제를 선포하면서 조선에 대해 신하의 예의를 요구했다. 얼마 후 이를 알리는 청의 사신이 왔다. 척화파가 크게 반발했다. 최명길은 명분에 집착해 척화로 나아가면 나라가 위태로우리라 판단했다. 이에 이귀와 함께 외교 교섭을 통한 해결을 주장했다. 그러나 김상헌을 비롯한 대다수 신료들은 반대로 '숭명사대'를 내세워 강력한 척화론을 전개했다.

일촉즉발로 치닫는 상황에서 인조는 최고통치권자로서 사안의 심각성을 고려해 과감히 결단을 내려야 했다. 그러나 안이하게도 그는 대세에 편승하는 쪽을 택했다. 우유부단한 1인자의 처세가 난세에 어떤 결과를 초래했는지는 이후의 사건 전개과정을 보면 쉽게 알 수 있다. 척화론의 선봉에 섰던 김상헌은 왜란이 한창 진행 중이던 선조 29년에 문과에 급제해 요직을 두루 거친 인물이다. 그는 친형 김상용과 함께 척화파의 선봉에 서 있었다.

청태종의 판단으로는 중원으로 진공하기 전에 먼저 후고지우後顧之憂(뒤를 습격당할 염려)를 제거할 필요가 있었다. 그는 인조 14년에 왕자와 척화론

| 남한산성

1인자의 인문학

자 대신을 볼모로 보내 사죄하지 않으면 대군을 보내겠다는 국서를 전달했다. 병으로 집에 누워 있던 최명길은 즉시 인조에게 우선 청나라의 주장을 들어줘 나라를 구한 뒤 힘을 길러야 한다는 병자봉사丙子封事를 올렸다. 적극적으로 대책을 마련하지 못하면 병란이 일어날 수밖에 없다는 정밀한 분석이 뒷받침된 주장이었다. 그 내용이 알려지자 척화파들이 그를 맹렬히 공격하고 나섰다.

청태종은 이제 말로는 조선에게 주의를 줄 수 없게 되었다는 사실을 깨달았다. 압록강의 물이 얼기만을 기다리던 그는 겨울이 되자 만주군 7만 명과 몽골군 3만 명 등 12만 명의 군사를 이끌고 심양을 출발했다. 당시 조선은 척화의 주장만 가졌을 뿐 이에 대한 대책은 전혀 마련되어 있지 않았다. 군사도 육성하지 않았고, 양곡도 비축하지 않았다. 정묘호란 이후 10년이 지나도록 입으로만 척화를 외친 것이다.

조선의 조정이 믿은 것은 의주부윤 임경업이었다. 그러나 청군의 침공을 예상해 황해도 병사 2만 명을 자신에게 붙여달라는 그의 요구를 허락하지 않았다. 전쟁이 터진다는 소문이 돌자 백성들이 피난을 떠나고 군사들이 탈영했다. 그는 남아 있는 사람 800명을 이끌고 백마산성으로 들어갔다. 산세가 험해 기습전을 펴기에 좋았다. 그는 허수아비를 만들어놓고 적이 오기를 기다렸다.

그러나 청군은 백마산성 함락 문제로 시간을 허비할 여유가 없었다. 곧바로 백마산성을 우회해 파죽지세로 남하했다. 당황한 임경업은 병마사 유림에게 군사 1만 명을 붙여주면 심양을 급습해 청군의 철수를 이끌어 내겠다고 주장했다. 취지는 좋았으나 비현실적인 건의였다. 조정의 허락이 있어야 하는 상황에서 유림이 이를 들어줄 리 없었다. 임경업을 포함한 조선의 대응이 얼마나 허술했는지를 보여준다.

청군의 남진을 알리는 임경업의 장계가 조정에 도착한 것은 12월 13일이었다. 그제야 강화도와 경성의 수비부대를 편성했다. 청나라 군사는 이미 개성을 돌파하고 있었다. 다음 날 오전에 개성을 지났다는 소식이 올라왔다. 머뭇거릴 여유가 없었다. 그날 저녁 인조가 대신들과 함께 강화도로 가기 위해 남대문을 나설 즈음 급보가 도착했다.

"적군이 이미 고양을 지나 홍제원까지 이르렀고, 마부대가 강화로 가는 길목인 양천으로 군사를 보냈습니다."

인조 일행은 망연자실했다. 이들은 급히 남대문 누각 위로 올라가 대책을 숙의했다. 조선 역사를 통틀어 군신이 남대문 누각 위에 올라가 국가 대사를 논의한 것은 찾아볼 수 없는 사건이었다. 『인조실록』에 따르면 그곳에서 최명길이 다음과 같이 건의했다고 한다.

"신이 적장을 만나보고 거병한 까닭을 문의하며 저들의 입경을 늦춰보겠습니다. 그 사이에 수구문을 통해 속히 남한산성으로 들어가기를 바랍니다."

최명길은 동중추부사 이경직을 부사로 삼아 적진으로 향했다. 인조가 붙여준 금군 20명 중 대부분이 도주해 이경직과 비장 한 사람만이 최명길을 좇았다. 최명길이 간단한 술상을 마련해 홍제원으로 가 마부대를 만났다. 마부대는 인조를 만나게 해달라고 요구했다. 최명길은 인조가 이미 남한산성으로 들어가 당장은 만나 볼 도리가 없다고 둘러댔다. 이 사이 인조 일행은 도성 밖으로 빠져나가 송파나루를 건너 남한산성으로 들어갔다.

도성의 백성들은 군신이 떼를 지어 수구문 밖으로 빠져나가는 모습을 보고 놀라 피난길에 올랐다. 혼란의 와중에 세자의 마부도 어디론가 도주했다. 극심히 혼잡한 상황에서 부부와 형제가 흩어지자 백성들의 통곡소리가 하늘을 뒤흔들었다.

명분이냐 실리냐

자정이 가까워질 무렵 인조 일행이 간신히 남한산성에 도착했다. 그곳에는 병력 1만 3,000명과 양곡 1만 4,000석만이 있었다. 피난 온 사람들이 40일가량 버틸 수 있는 양이었다. 적의 포위로 곧 산성 안에 갇힐 것을 우려한 김류는 계속해서 강화도로 옮길 것을 권했다.

다음날 새벽까지 성안이 시끄럽도록 갑론을박이 이어졌다. 결국 강화도행이 결정되었다. 그러나 새벽에 산성을 출발하는 그들에게 불평이라도 하듯 눈보라가 심하게 몰아치기 시작했다. 산길이 얼어붙어 빙판이 된 까닭에 말이 발을 내딛지 못했다. 할 수 없이 인조가 말에서 내려 걸었다.

그러나 이런 식으로는 강화도에 도착할 가능성이 없었다. 일행은 이내 포기하고 산성으로 돌아왔다. 이때 적진으로 향했던 최명길이 돌아와 상황을 보고했다.

"그들의 말과 기색을 살펴보니 강화를 정하는 것 외에는 다른 마음이 없는 듯합니다."

인조가 핀잔을 주었다.

"경은 필시 속은 것이오. 어찌 그것 때문에 이렇게까지 했겠소."

김류가 다시 제안했다.

"사세가 매우 급하니 신료들은 모두 놓아둔 채 대장 십여 명만 이끌고 강화도로 달려가는 것이 어떻겠습니까?"

인조가 탄식했다.

"나 혼자 살아난들 무슨 의미가 있겠소."

"그렇다면 세자라도 강화도로 보내는 게 어떻겠습니까?"

소현세자가 울음을 터뜨렸다. 얼마 후 청군의 사자가 와 임금의 아우와 재상을 인질로 보낼 것을 요구했다. 논의 끝에 종친 한 사람을 인조의 아우로, 형조판서 심집을 정승으로 가장해 보내기로 했다. 이튿날 이들이 청군 진영에 도착하자마자 심문이 진행됐다.

"조선은 지난 정묘년에도 가짜 왕자로 우리를 속였다. 이 사람은 진짜 왕제인가?"

놀란 심집이 대답하지 못했다.

"그대는 진짜 정승인가?"

심집이 또 대답하지 못했다.

통역사 박난영에게 사실 여부를 묻자 그가 정색하며 대답했다.

"진짜 왕제이고, 진짜 대신입니다."

화가 난 청군 장수가 박난영을 베어버렸다. 곧이어 더 큰 요구가 전달
됐다.

"세자를 인질로 보내야만 강화를 의논할 수 있다."

남한산성이 다시 시끄러워졌다. 이때 예조판서로 있던 김상헌이 오랑
캐와의 강화는 있을 수 없다고 극언했다. 인조는 아무 대답도 하지 않았
다. 이틀 뒤 인조가 마침내 행궁의 남문에서 결사항전의 취지를 밝히고자
했다. 이때 심광수가 땅에 엎드려 한 사람의 목을 베 달라고 요청했다. 인
조가 물었다.

"그 한 사람이 누구를 가리키는가."

"최명길입니다."

최명길이 이 말을 듣고 곧바로 자리를 피했다. 인조가 말했다.

"너의 뜻은 내가 이미 알고 있다."

어느새 최명길은 척화파가 지목하는 첫 번째 제거대상이 되어 있었다.
인조가 말을 이었다.

"정묘년 때는 임시방편으로 강화를 허락했으나 이번에는 오랑캐가 스스로 황제라 칭하므로 내가 천하의 대의를 위해 그들의 사자를 단호히 배척한 것이다. 화의는 이미 끊어졌으니 다만 싸움만이 있을 뿐이다. 우리가 합심해 떨쳐 일어나면 깊이 들어온 오랑캐의 고립군이 아무리 강해도 쉽게 약화할 것이다."

다음날 남쪽 성벽으로 육박했던 청군이 조선군의 화포 공격에 물러가자 인조의 호언은 그럴 듯하게 들렸다. 인조 일행은 더욱 헛된 기대를 키웠다. 그들은 명나라가 조만간 원군을 보내 주거나 여의치 않으면 청의 배후를 쳐서라도 조선을 도와줄 것이라는 희망을 버리지 않았다. 그 덕에 척화파는 궁지에 몰렸음에도 계속해서 목소리를 높였다. 이는 몽상에 지나지 않았다.

최명길만이 모든 상황을 통찰했다. 그는 계속해서 강화만이 사직을 보존하고 백성을 전쟁의 구렁텅이에서 구할 수 있다고 인조를 설득했다. 장유, 홍서봉, 이성구가 동조했다. 이들은 나아가 세자를 보내고 청태종을 황제로 인정하자고 주청했다. 그러나 인조가 단호히 거절했다.

"나는 결코 허리를 굽혀 스스로를 신하라 칭할 수는 없소."

이 소식을 접한 김상헌이 슬픔에 북받쳐 외쳤다.

"분수에 넘친 건의를 한 자들의 목을 베어야 한다."

최명길을 겨냥한 발언이었다. 김상헌은 최명길을 볼 때마다 마치 벌레라도 보듯 꾸짖었다.

| 삼전도비

"오직 죽기를 각오하고 싸워야 하오. 어떻게 짐승 같은 오랑캐에게 무릎을 꿇고 수치를 당할 수 있겠소."

그의 이런 주장은 바꿔 생각하면, 한 번 오랑캐는 영원한 오랑캐로 남아 있어야만 한다는 근거 없는 논리 위에 서 있는 것이었다. 척화파를 대표하는 김상헌의 무책임한 모습에 화가 난 최명길이 대꾸했다.

"이미 대항할 힘이 없는데 화친을 하지 말자는 것은 멸망을 재촉하는 것밖에 안 되오. 나는 나라와 백성을 위해 감히 강화를 성사시키려 하오."

척화파는 최명길을 역적으로 다스려야 한다고 주장했다. 연일 상소가 빗발쳤다. 전부 '최명길의 목을 베고 김상헌을 재상으로 삼아야 한다'는 내용이었다. 그래야만 군사들도 힘을 내어 싸울 것이라는 게 이들의 주장이었다. 그럼에도 최명길은 아랑곳하지 않고 묵묵히 자신이 떠맡은 강화 사절의 임무를 차질 없이 진행했다.

다른 생각도 모두 필요하다

척화파가 그토록 기대하는 명에서는 아무 소식도 없었다. 각지에서 올라온 근왕병도 청군에 패하거나 저지되어 아무런 도움도 주지 못했다. 청군은 사신을 통해 거듭 항복을 요구하는 서신을 보냈다. 산성에서 답장 여부를 놓고 다투는 사이 함께 따라온 백성들이 수없이 죽어나갔다. 도주하는 군사들도 점점 늘어났다. 상황은 급박하게 악화됐다. 인조는 덮을 이불이 없어 동상에 걸릴 지경이었다. 장병 중에서도 동사하는 자가 속출했다. 더는 지체할 겨를이 없었다. 장령들이 모두 주화파를 지지하자 인조가 마침내 결단을 내렸다.

"항복문서를 기록하도록 하시오."

최명길이 홍서봉, 장유와 함께 초안을 작성했다. 그러자 아무 대책도 없는 김상헌이 항복문서 작성을 저지하고 나섰다. 문서를 열람한 인조가 최명길에게 옳지 못한 표현이 있는지를 감정하라고 명령했다. 마침내 최명길이 국서를 가지고 관아로 돌아가 수정하자 김상헌이 이를 보고는 찢으며 대성통곡했다. 분노에 찬 그가 최명길을 힐책했다.

"어찌 오랑캐에게 '신'을 칭할 수 있단 말이오."

최명길이 대꾸했다.

"대감은 의사義士임에 틀림없소. 찢는 사람이 없어도 안 되고, 붙이는 사람이 없어서도 안 되오. 나는 종사를 보존하기 위해서 다시 붙여야만 되겠소."

그는 자신이 쓴 항서를 찢는 김상헌을 두둔하며 결코 독단에 빠지지 않았다. 다음날 이조참판 정온이 상소를 올려 최명길을 매국노라 비난하며 엄하게 다스릴 것을 요구했다.

이때 봉림대군 일행이 머무는 강화성이 함락되었으나 인조 일행은 이를 전혀 모르고 있었다. 『인조실록』에 따르면, 당시 청태종의 동생인 예친왕은 선발대를 여러 척의 배에 태워 방비가 허술한 곳으로 침투시켰다고 한다. 청군이 홍이포를 발사하자 조선군이 혼란에 휩싸였다. 이 틈에 청군이 일제히 상륙했고 조선의 장수들이 사방으로 도주하기 시작했다. 성을 포위한 예친왕이 사람을 보내 항복을 요구했다.

"성을 함락시키기는 쉽지만 진공하지 않는 것은 황제의 명령 때문이다. 황제가 이미 강화를 허락하였으니 급히 관원을 보내 이를 듣도록 하라."

이로써 봉림대군을 비롯한 조선의 군신들이 모두 뭍으로 나왔다. 김상헌의 친형인 전 우의정 김상용은 성의 남문 누각 위로 올라가 화약을 장치하고 불 속에 뛰어들었다. 그의 손자를 포함한 여러 사람이 함께 불길에 뛰어들어 자결했다. 수많은 유생과 부녀들 역시 스스로 목숨을 끊었다.

그럼에도 강화도 함락 사실을 모르고 있던 김상헌은 척화론을 굽히지 않았다. 그러나 대세는 이미 기울어졌다. 대신들이 주화론에 동조하자 인조가 말했다.

"세자가 자진해 나가려고 하니 오늘 사람을 보내 이를 전하도록 하라."

최명길이 홍서봉과 함께 청군 진영으로 가 세자가 나온다는 뜻을 알리자 용골대가 이를 거부했다. 그는 강화도 함락 사실을 전하면서 인조가 직접 나오지 않는 한 강화를 들어줄 수 없다는 뜻을 밝혔다. 나흘 전에 이미 강화도가 함락되었다는 사실을 까마득히 모르고 있던 최명길은 이 소식을 전해 듣고 몹시 놀랐다. 소식을 들은 인조가 마침내 출성할 준비를 서둘렀다. 김상헌과 함께 척화론을 주장했던 이조참판 정온이 절명시를 남기고 자결을 시도했으나 목숨은 건졌다.

밖에는 근왕의 군사 끊겼고
안에는 매국흉이 많다네
늙은 신하 무엇을 일삼으랴
허리에 서릿발 칼을 찼다네

누가 끝까지 리더와 함께할 것인지 통찰하라

정온이 말한 '매국흉賣國兇'은 최명길을 지칭한 것이다. 그는 이후 화의
가 이뤄지자 사직한 뒤 덕유산에 들어가 은거하다 5년 만에 죽었다. 정온
이 자결했다는 소식을 들은 김상헌은 아들과 조카 등 여러 사람이 주위에
있을 때 자결을 시도했다. 그러나 자결하는 시늉만 했을 뿐 실제로 자결
을 하지는 못했다. 그는 이로 인해 적잖은 구설에 시달렸다. 훗날 인조도
심한 배신감을 토로했다. 『인조실록』의 기록이 그 증거다.

"벼슬이 영화롭고 녹이 많은 때 떠나는 자가 있다는 말을 듣지 못했다.
위태로워 망하게 되자 다투어 나를 버리니 누가 우리나라를 예의지국이
라고 하겠는가. 김상헌이 평소 나라가 어지러우면 같이 죽겠다는 말을 해
나도 그렇게 여겼다. 그러나 오늘날에 이르러서는 먼저 나를 버리고서 젊
고 무식한 자의 앞장을 서 또 다시 척화를 주장하고 있으니 내가 매우 아
까워한다."

김상헌이 성 밖으로 나가기 전과 후에 보여준 행보는 앞뒤가 전혀 맞지
않았다. 그가 주장한 척화론의 이론적 근거는 임금과 왕실을 위해 충성을

다하는 근왕勤王이었다. 그러나 출성하는 인조를 버리고 고향으로 떠난 그의 행위는 근왕과는 거리가 멀었다.

그럼에도 교과서에 그가 심양으로 끌려갈 때 읊었던 시조인 「가노라 삼각산아」가 실린 것은 그를 오랫동안 절의의 상징처럼 여긴 잘못된 시각이 이어지고 있음을 뜻한다. 그의 모순된 행보는 당시에도 커다란 비판의 대상이었다. 기록은 그를 좋게 평가하지 않았다.

"군주가 큰 위험에 빠진 때 멀리 달아났고, 일이 안정되고서도 찾아와 알현하지 않았다. 그러면서 절의를 지킨다고 하니 이는 자신의 명예를 구하느라 군주를 팔아먹고 붕당을 세워 나라를 그르친 것이다."

인조는 최명길을 통해 무조건 항복을 청하는 국서를 보내면서 윤집과 오달제를 함께 보냈다. 인조는 그들이 청군 진영으로 떠난 다음 날 항복의식을 치르기 위해 소현세자와 함께 산성을 나섰다. 한겨울에 남한산성으로 들어간 지 45일 만의 일이었다. 실록은 그가 항복의식을 치르는 모습을 이같이 묘사해놓았다.

"주상이 시종 50여 명을 거느리고 서문을 통해 성을 나갔다. 주상이 세 번 절하고 아홉 번 머리를 조아리는 삼배구고두三拜九叩頭의 항복예식을 올렸다. 간단한 잔치와 술을 올리는 의식이 끝나고 청태종의 하사품인 백마와 담비의 모피로 만든 갖옷을 전하자 주상이 이 옷을 입고 뜰에 들어가 사례했다. 주상이 밭 가운데 앉아 진퇴를 기다리자 해질 무렵에 비로소 도성으로 돌아가게 했다."

비참한 모습이다. 청태종은 소현세자와 봉림대군 등의 왕자들과 척화파의 괴수로 지목된 오달제와 윤집을 볼모로 데리고 심양으로 돌아갔다. 소현세자의 북행길에는 대소 신료를 포함해 300명의 수행원이 뒤따랐다. 이들이 심양의 숙소에 거주하자 사람들은 이곳을 심양관으로 불렀다. 조선과 청은 모든 문제를 심양관을 통해 처리했다.

최명길은 청군이 물러간 지 얼마 안돼 우의정에 제수되었다가 이내 좌의정으로 승진했다. 그는 다시 상소를 올렸다. 국내정치를 혁신해 자강의 토대를 마련하고 명과 협력해 청나라에 복수하는 방안을 찾아보자는 게 골자였다. 그는 그리하여 승려 독보를 명나라로 보내 정세를 살피게 했다. 그러나 당시 명나라는 이미 농민반란이 각지에서 일어나 굉음을 내며 무너져 내리고 있었다. 조선에 있던 최명길이 이런 사실을 알 리 없었다. 결국 승려 독보의 파견은 안 하느니만 못한 것이 되고 말았다.

그는 심양으로 들어가 포로 송환 문제를 협의하는 등 흐트러진 정국을 일신하는 데 앞장섰다. 그러나 송환된 부녀자들이 시댁에서 쫓겨나는 '환향녀還鄕女 문제'가 드러났다. 환향녀는 여인에 대한 욕설로 사용되는 '화냥년'의 어원이 된 말이기도 하다. 왜란 때도 유사한 일이 있었다. 선조는 이혼을 청하는 상소를 허락지 않았다. 이미 다시 장가를 들었다가 아내가 일본에서 쇄환되자 나중에 얻은 부인을 첩으로 삼으라는 명령을 내리기도 했다.

최명길은 이런 전례를 들어 인조에게 사대부들이 '환향녀'를 내치지 못하도록 강력하게 조치할 것을 호소했다. 그러나 아무 소용이 없었다. 대부분의 사대부들이 '환향녀'를 내쳤다. 사건은 신풍부원군 장유가 돌아온 자신의 며느리를 받아들일 수 없으니 이혼을 허락해 달라고 예조에 신청한 데서 비롯되었다. 얼마 후 전 승지 한이겸은 정반대로 자신의 사위가 돌아온 자신의 딸을 내치며 다시 장가를 들려 한다며 억울함을 호소했다. 『인조실록』에 최명길의 애절한 마음이 실려 있다.

"예전에 포로로 잡혀갔다가 돌아온 처를 그대로 데리고 살면서 자식을 낳고 손자를 낳아 명문거족이 된 사람이 적지 않았습니다. 신이 심양에 갔을 때 속환하기 위해 따라온 사족들 모두 아내를 만나 부둥켜안고 통곡하기를 마치 저승에 있는 사람을 만난 듯이 하여 눈물을 흘리지 않는 사람이 없었습니다. 반복해 생각해 보아도 끝내 이혼하려는 것은 옳지 않습니다."

인재를 발굴해 내치를 다져라

인조는 최명길의 헌의를 받고도 선조와 같은 강력한 조치를 내리지 않았다. 결국 사대부가의 자제 모두가 환향녀를 내치고 새로 혼인을 성사시켰다. 군신의 어리석은 행보는 구렁텅이에 빠진 백성을 보듬기는커녕 대세에 안주해 더 깊은 수렁으로 밀어 넣었다. 인조의 리더십에 문제가 있음을 알 수 있는 대목이다. 명분론에 함몰돼 백성을 짓밟는 데 일조한 사림세력 또한 비겁하기 짝이 없는 모습을 보였다.

최명길에 대한 인조의 신임은 돈독했다. 인조는 내심 명분론을 내세워 사태를 악화시킨 김상헌보다는 현실론에 근거해 사직을 보전하는 데 결정적인 공을 세운 최명길을 높이 평가했다. 그에 대한 보답으로 그를 영의정 자리에 올렸다. 최명길은 강토를 초토화하고 죄 없는 백성을 힘들게 만드느니 우선 적을 달래 사직과 민생의 안정을 이룬 뒤 후일을 도모하는 게 낫다는 견해에서 강화에 나섰다. 그의 문집인 『지천집』에 나오는 다음 언급이 이를 뒷받침한다.

"외환은 맞서 대응하는 것만이 능사가 아니다. 우선 인재를 발굴해 내치를 다지는 게 필요하다."

그러면서 김상헌의 척화파는 왜란 때 은혜를 베푼 명을 버리고 청과 화친하는 것은 부모를 저버리는 패륜행위와 다르지 않다고 생각했다. 이는 일반 사대부의 기본정서를 대변한 것이기도 했다. 이들의 의리론이 아주 틀린 것은 아니었다. 그러나 소의에 얽매여 나라와 백성의 존망과 직결된 대의를 망각한 것은 나라를 보살펴야 할 군신에게 필요한 리더십과 동떨어진 것이었다.

인조 18년에 청이 조선에 원군 파견을 요청해왔다. 인조와 최명길은 안주목사로 있던 임경업을 주사상장舟師上將으로 파견해 수군 6,000명을 이끌고 가도록 했다. 그러나 조선군은 명나라 군사를 향해 발포도 하지 않고 일부 군사가 계획적으로 투항하는 등 오히려 청나라 진영을 교란에 빠뜨렸다. 얼마 후 임경업이 명군과 내통한 것이 발각돼 체포되었으나 탈출했다. 그는 청군이 북경을 점령하기 직전인 인조 21년에 명나라에 망명해 명군의 총병이 되어 청나라를 공격하다가 포로가 되었다. 이로부터 3년 뒤에 좌의정 심기원의 모반에 연루된 혐의를 받고 청나라에서 송환되어

『인조실록』

인조의 신문을 받던 중 김자점의 밀명을 받은 형리에 의해 장살되고 말았다.

임경업이 명군과 내통했다는 보고를 접한 청태종은 크게 노해 사자를 의주로 보내 척화파의 괴수로 지목된 김상헌을 불러 심문하게 했다. 당초 청나라는 김상헌과 정온이 척화의 선봉에 서 있었다는 사실을 모른 채 윤집과 오달제만을 끌고 갔다가 뒤늦게 김상헌이 시골에 은거하며 또다시 척화론을 주장해 여론을 주도한다는 사실을 알아챘다. 『인조실록』에 이를 뒷받침하는 홍서봉의 글이 실려 있다.

"용골대가 다그쳐 묻기를, '산성에 들어갔다가 어가를 따르지 않은 채 그대로 시골로 내려가 관작을 제수해도 전혀 받지 않고, 세자가 떠나는 날 유독 참여하지 않고, 이후 척화의 상소를 함부로 올리도록 부추긴 자가 누구인가?'라고 했습니다. 신은 끝내 숨길 수 없겠다고 판단해 사실대로 대답했습니다. 그가 또 '김상헌은 지금 어디에 있는가?'라고 묻기에 신이 답하기를, '노병老病으로 안동에 물러가 있다'고 했습니다. 그가 명령키를, '조정에 보고하고 속히 오게 하라'고 했습니다."

조정은 김상헌을 보내지 않으면 군대를 파견하겠다는 용골대의 협박에 겁이 나 곧바로 사람을 안동으로 파견해 그에게 상경할 것을 명령했다. 한 달 뒤 김상헌이 경성에 도착했다. 인조가 초구(모피로 만든 갖옷) 한 벌과 백금 500냥을 하사하며 그를 위로했다. 의주에 도착한 김상헌은 고향으로 내려간 배경을 묻는 말에 대답했다.

"당시 노병으로 걸음을 옮길 수 없었다. 병이 조금 낫고서 비로소 고향으로 간 것이다."

궁색한 변명이었다. 용골대가 다시 물었다.

"청에 원군을 파견하지 말라고 한 이유는 무엇인가?"

"내가 비록 그러하기는 했으나 조정에서 듣지 않았다."

국내에서 큰 목소리로 척화를 주장할 때의 모습과는 사뭇 달랐다. 명분론에 충실해지려 했다면 자신이 그토록 역설했던 척화의 이유를 소상히 밝혀 용골대를 설복시키는 게 옳았다. 그와 달리 2년 뒤 몰래 임경업을 통해 명과 교신한 사실이 탄로 나 심양으로 끌려간 최명길은 시종 당당했다. 이를 두고 조정에서는 시치미를 떼거나 임경업에게 책임을 미루자는 의견이 우세했으나 그는 이를 단호히 반대했다.

"천하에 명분과 의리를 세우고자 하다가 죽고 사는 지경에 이르러 남에게 미룰 수는 없다."

그러고는 자진해 심양으로 갔다. 그는 장례도구를 준비해가며 이같이 말했다.

"대신 한두 명이 죽어야 훗날 천하에 할 말이 있다."

청에 도착한 그는 갖은 위협에도 전혀 굴하지 않고 이같이 대답했다.

"모든 것이 내 책임이다. 국왕과 다른 신료들은 전혀 모르는 일이다."

그는 김상헌과 마찬가지로 청의 감옥에 구금되었다. 최명길은 왜 명과 은밀히 교신했던 것일까? 그는 영의정에 제수되고 김류, 김자점 등과 사이가 벌어져 인조 18년에 일단 물러났다가 2년 후 다시 영의정에 올랐다. 이 외중에 그는 임경업의 소개로 알게 된 승려 독보를 명나라로 보내 비공식적인 외교통로를 유지했다. 이는 중원의 상황이 최후의 결전을 앞둔 매우 급한 상황으로 치달은 데 따른 대응책이었다.

당시 청군은 조선과 남쪽 명나라 사이에 늘 한선漢船이 드나드는 것을 보고 의심했으나 자세한 내막을 알지 못했다. 그러던 중 명나라 병부상서 홍승주가 투항하면서 조선이 명과 내통하고 있다는 사실을 알게 되었다. 그러나 이때까지만 해도 승려 독보의 배후에 최명길이 있다는 사실을 알지 못했다. 문제가 불거진 것은 조선인 이계가 한선과 몰래 물건을 거래한 일이 발각된 이후였다. 명나라로 통하는 해상을 봉쇄하려 한 청국은 크게 화를 내며 이계를 잡아들여 내막을 추궁했다. 심문과정에서 이계가 실토하자 영의정으로 있던 최명길이 심양으로 소환됐고 김상헌과 함께 수용됐다.

두 사람은 벽을 사이에 두고 갇혔다. 그들은 함께 수용된 2년여 동안 서로를 깊이 이해하게 되었다. 전해지는 일화에 따르면 최명길은 김상헌의 정의에 탄복했고, 김상헌도 최명길의 행보가 오직 조선을 위한 것임을 알고 감복했다고 한다. 『인조실록』에 당시의 상황을 기록한 심양관 관원의 치계가 나온다.

"용골대가 최명길과 김상헌을 불러놓고 황제의 명을 전하기를, '너희들은 모두 죽을죄가 있으나 크게 용서하는 은전을 베풀어 특별히 석방한다'라고 한 뒤 서쪽을 향해 황제의 명에 사례하게 했습니다. 최명길이 즉시 일어나 김상헌을 끌어당기며 함께 절을 하려고 하자 김상헌이 허리가 아프다는 이유로 배례하지 않았습니다. 용골대의 재촉에도 끝내 움직이지 않자 최명길만이 4배하여 풀려나게 되었습니다."

최명길이 김상헌을 끌어당겨 함께 절을 하려고 했다는 것은 두 사람이 서로를 깊이 이해하게 되었음을 증명하는 것이다. 원래 최명길에게도 역시 김상헌 못지않게 강직한 면이 있었다. 그는 옳지 않다고 여길 때는 거침없이 바른말을 할 줄 아는 인물이었다. 그가 거센 비난을 무릅쓰고 주화론을 편 것도 이런 강직한 성품에서 나온 것이었다.

군주와 백성의 안위보다 성리학의 천리에 입각한 절의와 지조를 더욱 중시했던 당시의 풍조에서 주화론을 펴는 것은 곧 스스로 역적임을 자처하는 것이나 다름없었다. 이는 김상헌이 사대부들의 전폭적인 여론을 등에 업고 강력한 척화론을 펼치는 것과 비교할 수 없을 만큼 어려운 일이었다. 그러나 최명길은 나라의 안위와 백성들의 안녕을 걱정했다. 그의 눈에 조선의 사대부들은 현실과 동떨어진 '반청숭명'의 명분론에 함몰돼있었다. 그가 당시의 여론을 등지고 묵묵히 자신의 길을 간 이유다.

그러나 척화파는 군왕에게 삼전도의 굴욕을 안긴 이후에도 자신들의 잘못을 반성키는커녕 오히려 모든 책임을 최명길에게 뒤집어씌우면서 그에 대한 비판을 멈추지 않았다. 극단적인 명분론에 매달리는 소아적인 모습이 아닐 수 없다. 그가 인조 말년에 이르러서는 오히려 국가의 안위가 아닌 사리를 추구하려 주화론을 펼친 소인배로 몰린 이유도 여기에 있다.

당시 김상헌은 시종 지조를 굽히지 않고 나라와 백성을 위해 헌신한 인물로 미화되었다. 황당한 왜곡이 아닐 수 없다. 더 놀라운 것은 잘못된 풍조가 조선 말기까지 그대로 유지된 것이다. 조선이 민생을 도외시한 채 소모적인 논쟁에 휘말리며 국력을 소진한 것은 말할 것도 없다.

리더는 위기일수록 앞장선다

소현세자, 김상헌과 함께 조선으로 돌아온 최명길은 곧 정계에서 은퇴해 세상을 떠날 때까지 『지천집』의 저술에 몰두했다. 그는 오랑캐와 손을 잡고 명나라와의 의리를 저버렸다는 비난을 받으며 쓸쓸한 말년을 보내야 했다. 아무런 대책도 세우지 못한 채 기개만을 뽐내는 척화파에 맞서 나라와 백성을 위해 헌신한 2인자 리더십은 난세의 표상이 될 만했음에도 그를 역적으로 몰고 갔다. 그러나 『인조실록』도 그의 업적만큼은 인정하고 있다.

"최명길은 눈치가 빠르고 권모술수에 능했다. 화의를 힘써 주장하며 척화 대신을 협박하여 보냄으로써 사감을 풀었고 환도한 뒤에는 그른 사람들을 등용하여 사류와 알력이 생겼다. 그러나 위급한 경우를 만나면 앞장서서 피하지 않았고 일에 임하면 칼로 쪼개듯 분명히 처리하여 미칠 사람이 없었다. 역시 한 시대를 구제한 재상이라 하겠다."

인조도 그가 죽자 조회에 나와 탄식하기를 "최상崔相은 진심으로 국사를 보필했는데 불행하게도 이 지경에 이르렀으니 진실로 애석하다."라고 했다. 사관은 비록 명분론에 따라 척화파를 칭송하며 주화론을 전개한 그를 매도했으나 그가 나라를 구한 사실만큼은 부인하지 못했던 것이다.

이에 반해 김상헌은 『인조실록』 사관으로부터 높은 평가를 받았으나, 현재의 관점에서 반면교사로 삼아야 할 2인자로 평가받는다. 그는 자신을 위해 모시던 주군은 말할 것도 없고 나라의 안위와 백성의 안녕은 돌보지 않았다는 지적을 면하기 어렵다.

그러나 누구보다 가장 큰 책임을 져야 할 사람은 인조다. 왜란에 이어 두 번째로 국가 패망의 위기에 몰렸던 당시의 상황에 비춰볼 때 그는 시종 척화파의 주장에 떼밀려 우유부단한 모습을 보여주었다. 특히 난세에 최고통치권자의 우유부단은 가장 위험한 것이다. 학계에서 그가 조선의 역대 군왕 중 가장 무능한 인물로 평가받는 것도 이 때문이다. 난세에 실패한 1인자 리더십의 전형으로 꼽히는 인조는 선조와 마찬가지로 타산지석으로 삼아야 할 것이다.

조 바이든 부통령은 오바마 대통령과 함께한 정치적 2인자다. 그는 8
년 동안 오바마의 친구이며 가족에 가까울 정도의 신뢰와 연대관계를
형성했다고 평가받고 있다.

오바마는 이렇게 회상했다.

"바이든은 나를 더 나은 대통령, 더 나은 군통수권자로 만들었다. 단둘
이 있을 때는 직언을 주저하지 않았다. 특히 두 사람의 의견이 다를 때
더욱 그랬다."

위기의 순간과 평화의 시기를 막론하고 바른말을 할 수 있는 것이 2인
자가 존재하는 의미일 것이다.

오바마는 그를 '형'이라고까지 불렀다.

정조
·
치밀한
1인자

S

부응하는
2인자

·
채제공

중국 명언에 "위대한 용장이란 몇 갑절 힘이 센 사람이 아니라 조금 더 버티는 자다."라는 말이 있다. 인내는 약한 것이 아니라 강한 자만이 가질 수 있는 덕목이다. 인내할 줄 알아야 리더다.

제9장 정조와 채제공

상황을 파악하고 실행에 옮겨라

정조는 소설이나 드라마에서 늘 선비와 같은 점잖은 군주로 묘사된다. 호학군주로서 조선 후기의 문예부흥을 이끈 성군으로 알려졌기 때문이다. 그러나 사실 그는 막후정치에 탁월한 재능을 지닌 경험 많고 교활한 정치가였다. 재위 기간 중 붕당정치의 핵심을 이루는 노론 세력을 제압하기 위해 정국의 동향을 알고자 노력했고 자기 사람을 만들기 위해 많은 공을 들였다. 노론 벽파의 거두 심환지와 미리 입을 맞추고 그에게 상소를 올리도록 종용하기도 했다.

2009년에 정조의 숨은 활동을 뒷받침하는 증거가 공개됐다. 재위 20년인 1796년 8월 20일부터 숨을 거두기 13일 전인 1800년 6월 15일까지 심환지에게 자필로 써 보낸 300통의 어찰이 후손에 의해 밝혀진 것이다. 심환지는 누구에게도 알리지 말라는 정조의 신신당부에도 어찰을 받은 날짜까지 꼼꼼하게 기록해 후손에게 전했다. 두 사람 사이에 은밀히 오간 어찰이 외부에 알려지면 엄청난 파문을 몰고 올 것이 분명했다. 정조도 이를 잘 알고 있었다.

정조 21년 7월 7일에 보낸 어찰에는 "이 어찰은 보는 즉시 찢어버리거나 세초하라. 집안에서라도 혹시 조심하지 않을까 염려스럽다. 어찰은 경이 스스로 세초하는가, 아니면 경의 아들을 시켜 세초하는가. 이를 듣고 싶으니 나중에 반드시 한 번 언급하여 이 의심을 풀어주기 바란다."라고 적었다. 세초란 글씨를 쓴 종이를 물로 씻어 글자를 지우고 재활용하는 것을 말한다. 두 사람 사이에 오간 정보가 새나갈까 노심초사하는 정조의 모습이 역력하게 드러난다.

정조는 우리에게 알려진 선비형 군주와는 거리가 멀다. 오히려 채제공과 같이 그를 지지했던 남인 세력조차 당혹스러워할 정도로 독단적인 군주였다. 그는 자신의 최측근으로 활약한 서영보를 '호종자胡種子(호로자식)'로, 촉망되는 신예학자 김매순을 '구상유취口尙乳臭(입에서 젖비린내가 남)'라며 욕했다. '뒤죽박죽'이라는 한글을 섞어 쓰고 '모쪼록'을 '모조某條'로 직역한 이두식 표현을 구사한 것도 같은 맥락이다. 이런 절제되지 않은 표현은 그만큼 참을성이 없었다는 증거이기도 하다.

조선은 중기 이후 신권 국가로 변했으나 수많은 내관들이 삼엄하게 지키는 궐내에서 군왕을 독살하는 것은 불가능에 가까웠다. 조선조 500년을 통틀어 재위 중 독살당한 사례는 찾아볼 수 없다. 그럼에도 '독살설'은 문종과 단종, 예종, 연산군, 인종, 선조, 효종, 현종, 경종, 정조, 고종 등을 대상으로 퍼져 있다. 고종의 경우 퇴위한 뒤 3·1 운동 직전에 일제에 의해 독살당한 것이 확실하다. 연산군 역시 퇴위 직후 강화도 유배지에서 독살되었을 가능성이 크다고 알려졌다. 비록 보위에 오르지는 못했지만 소현세자도 부왕인 인조에 의해 독살되었을 개연성이 크다. 그러나 나머지 사람들은 독살과 거리가 멀다. 독살설 자체가 하나의 추론에 불과하기 때문이다.

정조 역시 권력에서 소외되어 있던 남인을 중용한 까닭에 그가 급사하자마자 남인의 본거지인 영남 일대에서는 독살설이 그럴 듯하게 퍼지기 시작했다. 그러나 실록을 통해 누구나 역사적 사실을 쉽게 접할 수 있는 지금까지 이를 무조건 추종하는 것은 문제가 된다. 정조를 미화하기 위해 온갖 자료를 끌어대 독살설을 포장하는 것은 더 큰 문제다. 정조는 세종에 버금하는 호학군주였으나 여러 측면에서 그에 비견할 만한 인물은 아니었다. 군주로서 신하들과 지혜를 다투고, 현실과 동떨어진 도학군주를 자처하고, 스스로 감정을 절제하지 못해 화병을 키우고, 기만적인 '막후정치'를 시행하고, 결정적인 시기에 우유부단한 모습을 보였기 때문이다. 정조가 24년의 재위 기간에 적잖은 업적을 이뤘음에도, 우리가 세종과 같은 명군으로 평가할 수 없는 이유다.

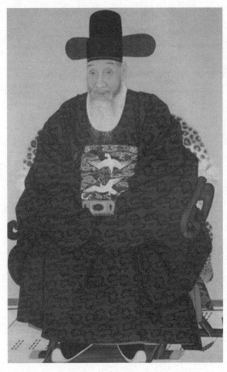
| 심환지

그런 점에서 심환지에게 보낸 어찰의 공개는 '막후정치'의 당사자인 정조의 1인자로서의 리더십을 총체적으로 파악할 수 있는 좋은 자료다. 심환지에게 보낸 어찰은 말 그대로 '막후정치'의 정수에 해당한다. 어찰에는 정조가 노론 벽파의 영수와 국정 현안을 논의하며 여론동향을 캐는 등 은밀하게 진행한 뒷면의 공작이 고스란히 담겨있다. 정조는 각종 현안이 있을 때마다 밀서를 보내 심환지와 미리 상의했다. 사전에 서로 짜고 일을 처리한 적도 많았다. 다음은 이를 뒷받침하는 어찰이다.

"요사이 벽파가 탈락한다는 소문이 자못 성행한다는데 안팎의 허실에 비하면 그 이해득실이 과연 어떠한가?"

정조가 벽파 세력의 약화를 우려하는 내용의 어찰을 보낸 것은 처음 밝혀진 일이다. 그는 정치적 입장은 달랐지만 붕당정치 아래서 사실상 권력을 장악한 노론 벽파 세력의 실체를 인정했던 셈이다.

정조는 노론의 신권 세력과 지혜를 다투는 소모적인 행보 대신 주요 현안마다 결단하는 모습을 보여 강력한 왕권을 구축했어야 했다. 그것이 공자가 높이 평가한 패도다. 그러나 그는 그런 모습을 보여주지 못했다. 따라서 정조의 리더십을 평가할 때는 반드시 그가 시행한 막후정치를 살펴보고 종합적인 평가를 해야 한다. 이것은 정조를 조선의 명군으로 단정하는 기존의 평가 자체에 문제가 있음을 뒷받침하는 것이기도 하다.

권력은 움직인다

정조 치하에서 많은 인물들이 등장했고 사라졌다. 초기의 홍국영부터 후기의 이가환과 정약용까지 다양한 사람들이 그의 곁을 지나쳤다. 그럼에도 정조가 자신의 속마음을 허심탄회하게 터놓고 정국현안을 논의할 만한 사람은 그리 많지 않았다. 정승의 반열에 오른 대표적인 인물인 남인의 채제공과 노론의 김종수가 그들이다. 심환지는 김종수 사후 그의 뒤를 이어 정조가 행한 '막후정치'의 중심인물로 부상했다. 정조가 왕위에 있는 동안 그 곁을 지킨 2인자 리더십을 분석할 때 채제공과 김종수를 비교하는 이유가 여기에 있다.

먼저 정조의 등극과정부터 간략히 살펴보자. 영조 사후 정조가 즉위한 것은 생부인 사도세자가 비명횡사했기 때문이다. 사도세자의 비명횡사는 영조의 다사다난한 즉위과정과 불가분의 관계를 맺는다.

노론세력은 영조의 즉위를 계기로 정권을 잡았다. 영조의 전 임금이자 이복형인 경종 때 소론 세력이 대리청정에 앞장선 노론 4대신(김창집, 이이명, 이건명, 조태채)을 탄핵해 귀양을 보낸 신축옥사와, 그 여세를 몰아 이듬해에 남인 목호룡을 매수해 노론측 일부 인사가 경종의 시해를 도모했다는 고변을 하게 만든 임인옥사를 일으켰기 때문이다. 신축옥사와 임인옥사는 '신임사화'로 통칭했다. 영조와 정조의 치세에 걸친 80여 년 동안 신임사화는 노론 세력이 영조와 정조가 내건 '탕평'에 대항해 노론의 단독 정권을 주장하는 강력한 배경으로 작용했다. 수많은 노론 세력이 죽임을 당한 '신임사화'가 없었다면 영조와 정조의 즉위는 없었을 것이라는 주장을 정면으로 반박하기는 어려웠다.

8개월이나 계속된 옥사에서 세제인 연잉군(영조)의 이름이 수없이 거론되었다. 경종이 마음먹기에 따라서는 연잉군을 얼마든지 세제의 자리에서 내쫓을 수 있었다. 그러나 연잉군은 경종의 배려로 무사할 수 있었다. 연잉군은 마음을 졸이며 사태의 추이에 촉각을 곤두세울 수밖에 없었다. 사건이 마무리되고 나서도 그는 신중한 행보로 소론의 날카로운 공격을 피해야만 했다. 연잉군은 경종이 재위 4년 만에 급서하자 뒤를 이어 보위에 올랐다.

그러나 영조는 경종이 자신이 올린 게장을 먹고 복통을 일으키고 숨을 거둔 까닭에 즉위하자마자 독살설의 배후자로 지목되는 곤욕을 치러야만 했다. 그는 재위 기간 내내 이 문제로 커다란 고통을 겪었다. 그가 왕에 오른 뒤 바로 '탕평'을 구실로 붕당구도의 근간을 깨부수고자 한 것도 이 때문이다. 하지만 노론 세력은 '신임사화'를 근거로 노론 세력의 단독 정권을 추구했고, 탕평을 통해 왕권 강화를 꾀한 영조와의 갈등은 불가피했다. 사도세자의 참사는 이런 갈등구도 속에서 빚어졌다.

이후 붕당구도는 크게 사도세자의
죽음을 당연시하는 벽파僻派와 이를
동정하는 시파時派로 재편되었다. 시
파는 시류에 영합하고, 벽파는 고집
스럽게 당론을 추종한다는 취지에서
나온 명칭이다. 영조 때의 노론 세력
이 끝까지 당론을 지키겠다며 결성한
것이 벽파이고, 정조의 정치노선에
협조하는 새로운 세력이 시파에 해당
했다. 벽파가 노론의 정맥을 이은 데
반해 시파는 남인과 소론이 가세한
새로운 정파였다.

| 홍봉한

시파의 우두머리는 사도세자의 장
인인 홍봉한이었다. 벽파는 경종 때 목숨을 내걸고 세제인 영조를 감싸
고 나선 노론의 원훈들이 주축을 이뤘다. 영조 말년에 계비로 들어온 정
순왕후 김 씨 일문이 벽파에 가세하면서 시파와 벽파는 팽팽한 균형을 이
뤘다. 정조는 학문적으로 남인과 친숙했고 노론 중에는 젊은 학자를 중심
으로 한 북학파와 가까웠던 까닭에 시파에 동조했다. 그러나 그는 노론의
정맥을 잇는 벽파의 세력이 워낙 강해 극히 조심스러운 모습을 보였다.

두 세력은 사사건건 충돌했다. 영조 재위 47년에는 왕손궁의 임장任掌
(호적 개정 시의 임시관직)으로 있는 황경룡이 백성들의 재산을 침탈했다는 내

용의 상소가 올라오면서 양측이 정면충돌했다. 왕손궁은 사도세자의 서자인 은언군 이인과 은신군 이진을 말한다. 영조가 황경룡을 붙잡아 친히 신문하자 그의 입에서 모반혐의를 의심할 만한 자백이 나왔다.

"홍봉한이 시켜 임장이 되었습니다. 4년 전에 환관 이흥록에 의해 선발되었고, 이흥록은 은언군과 가장 친했습니다."

이후 홍봉한이 황경룡의 누이 황덕혜를 은신군의 보모로 들이고, 이흥록이 황경룡의 또 다른 누이를 궁중의 나인으로 들이는 등 은언군과 은신군을 특별 관리한 행적이 고스란히 드러났다. 황경룡이 한강변에서 참수된 가운데 홍봉한은 청주로, 은언군과 은신군은 제주도로 유배를 가게 되었다. 은신군이 유배 간 지 석 달도 안 돼 사망하자 영조는 은언군을 특별히 석방했다. 얼마 후 홍봉한도 영조의 부름을 받고 다시 기용되었다. 세손의 생모인 혜빈 홍 씨를 위해서라는 게 이유였다.

홍봉한의 복권을 계기로 벽파의 공격이 다시 시작되었다. 홍봉한 처벌에 대한 상소를 올려 영조의 칭찬을 받은 유생 한유가 다시 상소를 올리며 홍봉한에 대한 엄벌을 요구했다. 이때 그가 경망스럽게도 영조가 금기시하는 '일물一物'을 언급했다. '일물'은 사도세자가 갇혀있던 뒤주를 은유적으로 표현한 것으로 뒤주를 바친 홍봉한을 상징하는 표현이기도 했다. 사도세자의 죽음을 통한으로 여기고 있던 영조가 크게 화를 내며 한유를 불러들였다.

"일물이 무엇을 말하는 것인가?"

"목기木器입니다."

"목기를 말한 것이 음침하고 참혹하다. 누가 너에게 그것을 말하던가."

"시골의 가난한 선비입니다."

말이 끝나기도 전에 영조가 군졸로 하여금 그 입을 치게 하자, 한유가 말했다.

"당시 듣기는 했으나 이를 전한 사람을 지금 어떻게 기억할 수 있겠습니까? 바라건대 한 마디 말을 하고 죽겠습니다."

영조가 다시 그 입을 쳐 끌어낸 뒤 이같이 말했다.

"상소문의 '일물' 두 자에 나도 모르게 뼛속이 서늘해진다. 저 또한 조선의 신자라면 어찌 감히 이러한 말을 할 수 있겠는가. 그를 참수해 목을 매달아 걸고 소장은 불태우도록 하라."

그리고 또 다시 사도세자 사건을 언급하는 자는 가차없이 대역죄를 적용하겠다고 선언했다. 뒤주를 바친 사람은 홍봉한이었으나 정작 이를 사용해 세자를 아사하게 한 장본인은 영조 자신이었다. 영조는 자신이 아들을 죽인 부덕한 군왕으로 매도될 것을 우려했다. 『영조실록』의 기록이다.

"주상이 매번 조정에서 탄식하기를, '한유가 비록 홍봉한이 바친 물건이라고 말했으나 이 물건을 사용한 사람은 어찌 내가 아니겠는가. 후세에서 장차 나를 뭐라고 하겠는가?'라고 했다."

벽파는 경솔하게도 영조의 아픈 상처를 건드려 홍봉한의 입지를 더욱 굳건하게 만드는 우를 범했다. 이들은 이듬해에 또 한 차례 실수를 저지르고 말았다. 이조판서 정존겸이 성균관 대사성 후보를 추천하면서 영조가 '탕평'의 인사원칙으로 내세운 '쌍거호대雙擧互對'를 무시한 것이다. '쌍거호대'는 후보를 추천할 때 각 당파의 정예를 고루 포함시키는 방식을 말한다.

세 명의 후보를 낙점대상으로 올리는 3망을 행하면서 한 사람만 처음으로 후보에 오른 신통에 끼워넣는 게 관행이었다. 정존겸은 이를 무시한 채 3망의 대상을 모두 벽파인 김종수 등의 신통으로 채워넣었다.

영조는 이를 군왕의 인사대권에 대한 중대한 도전으로 간주해 정존겸을 유배 보냈다. 천거대상이 된 김종수도 함께였다. 그리고 정순왕후 김씨의 위세를 믿고 시파에 대한 공격을 일삼는 김귀주의 관직을 삭탈했다. 노론의 정맥에 해당하는 벽파의 한 축이 무너진 것과 같았다. 홍봉한은 어부지리로 다시 실권을 장악했다. 영조가 이 와중에 노환으로 죽자 세손인 정조가 마침내 보위에 올랐다. 그의 나이 25세였다.

편견없이 인재를 발탁하라

정조의 즉위를 계기로 벽파와 시파를 대표하는 두 사람이 떠올랐다. 김종수와 채제공이다. 나이는 채제공이 많았으나 공교롭게도 두 사람 모두 정조가 죽기 1년 전에 숨을 거두었다. 두 사람은 채제공이 우의정에 제수된 정조 12년 이후 죽을 때까지 번갈아 정승으로 지내면서 각각 벽파와 시파의 당론을 대표했다. 따라서 두 사람은 여러 측면에서 대조를 이뤘다.

이들이 보여준 2인자 리더십에 대한 평가는 '막후정치'의 당사자인 정조의 1인자 리더십에 대한 평가와 불가분의 관계를 맺는다.

채제공은 정조의 통치행보에 적극적으로 동조하는 모습을 보인 까닭에 정조의 리더십을 높이 평가하는 사람들은 그를 뛰어난 2인자로 평가한다. 이는 벽파의 영수로 활약한 김종수를 비롯해 그의 뒤를 잇는 심환지 등에 대한 비판으로 이어질 수밖에 없다. 그러나 과연 이런 평가가 타당한 것일까? 정조가 심환지에게 보낸 어찰을 통해 알 수 있듯이, 두 사람이 보여준 2인자 리더십 역시 정조의 경우와 마찬가지로 쉽게 평가할 수 있는 사안이 아니다.

김종수는 숙종 이래 경성지역을 중심으로 형성되기 시작한 대표적 노론세력인 경화사족 출신이었다. 그의 증조부 김재로는 영조 재위 초기에 노론세력 중 가장 먼저 온건파를 표방하면서 30년이나 정승을 지낸 인물이다. 김재로는 영조의 외조부인 조현명과 함께 '탕평주인'으로 불릴 정도로 영조의 신임을 받았다.

그의 종조부인 김약로와 김상로는 홍봉한을 정점으로 하는 탕평당의 지도자로 활약했다. 이들은 사도세자 비판의 선봉장이었다. 결국 김상로는 정조가 즉위하고서 노론의 홍계희, 소론 정우량과 함께 사도세자를 죽게 만든 장본인으로 지목돼 처단당했다. 반면 김종수의 종숙부이자 김재로의 아들인 김치인은 탕평당의 영수였던 부친과는 반대로 탕평당에 대항하는 청명당의 지도자로 변신해 세손인 정조의 보호를 표방한 까닭에 정조의 치세 아래 오랫동안 정승으로 있었다.

사도세자를 둘러싸고 김종수의 집안은 매우 복잡한 양상을 보인 셈이다. 그는 23세인 영조 26년에 뒤늦게 진사시험에 급제해 관직에 발을 들여놓았다. 호조참판을 지낸 그의 조부 김희로와 생김새와 목소리가 똑같다는 이유로 영조의 총애를 받기도 했다.

채제공은 숙종 말년에 지중추부사를 지낸 채응일의 아들로 태어났으나 어린시절의 생활은 궁핍했다. 부친이 청렴한 나머지 남겨둔 재산이 없었던 까닭이다. 15세에 향시에 합격한 그는 수년 동안 성균관에서 수학했다. 그가 약관의 나이에 문과에 급제할 당시 영조는 당쟁을 불식시킬 묘안을 찾기에 골몰했다. 그 해답으로 제시한 것이 '쌍거호대'였다. 이로 인해 남인인 채제공도 영조 24년에 특명에 의해 탕평책의 제도적 장치인 한림회권에 뽑혀 예문관 사관이 되었다. 정통 관료의 길로 들어선 것이다. 39세에는 도승지가 되어 영조의 최측근으로 자리 잡았다.

이때 노론과 소론의 대립이 격화돼 마침내 사도세자 사건이 일어났다. 영조는 마침내 세자를 폐하는 비망기의 결단을 내렸다. 이때 도승지로 있던 채제공이 온몸을 던져 비망기의 철회를 요구했다.

"비망기의 초안을 쓰지 않으면 왕명을 어기는 것이고, 쓰게 되면 이는 신하의 직분상 감히 할 수 없는 일입니다. 신 등은 죽음을 무릅쓰고 문서를 돌려 드릴까 합니다."

그가 옷소매에서 문서를 꺼내 바치고 명령을 기다리자 영조가 비망기를 철회했다. 얼마 후 영조는 비망기를 내린 사실을 후회하며 세손인 정조 앞에서 채제공을 극찬했다.

"실로 나의 사심 없는 신하이고 너의 충신이다."

한동안 부모의 상을 당해 정계를 떠나있던 채제공이 복귀한 것은 영조 43년이었다. 홍문관 제학과 한성판윤 등을 역임한 그는 53세가 되는 영조 48년에 세손우빈객이 되어 세손을 보호하고 훈육하는 책임을 지게 되었다. 훗날 정조가 김종수와 채제공을 번갈아 재상의 자리에 앉힌 것도 이때의 인연에서 비롯됐다.

채제공은 정조의 즉위 직후 형조판서 겸 의금부판사로서 사도세자의 죽음에 관여한 자들을 처단하는 공을 세워 정조의 총애를 받았으나, 홍국영이 실각하면서 그의 편으로 몰려 밀려났다. 홍국영과 친하게 지내고 사도세자의 신원을 주장해 영조의 유명遺命을 어겼다는 탄핵을 받은 것이다. 이후 그는 경성 근교의 명덕산에서 8년이나 은거생활을 했다. 당시에는 정조 역시 그를 홍국영의 일당으로 간주했다.

그러나 채제공에 대한 정조의 신임은 결코 식지 않았다. 채제공이 8년의 은거생활을 마치고 우의정에 제수될 때 김종수는 형조판서로 있었다. 영의정은 김종수의 당숙인 김치인이었다. 이듬해 김종수도 우의정에 제수되었다. 채제공은 한 단계 승진해 좌의정이 되었다. 이후 두 사람은 정승의 자리를 서로 번갈아 맡거나 동시에 맡는 등 등락을 거듭하며 각각

| 김종수

시파와 벽파의 상황을 대변하는 역할을 수행해 냈다. 이는 정조가 죽기 1년 전까지 계속됐다. 두 사람은 사도세자 문제에 대한 견해를 기준으로 삼으면 각각 시파와 벽파로 구분되었으나 세부적으로 분류하면 매우 다양한 모습의 대립관계를 보였다.

상황에 따라 해법을 찾아라

바람직한 통치체제로 김종수는 신권 국가를, 채제공은 왕권국가를 지향했다. 따라서 채제공은 왕권 강화를 꾀한 정조의 행보에 동조했다. 김종수가 남송시대의 주희를 기본 사상으로 삼는 송학宋學을 추종한 데 반해, 채제공은 원시유학에 충실했던 전한시대의 한학漢學을 높이 평가했다. 천주교와 불교의 수용에 관해서도 김종수는 이단으로 규정해 강력히 배격했으나 채제공은 정조와 함께 이단으로 규정하면서도 이를 믿는 사람들을 교화의 대상으로 삼는 절충적인 입장을 취했다. 이는 후에 천주교와 관련한 사건에서 채제공을 궁지로 몰아넣는 원인이 되었다.

국부의 계책에서도 김종수는 전통적인 중농주의 입장이었으나 채제공은 중상의 필요성을 인정했다. 그가 정조 15년에 시전상인의 특권을 폐지하고 소상인의 상업 활동 자유를 확대하는 신해통공辛亥通共을 주도한 배경이 여기에 있다. 채제공의 사상은 이가환, 정약용 등에게 그대로 이어져 그는 사후에도 남인들 내에서 확고한 권위를 유지할 수 있었다.

정조의 입장에서 김종수와 채제공은 신권의 주류세력인 노론과 비주류 세력인 남인과 소론을 통제할 수 있는 유용한 통로였다. 두 세력으로부터 높은 신망을 받는 두 사람을 통제할 수 있다면 주요 정책을 빠르게 공론화해 원하는 방향으로 이끌 수 있고, 지지와 반대로 엇갈리는 여론의 동향을 종합적으로 살필 수 있었다. 그가 비밀 어찰을 주고받으며 막후정치를 단행한 것도 이 때문이다. 정치상황에 따라 채제공만을 정승으로 남겨 두는 독상 체제를 유지하거나, 그를 김종수와 대립시켜 상호 견제하게 한 것도 같은 의미이다. 이러한 행동은 제신술의 차원에서 정조의 리더십에 대해 긍정적인 평가를 내릴 수 있는 부분이다.

그러나 정조가 군왕으로서 도학의 정통을 잇고 성리학의 스승이 되고자 한 '군주도통론君主道統論'을 신봉한 것은 문제가 있다. 군주도통론은 군주가 신하들의 스승이 된다는 취지에서 '군사론'으로 불리기도 한다. 원래 군주가 취해야 할 바람직한 군도는 상황에 따라 정도의 차이는 있을 수 있으나 늘 왕도와 패도를 섞어야 한다. 도덕적으로 뛰어난 관리만을 곁에 둘 경우 왕도를 표방할 수는 있지만 난세에는 한계에 봉착한다. 이때는 반드시 도덕성을 뛰어넘은 혹리酷吏를 곁에 두어야 한다. 관기가 바로 잡혀야 강력한 왕권을 토대로 일사불란한 명령을 집행할 수 있기 때문이다. 이는 치세와 난세를 막론하고 늘 문신과 무신의 보필을 받아 왕권을 행사하는 것과 같다. 아무리 나라가 평화로워도 조정에 왕도만 추종하는 관리밖에 없다면 관기는 이내 무너질 것이다.

군주도통론은 이러한 군도의 기본적인 이치를 무시한 채 오직 왕도에만 치우쳐 대세를 그르칠 가능성이 컸다. 실제로 정조는 신하들과 '도통'의 문제를 놓고 소모적인 신경전을 전개해 자신의 목숨을 재촉했다. 그는 세손 시절부터 호학군주의 자질을 보였고 다양한 종류의 책을 널리 읽어 자기에게 이익이 되거나 실용적인 책뿐만 아니라, 직접적으로 자신의 직무에 해당하지 않는 여러 학문에 해박했다.

그럼에도 그는 군주도통론이라는 군도가 아닌 신도를 걸어 결정적인 실수를 범하고 말았다. 이는 송시열을 조종으로 삼는 호서지역의 노론 세력을 제압하려 한 데서 비롯했다. 그러나 당시 노론 세력은 경성을 중심으로 하고 있어 호서지역의 노론을 제압하는 것은 별다른 의미가 없었다. 그럼에도 정조는 이에 만족해 군주도통론을 전개하며 신권 세력과 지혜를 다툰 것이다.

그는 노론의 사상적 조종인 송시열을 제압하려 우회적인 방법을 선택했다. 정조 2년에 송시열을 효종의 사당에 모시며 '해동진유海東眞儒'와 '천하대로天下大老'라는 명칭으로 드높였다. 홍국영의 조언을 수용한 결과였다. 홍국영은 풍산 홍씨, 경주 김씨와 같은 노론 외척을 제거하고 자신이 노론의 영수로 나서기 위해서는 노론의 정신적 지주인 송시열을 높여야 한다고 판단했다. 송시열에 대한 추모와 숭배를 주도함으로써 자신의 역할을 과시할 필요를 느꼈고, 결국 효종의 사당에 송시열을 배향했다.

원칙을 준엄하게 지켜라

소론은 송시열이 효종의 충신이 아닌 효종을 핍박한 강신强臣에 지나지 않는다고 주장했다. 그러나 노론은 정반대로 도학의 법통이 공자에서 주자, 송자로 이어지고 있다는 '성학도통설'을 주장했다. 송시열의 효종 묘정 배향은 이를 공인한 것이나 다름없었다. 이는 군주가 성학의 법통을 잇는 '군주도통론'의 포석이었다. 당시 노론은 하, 은, 주 삼대 시절에는 군주가 곧 스승이었으나 그 이후에는 군주가 아닌 학자들에 의해 도통이 계승되었다고 주장했다. 정조는 이를 반박하기 위해 군주가 성학의 전승자인 동시에 신하의 스승이 될 수 있다는 '군주도통론'을 주장한 것이다.

이는 일정한 성공을 거뒀다. 그러나 남인과 소론은 말할 것도 없고 경성 지역의 노론에게조차 별다른 효용이 없었다. 이미 세상을 떠난 송시열로 이어진 '성학'의 법통을 이었다는 이유로 감복할 세력은 기호지역의 소외된 재야 노론 세력밖에 없었다. 그럼에도 정조는 이에 자족해 군주도통론으로 모든 신권 세력을 제압할 수 있다고 착각했다. 이것이 재위 기간 내내 오히려 부메랑이 되어 그의 발목을 잡은 것은 말할 것도 없다. 이것이 정조가 호학군주의 자질을 보였음에도 '군도'가 아닌 '신도'의 길로 나아가서 이내 실패한 배경이다.

애초 정조는 죽기 몇주일 전 경연 자리에서 자신의 탕평이념을 펼치기 위해 8년 가까이 시련을 주었다가 믿고 골라서 등용한 정승이 3명 있다고 밝혔다. 김종수와 채제공, 윤시동이 그들이다. 정조는 이들이 맑은 의견을 지키고 준엄한 정치원칙을 지킨 까닭에 탁용했다고 말했다.

이들 중 윤시동은 노론 벽파 세력이 김종수에서 심환지로 넘어가는 사이에서 다리를 잇는 역할을 한 인물이다. 그는 정조 19년(1795) 12월에 우의정이 되었다가 2년 뒤에 병사한 까닭에 김종수 및 심환지에 비해 상대적으로 덜 부각됐으나 생전에 정조로부터 돈독한 신임을 받았다. 채제공은 말할 것도 없고 노론 벽파의 김종수와 윤시동, 심환지 등이 정조의 신임을 받은 것은 기본적으로 정조의 '탕평'에 동의했기 때문이었다. 김종수가 이들 중 가장 먼저 정조의 은혜를 입어 오랫동안 정국을 주도할 수 있었던 것도 같은 이유다.

정조의 치세는 크게 '잉구仍舊' 대 '경장更張'의 대립구도로 진행됐다. 통상 '인순因循'으로도 표현된 '잉구'는 지금의 보수, '경장'은 혁신 내지 개혁의 취지와 유사하다. 정조가 세손으로 있을 때 스승으로 있었던 김종수는 세손이 즉위한 해에 다음과 같이 진언했다.

"무릇 경장을 하거나 인순을 하는 것은 각기 때가 있습니다. 반드시 도리에 맞게 한 뒤에야 폐단이 없을 것입니다."

개혁과 보수의 조화를 이루어라

그는 경장의 필요성을 적극적으로 용인했으나 제대로 된 경장을 이루기 위해서는 최고통치권자인 군주가 경장의 뜻을 바로 세우는 것이 무엇보다 중요하다고 역설했다. 김종수가 정조의 재위 초기에 홍인한을 비롯한 외척 세력을 몰아내고, 이후 또 다른 외척 세력으로 진입하려 한 홍국영의 제거에 앞장선 것은 경장에 대한 정조의 기본입장과 일치한 결과였다. 성리학은 경장의 이름을 끌어들이지 않아도 외척의 정치개입에 대해서만큼은 극히 부정적인 입장을 취했다. 외척 세력을 사림 세력의 일환으로 간주하지 않은 것이다.

그러나 두 사람은 군주와 신하의 입장에 서 있는 만큼 적잖은 시각의 차이를 드러냈다. 김종수는 '경장'을 배격하는 것은 아니었으나 절실히 필요한 때에만 제한적으로 시행해야 한다는 입장을 취했다. 더 정확히 말하면 그는 '잉구'에 가까웠다. 다음은 그의 주장이다.

"경장해야 할 때 잉구하면 실패하고, 잉구해야 할 때 경장하면 뒤집힌다. 군이 하나를 선택해야 한다면 뒤집히기 보다는 차라리 실패하는 쪽이 낫다. 잉구하다가 생긴 병폐는 하루아침에 경장하면 바로 없어지나, 경장하다가 생긴 병폐는 제거하기가 쉽지 않기 때문이다."

김종수는 경장을 성사시키기 위한 대전제로 군자당과 소인당의 철저한 구별을 들었다. 이는 성리학의 기본관점이기도 했다. 문제는 누가 군자당과 소인당을 판별하고, 판정의 객관적인 잣대가 무엇인가 하는 것이었다. 정조는 군주가 도학의 정맥을 잇고 신권 세력의 스승을 겸하는 군주도통론에 입각해 자신이 그 주인공이 라고 생각했다. 그러나 김종수의 생각은 달랐다. 그는 "군자이지만 결점이 있는 사람도 많고, 소인이지만 재주가 있는 사람도 많다. 결점 때문에 군자를 버리거나 재주 때문에 소인을 쓰는 것 모두 나라를 망치는 길이다."라고 했다.

각 당파의 인물을 고루 등용하기보다는 유일무이한 군자당인 노론세력에게 정국의 주도권을 허용해야만 한다는 입장이었다. 이는 노론이 주도하는 기왕의 정국구도를 그대로 유지하겠다는 것이었다. 말만 '경장'일 뿐 사실은 '잉구'를 주장한 셈이다.

정조는 동조할 수 없었다. 영조 때부터 왕권 강화의 묘방으로 제시한 '탕평'의 대원칙을 무너뜨리면 보위를 유지하기 어렵다는 사실을 모를 리 없었다. 그는 김종수가 이끄는 노론 벽파 세력뿐만 아니라 실용주의 색채가 짙은 소론 세력과 진보적인 남인 세력을 고루 등용해 대화합의 탕평정치를 이루고자 했다. 또한 각 붕당의 명분과 개인적 명예를 회복하고 존중해 줄 때 비로소 참된 성왕의 정치가 가능하다고 판단해 당색을 불문하고 대대적으로 사면하는 '소통의 정치'를 단행했다. 이는 대규모의 인사이동을 수반해 변화의 분위기를 확산시키는 데 일조했다.

이길 수 있는 카드를 반드시 확보하라

동양의 역대 성군 중 정조처럼 성리학의 통치이념을 두고 신하들과 지혜를 다툰 군왕은 존재하지 않았다. 정조의 한계는 세종의 리더십과 비교해 극명하게 드러나고 있다. 세종 역시 죽을 때까지 손에서 책을 놓지 않은 당대의 호학군주였다. 그러나 그는 성리학을 전면에 내세웠음에도 결코 이에 함몰되지 않았다. 성리학의 이론 체계가 신권 우위의 통치이념 위에 서 있다는 사실을 통찰한 결과였다.

그러나 정조는 세종과는 정반대로 군주도통론에 함몰돼 가장 중요한 과제인 치국평천하에 소홀했다. 지극한 치평을 이루기 위해서는 막강한 왕권이 전제되어야 한다. 신권세력에 대한 직접적인 통제가 필요하기 때문이다. 군주도통론과 같은 우회적이고 소극적인 방법으로는 결코 이룰 수 없었다. 신권세력이 두려워하는 것은 인사대권과 군사대권 등을 휘두르는 강한 군왕이지 통치이론에 해박해 꾸지람과 훈계를 주는 스승으로서의 군왕이 아니다. 정조는 간단한 이치를 간과했다. 준론탕평이 왕권 강화를 위한 이론적 도구로 인용되었음에도 소기의 성과를 거두지 못하고, 기득권 세력인 노론 벽파가 지속적으로 정국의 주도권을 장악한 것도 이 때문이다.

그럼에도 정조는 신권 세력과의 논쟁에서 이긴 것에 흡족해 더욱 군주도통론에 매달렸다. 본말이 전도된 것이다. 그가 갑자기 세상을 떠나지 않고 오랜 시간 정권을 유지했더라도 스스로 만들어낸 허망한 덫에서 벗어나지 못했다면 별다른 성과를 기대하기가 어려웠을 것이다. 이것이 정조의 리더십에 후한 점수를 줄 수 없는 이유다.

김종수는 비록 노론 벽파의 입장을 대변하기는 했으나 채제공과 마찬가지로 정조의 충실한 신하로 일했다. 그는 노론의 강경파 일각에서 주도한 역모사건이 잇달아 일어났을 때도 가까운 인척의 연루 사실을 직접 고변하기도 했다. 그는 자신의 견해를 숙종 때의 김석주에 비유했다. 외척인 김석주는 숙종을 위해 반간계를 구사하는 등 수단방법을 가리지 않고 반대파를 제거한 인물이다. 정조의 안위를 생각해 친지 중에 문제가 있는 자를 고변한 것이 김석주의 처신을 본받은 것이라고 주장한 것이다. 정조가 그를 끝까지 신임한 배경이다.

김종수는 정조가 추진한 대부분의 개혁에 참여했다. 의리탕평과 외척배제의 원칙 모두 김종수가 정국을 주도한 시기에 나왔다. 규장각의 운영과 사도세자의 화성능원 조성도 그의 참여 아래 이뤄졌다. 두 사람은 주자성리학에 기초한 개혁에는 서로 보조를 맞췄다.

그는 정통 사대부의 면모가 강해 세신世臣 출신에 대한 특혜를 거부하고 차례로 순서를 밟아가며 관직생활을 했다. 경성 거주 세신 출신에게 절대 유리한 경과慶科(왕실 경사 때의 과거시험)의 폐지를 주장한 것도 같은 이유였다. 그는 정조가 사도세자의 묘를 참배할 때 신료들이 왕후가 아닌 혜경궁 홍 씨를 찾아가 이런저런 일을 요청한 것을 두고 주착做錯(잘못인줄 알면서도 저지른 과실)이라고 비난했다가 유배를 가기도 했다. 시파 관원들이 사도세자의 무죄를 선언해야 한다고 주장할 때도 원칙에 입각한 처리방식을 주장해 이를 관철하는 뚝심을 보였다. 그가 자신이 옳다고 생각하는 것을 고집스럽게 밀어붙인 것은 높이 평가할 만한 일이다.

| 수원 화성

그러나 그는 일정한 한계를 드러냈다. 정조가 규장각을 통해 문풍을 진작시키면서 친위세력을 키우려고 한데 반해, 그는 노론 주도의 붕당정치 노선에 반한다는 이유로 비판적인 입장을 취했다. 남인과 서얼 출신의 부상을 우려한 것이다. 장용영 등 친위부대를 배치한 정조의 화성 운영 구상에 대해서는 공연한 왕권 강화로 인해 민심이 동요할 우려가 크다며 반대하고 나섰다. 이는 그가 지도했던 청명당의 한계이자 기득권 세력인 경화사족 출신의 한계이기도 했다.

채제공은 영조 때부터 사도세자의 문제에 관한 한 김종수와 뚜렷한 대조를 이뤘다. 이는 그가 사도세자 사후 영조로부터 은밀한 당부를 받았기 때문이다. 하루는 영조가 한밤중에 도승지 채제공과 사저에 있는 세손을 불러들였다. 그는 사초를 기록해야 할 사관마저 내보내고서 말했다.

"세자의 죽음은 내가 경솔했던 탓이다. 이 한 통의 글을 잘 보관해 훗날 세손이 크면 읽어보게 하라."

그러고는 한 통의 글을 도승지에게 주면서 첫 왕비인 정성황후 서 씨 신위의 요 밑에 넣어두게 했다. 이것이 '금등문서'다. 원래 금등은 쇠줄로 단단히 봉해 비밀문서를 넣어주는 상자를 뜻하나, 여기서는 영조가 사도세자를 죽인 뒤 이를 후회하여 기록한 글을 말한다. 이것이 사도세자 사후 30년이 넘어 영의정 채제공에 의해 만천하에 공개되었다. 그 시기에 금등문서가 공개된 배경은 무엇일까?

정조는 재위 13년에 사도세자의 묘소를 수원 남쪽의 화산으로 이장하는 것을 계기로 화성을 자신이 상왕으로 물러나 새로운 정치의 전략적 중심지로 만들고자 했다. 그는 13차례나 화성을 방문했다. 여기에는 채제공과 정약용 등 정조의 측근들이 대거 동원되었다.

정조는 재위 17년 정월에 화성을 유수부로 승격했다. 정조의 의도를 묻는 여론의 압박이 거센 가운데 화성유수로 있던 채제공을 불러 영의정에 제수하면서, 김종수를 좌의정으로 승진시켰다. 숙종 이후 남인이 공식적으로 영의정에 오른 것은 처음 있는 일이었다. 채제공은 곧 상소를 올려 사도세자 문제를 공식적으로 거론하며 이에 대한 시비를 가를 것을 요구하고 나섰다. 영조 이래의 금기를 깬 것이다.

노론 벽파는 사도세자를 죽인 책임에서 벗어날 수 없었던 까닭에 채제공을 탄핵하고 나섰다. 채제공도 물러서지 않았다. 김종수와 채제공이 정면충돌을 거듭하는 와중에 정조는 양쪽의 책임을 물어 두 사람의 옷을 벗겨버렸다. 채제공이 영의정에 오른 지 열흘 만의 일이었다. 그러나 이후에도 채제공에 대한 탄핵이 그치지 않았다. 정조는 마침내 2품 이상의 대신을 소집한 가운데 승지를 시켜 '금등문서'에서 직접 베낀 두 구절을 모두에게 보여주었다.

"피 묻은 적삼이여, 피 묻은 적삼이여, 동桐이여, 동이여, 누가 영원토록 금등으로 지키겠는가. 천추에 나의 품으로 돌아오기를 바라고 바라노라."

'피 묻은 적삼'과 '동'은 사도세자를 지칭한 것으로 '적삼'은 영조의 첫 번째 부인인 정성왕후 서 씨가 죽었을 때 사도세자가 피눈물을 흘린 적삼을, '동'은 그가 짚던 상장(상주가 짚는 지팡이)을 뜻했다. 사도세자는 정성황후가 죽자 피눈물을 적삼에 흘릴 정도로 애통해했다. 영조가 '금등문서'를 남긴 것은 사도세자의 죽음에 대한 회한을 드러낸 것이었다. 정조는 대신들에게 다음과 같이 선언했다.

"감히 말하지 못할 일이라는 이유 때문에 차마 제기하지 못하고 계속해서 묻힌 채 드러나지 못할 뻔 했던 것이 지금 그의 상소로 인하여 그 단서가 발로되었으니, 그대로 잠자코 있을 수 없게 된 것이다. 앞으로 다시 이러쿵저러쿵 시끄럽게 구는 일이 있으면 사람마다 성토할 것이다. 오늘 이후 사리를 천명할 책임은 오로지 경들에게 있다."

'선왕의 유명'을 구실로 채제공에게 거센 공격을 퍼붓던 노론 세력은 다시는 이 문제를 시비할 명분을 잃었다. 노론 벽파가 화성에 대해 시비를 걸면 정조 자신도 '금등문서'로 사도세자 문제를 공론화하겠다는 승부수가 적중한 것이다.

경제를 장악하라

채제공은 정조가 보위에 있는 동안 탁월한 2인자 리더십을 보여주었다. 그는 8년에 걸친 은거생활을 마치고 우의정에 제수되었을 때 국정개혁 과제와 관련해 제시한 6개조의 진언을 주장했다. 첫째 황극皇極군주가 다스

리는 도리)을 바로 세울 것, 둘째 탐관
오리를 징벌할 것, 셋째 당론을 없앨
것, 넷째 의리를 밝힐 것, 다섯째 백
성의 어려움을 돌볼 것, 여섯째 권력
기강을 바로 잡을 것이다. 정조는 이
를 흔쾌히 받아들였다. 정약용과 이
가환, 박제가, 유득공, 이덕무 등의 인
재들이 발탁되어 활약한 것도 이에
따른 것이었다.

| 유형원이 지은 『반계수록』

반계 유형원과 이수광으로부터 시
작된 실학은 영조와 정조 때 꽃을 피
웠다. 이익 등 기호지역 중농주의 사
상은 서유구와 정약용 등에게 이어졌다. 박지원과 박제가 등의 북학파는
훗날 박규수를 거쳐 김옥균 등의 개화당에 전수되었다. 안정복과 이긍익,
한치윤, 유득공 등의 역사관은 신채호 등의 민족사관으로 연결되었다. 모
든 문화적 성과의 토양이 정조 때 이뤄진 것이다. 채제공은 정조 때에 이
르러 실학이 만개하는 데 큰 공헌을 한 셈이다.

그는 정조 14년에 좌의정에 제수되고 3년 동안 영의정과 우의정이 없
는 상황에서 독상이 되어 국정을 총괄하며 정조를 보필했다. 그에 대한
정조의 신임은 거의 절대적이었다. 그러나 이듬해에 터져 나온 윤지충의
진산 사건으로 인해 그 기반이 급속히 허물어졌다.

조상의 신주를 없애 지탄의 대상이 된 윤지충은 정약용과 인척관계였고, 연루자 모두 남인 계열이었다. 정조는 재위 17년에 마침내 채제공을 영의정에 제수했으나 벽파의 반발이 거셌다. 채제공이 여론의 압력을 이기지 못하고 사퇴하자 정조의 힘도 급격히 힘을 잃었다. 정조 19년에 주문모의 밀입국 사건으로 또 다시 대규모의 천주교 박해가 일어나자 그의 입지는 더욱 좁아졌다. 그는 이후 큰 역할을 수행치 채 수원성 축성을 감독하다가 정조 22년에 정계에서 은퇴하여 이듬해에 숨을 거두었다. 정조는 크게 애도하며 승지를 보내 장례를 치르게 했다.

정조 후기의 경제정책은 모두 채제공의 머리에서 나왔다고 해도 과언이 아니다. 그가 경제에 눈을 뜨는 것은 정조 2년에 사은사 겸 진주사로 북경에 다녀오면서부터였다. 박제가 및 이덕무 등과 함께 북경의 문물을 보고 돌아온 그는 자신의 평소지론인 '이용후생'의 경제관을 다시 한 번 확인했다. 그가 청나라의 발달한 상업을 보고 느낀 것은 박제가의 『북학의』에서 주장한 내용과 별반 다르지 않았다. 박제가는 자신의 책에서 기존의 중농정책에 대한 일대 수정을 역설하면서 국리민복을 위해 청나라의 문물을 받아들여야 한다고 주장했다. 채제공도 유사한 주장을 펼쳤다. 다만 그는 체제를 유지하는 선에서의 개혁을 생각한 데 반해 북학파들은 조선의 전반적인 개혁을 꿈꿨다.

그가 취한 일련의 경제정책 중 가장 빛나는 것은 정조 5년에 시행한 '신해통공辛亥通功'이다. 이는 숙종 때부터 유지해오던 시전상인들의 금난전권을 폐지한 것으로, 음성적인 뇌물 관행과 부패의 고리를 원천적으로 차단하는 강력한 조치였다. 노론이 그를 첫 번째 제거대상으로 삼은 것도 이 때문이었다.

그의 뛰어난 면모는 영조 50년에 평안도 관찰사 시절의 일화도 함께 뒷받침한다. 그가 부임한 지 얼마 되지 않아 평안도민의 부채를 살펴본 결과, 도민들의 능력으로는 100년을 갚아도 어렵다는 사실을 깨달았다. 그는 곧 허리띠를 졸라매고 연회와 사냥을 삼가며 지출항목마다 철저히 관리했다. 이에 재정적자를 크게 줄이고 12만여 냥에 달하는 도민들의 부채를 탕감해 주었다. 평안도민들은 감격한 나머지 채제공이 4년 후 북경 사행에 올라 평양에 들르자 음식과 술을 내오며 그를 반기며 환영했다.

조선의 경제가 폐쇄적인 유통구조에서 개방적인 경제구조로 탈바꿈할 수 있었던 것은 전적으로 그의 공이었다. 인삼에 대한 전매사업을 확충해 재정을 정비하고 은화와 인삼의 통용을 통해 공무역을 활성화한 것도 손에 꼽을 만한 업적이다.

그러나 그 또한 남인의 영수로서 붕당의 이해관계를 뛰어넘지 못하는 일정한 한계를 보였다. 사도세자의 문제를 거듭 들고 나와 노론 벽파 세력을 일거에 제거하려고 시도한 게 그것이다. 노론 벽파의 거센 반발로 궁지에 몰린 정조가 김종수와 그를 동시에 정승의 자리에서 물러나도록 한 것도 이와 무관하지 않다. 당시 정조가 채제공을 지렛대로 삼아 단호한 조처를 했다면 조선의 운명은 크게 달라졌을 것이다. 그러나 '군사론'과 '군주도통론'에 집착했던 정조는 이런 결정적인 순간에 어중간한 태도를 보였다.

이는 '이냉치열'의 제신술로 신권 세력을 제압했던 숙종과 대비되는 대목이자, 정조가 추진한 '준론탕평'의 한계다. 어떠한 명목의 탕평책도 군주의 단호한 결단과 추진력이 없으면 결코 성공할 수 없다. 정조 사후 조선조 500년을 통틀어 최악의 통치형태인 세도정치가 등장한 것도 '준론탕평'의 후과로 볼 수 있다.

빌 클린턴 대통령의 성공에 결정적 역할을 한 앨 고어 부통령은 '미국 부통령의 역사를 새로 쓴 인물'로 꼽힌다. 클린턴이 후보시절이었을 때는 워싱턴 정치경험이 적은 클린턴을 뒷받침하고 베트남전 참전 경력으로 보수 표심을 끌어모으는 역할을 했다.

고어는 강력한 비전과 조언을 통해 클린턴의 변덕과 스캔들을 감싸 안으며 미국의 기술·환경·무역정책을 한 단계 업그레이드시켰다는 평가를 듣는다. 하지만 스스로는 클린턴보다 늘 카메라에 작게 잡히도록 신경 쓰는 식으로 현명하게 주목을 피하며 2인자의 선을 넘지 않았다.

고종
·
망해가는
1인자

VS

세도하는
2인자
·
명성황후

리더십은 1인자만 가지는 것이 아니다. 2인자에게 필요한 리더십이 있다. 1인자와 2인자는 순위가 아니라 역할분담의 문제다. 전제조건은 조화를 이루어야 한다는 것이다. 같은 역할을 하는 1인자와 2인자는 무의미하다. 한쪽의 독주는 효율적이지 않다. 상호보완하는 관계를 가지는 것이 가장 이상적이다.

제10장 고종과 명성황후

"당시 일본으로서는 명성황후를 제거해 조선과 러시아가
결탁할 여지를 없애는 것밖에는 달리 방책이 없었다.
조선의 정치가 중 그녀의 지략과 수완을 따를 자가 없었다."

– 고바야카와 기자

자신을 괴롭히는 적을 두려워하지 않은 황제

명성황후는 여러모로 비슷한 시기에 사실상의 여제女帝로 군림한 청조의 서태후西太后와 닮았다. 외침의 위협 속에 황실 내지 왕실을 지키기 위해 애썼고, 황실 내지 왕실에 위협이 되는 자들을 제거하기 위해 수단과 방법을 가리지 않았고, 일족 내지 측근을 극도로 신임하여 외척의 세도정치 또는 환관정치를 불러왔다. 다만 명성황후는 미망인이었던 서태후와 달리 남편인 고종과 사별한 적이 없어 태후의 자리에 오르지 못한 점은 다르다.

불행하게도 명성황후는 청일전쟁이 끝나고 친러 쪽으로 방향을 틀면서 일본의 낭인에게 척살을 당하고 말았다. 뮤지컬은 그녀를 '한국의 잔다르크'로 그렸으나 구국의 인물로 미화해놓은 것은 문제가 있다. 나라의 안위보다 왕실의 안위, 왕실의 안위보다는 자신과 세자를 중심으로 한 일족의 안위에 더 큰 관심을 기울였기 때문이다.

그럼에도 여전히 대원군은 쇄국을 고집해 조선을 패망으로 이끈 원흉으로 지목하고, 명성황후는 능란한 외교술로 위기에 처한 조선을 구하기 위해 백방으로 노력한 여걸로 그려놓은 소설과 드라마가 많다.

대원군이 섭정할 당시만 해도 쇄국은 조선을 포함해 이웃 중국과 일본의 기본입장이었다. 일본에서 고종 5년의 메이지유신 전후로 개화와 개국을 언급한 사람들이 모두 양이파攘夷派 사무라이들의 암살대상이 된 사실이 이를 뒷받침한다.

조선은 극단적인 명분론에 함몰된 성리학의 세례를 받은 까닭에 그 흐름이 매우 강했다. 따라서 쇄국의 책임을 대원군에게 뒤집어씌우는 것은 잘못이다. 대원군이 처음부터 쇄국 일변도로 치달은 것도 아니었다. 그가 시종일관 견지한 것은 부국강병을 통한 조선의 안녕 확보였다. 외부요인인 제국주의 시대상황이 그의 웅대한 계략을 제대로 펼치지 못하게 만든 측면이 크다.

그렇다면 대원군과 명성황후 사이에 있던 고종은 어떤 입장을 취한 것일까? 그가 44년의 재위 기간 중 30년은 부친인 대원군과 부인인 명성황후의 활발한 행보와 비교해 상대적으로 소극적인 모습을 보인 것은 사실이다. 그러나 이에 지나치게 주목한 나머지 그를 유약하고 우유부단한 암군으로 치부하는 것은 일본이 만들어낸 허상을 생각 없이 수용하는 것과 같다.

최근 학계의 활발한 연구 결과 고종이 주어진 상황에서 자주적 근대화를 실현하고 마지막까지 나라를 독립시키려고 노력했다는 새로운 주장이 잇달아 발표되고 있다.

실제로 2009년 8월에 발견된 을사늑약의 주한 독일공사 잘데른의 보고서에 따르면, 미국의 26대 대통령 시어도어 루스벨트의 딸 엘리스와 황태자인 순종의 결혼을 통해 국면을 전환시키려 했다고 한다. 잘데른은 "고종이 이 젊은 숙녀에게 혼자가 된 황태자를 접근시켜 대한제국이 정치적으로 유리한 입지를 마련하려고 했다."라고 보고했다. 당시 엘리스는 일본, 필리핀, 중국을 순방하는 '아시아 방문단'과 함께 1905년 9월 19일 한국에 도착한 뒤 고종을 알현한 바 있다. 이에 앞서 1903년 11월 29일자 〈보스턴 선데이 포스트〉에는 혼자가 된 고종이 선교를 목적으로 방한한 목사 피터 브라운의 딸과 결혼하려 한다는 기사가 실린 적도 있다. 잘데른은 고종에 대해 '자신을 괴롭히는 적을 두려워하지 않는 황제'로 높이 평가했다.

그가 주도한 광무개혁이 뜻밖의 성과를 올리자, 일본이 러일전쟁이란 비상수단을 동원해 이를 무산시키고 강압적으로 조선을 병탄한 결과라는

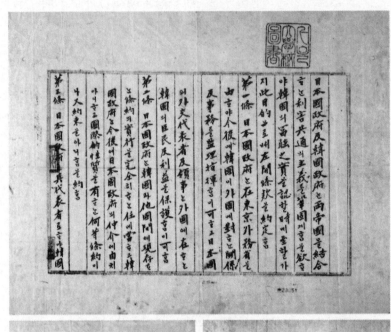

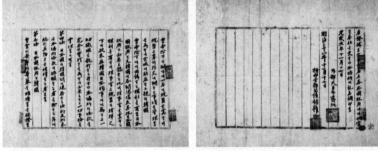

「을사늑약서」

주장도 같은 입장에서 나온 것이다. 이는 조선 패망의 근본 원인을 그의 무능에서 찾는 일각의 주장과 배치되는 것이다.

그러나 대원군이 대신 나라를 다스린 재위 초기는 그렇다 해도 성년 이후 친정을 행하면서 민씨 세도정치에 편승해 매관매직에 동참하며 결정적인 순간에 우유부단한 모습을 보인 것 또한 부인할 수 없다.

'광무개혁'을 아무리 높이 평가해도 중기에 보여준 그의 암군 행보는 그의 리더십을 평가하는 데 결정적인 결함으로 작용할 수밖에 없다. 그러나 여기에만 초점을 맞춰 그의 리더십을 모두 헐뜯는 것 또한 잘못이다. 시기별로 공과 과를 엄밀히 분석한 뒤 이를 종합해 총체적인 평가를 하는 게 타당하다.

견제가 사라지면 권력은 부패한다

대원군과 고종, 명성황후의 리더십을 분석하기 위해서는 이들을 역사 무대에 등장하게 한 세도정치부터 살펴봐야 한다. 정조가 세상을 하직했을 당시 세자는 겨우 11세였다. 따라서 영조의 부인인 정순왕후가 수렴청정을 했다. 정순왕후는 순조가 15세가 되기 직전인 순조 3년에 4년에 걸친 수렴청정을 거두었다. 왕이 20세가 될 때까지 수렴청정을 할 수 있는 상황에서 철수를 결정한 것은 매우 이례적인 일이었다. 실록의 기록을 보면 그녀는 대비의 수렴청정이 지닌 한계를 익히 깨닫고 있었다.

그녀가 죽은 후 임금의 장인인 김조순이 어린 순조를 보필하기 위해 전면에 나섰다. 문제는 영조 때 재편된 시파와 벽파의 붕당구도가 자연스럽게 소멸된 것까지는 좋았으나 학문과 권력에서 그를 압도할 만한 인물이 없었던 데 있다. 김조순은 이런 기회를 최대한 활용해 세도정치의 서막을 열었다.

순조의 뒤는 효명세자가 요절한 탓에 손자인 헌종이 뒤를 이었다. 헌종이 보위에 오를 때의 나이는 8세였다. 순조의 비인 순원왕후가 수렴청정을 하자 김조순의 아들 김좌근이 정권을 잡았다. 이어 일족인 김조근의 딸이 헌종의 비로 간택됨에 따라 안동 김씨의 세도정치가 반석 위에 올랐다. 얼마 후 헌종이 23세의 나이로 요절하자 순원왕후는 예상과 달리 은언군의 손자이며 전계군의 제3자인 이원범을 후사로 낙점했다. 이가 철종이다. 속칭 '강화도령'으로 불린 이원범은 평민이나 다름없었다. 제왕학은 커녕 기본적인 소양조차 닦지 못했다. 안동 김씨가 몰락한 종친을 후사로 택한 것은 말할 것도 없이 자신들이 주도하는 세도정치를 영속화하려는 것이었다.

이들의 속셈은 순원왕후의 8촌 동생인 김문근의 딸을 철종의 비로 맞아들이면서 드러났다. 군왕을 자신들의 입맛대로 옹립한 데 이어 대혼大婚마저 독점한 상황에서 이들을 견제할 세력은 없었다. 안동 김씨들은 이마저도 안심하지 못해 세도정치에 위협이 될 만한 종친을 차례로 제거해 나갔다.

이런 상황에서 흥선군 이하응은 익종으로 추존된 효명세자의 빈인 신정왕후 조 씨와 교신하면서 철저히 몸을 낮춘 채 때가 오기만을 기다렸다. 익종의 양자가 되어 보위에 오른 뒤 옹주 한 명만 두고 있는 철종이 죽으면 궁중의 최고 어른인 신정왕후 조 씨에 의해 후사가 결정될 것을 염두에 둔 깊은 생각이었다. 가계로 볼 때 대원군은 헌종에게는 7촌의 재당숙再堂叔, 철종에게는 6촌의 재종형再從兄에 해당했다. 비록 6촌 간이긴 하나 철종에게는 가장 가까운 종친에 해당했다. 마침내 철종이 재위 14년에 급서하자 대왕대비 조 씨가 곧바로 명령을 내렸다.

"대원군의 둘째 아들 명복에게 익종의 대통을 잇게 하라."

조 대비의 명을 받고 이명복을 받들기 위해 운현궁으로 간 영의정 김좌근의 발걸음은 천근만큼이나 무거웠을 것이다. 고종의 즉위는 신정왕후 조 씨와 대원군의 절묘한 합작품이었다. 당시 12세의 고종이 곧바로 친정에 나설 수는 없었다. 고종이 익종의 대통을 잇는 것으로 즉위한 까닭에 공식적인 섭정은 말할 것도 없이 조 대비의 몫이었다. 조 대비는 고종 3년에 수렴청정을 거둬들였다. 이때 그녀는 안동 김씨들의 반발에도 대원군을 사실상의 섭정에 임명했다. 대원군의 나이는 44세였다. 이후 10년 동안 대원군은 국태공國太公의 자격으로 평소 생각해온 개혁구상을 과감히 실천에 옮겼다.

그는 우선 당색을 가리지 않고 인재를 발탁하고, 지방토호로 전락한 사림 세력의 온상이 된 서원을 대대적으로 혁파했다. 상민에게만 부과하던 군포를 호포로 바꿔 양반에게도 물렸다. 아전이나 토호들의 농간이 극심하던 환곡제를 사창제로 바꿨다. 수령들의 가렴주구를 엄단하고 나서자

각 관아의 창고에 전곡이 넘쳐났다. 백성들의 칭송이 자자했다. 땅에 떨어진 왕권은 자연스럽게 회복되었다. 10년 동안 정국을 자신의 의지대로 이끌 배경이 만들어졌다.

위기는 밖에서 왔다. 대원군은 고종 3년 정초에 천주교 금압령을 내리고 프랑스 선교사 12명 가운데 9명을 비롯해 남종삼 등 조선인 천주교도 8,000여 명을 처형했다. 간신히 조선을 탈출한 리델 신부가 천진에 주둔한 인도차이나함대 사령관 로즈 제독에게 이를 알렸다.

북경주재 프랑스 대리공사가 청국조정에 공문을 보내 한반도로 진격할 결심을 밝히면서 어떠한 사태가 발생하든 청국정부는 이에 간섭할 수 없다고 통보했다. 청국 총리아문사무의 공한을 통해 이 사실을 알게 된 대원군은 오히려 천주교도에 대한 탄압을 더욱 강화하는 한편 변경의 수비를 강화했다. 마침내 그해 9월에 리델 신부와 한국인 신도 3명의 안내로 로즈 제독이 이끄는 프랑스 군함 3척이 양화진을 거쳐 경성의 서강에까지 이르렀다. 대원군이 군사를 증파해 강안을 엄중히 경비하도록 하자 로즈는 강변만 측량한 뒤 중국으로 물러났다.

그러나 곧 로즈는 함대 7척과 600명의 해병대를 이끌고 인천 앞바다에 나타났다. 해병대 일부가 강화도 갑곶진 부근의 고지를 점령하자 곧 총공세를 펼쳐 강화성을 함락시켰다. 보고를 접한 대원군은 이경하와 신헌, 한성근, 양헌수 등에게 문수산성과 정족산성을 비롯해 경성으로 들어오는 관문인 양화진 등을 철저히 수비하도록 지시한 뒤 격문을 보내 즉각 퇴거

| 병인양요 당시를 묘사한 그림

할 것을 통고했다. 이를 무시한 프랑스군 120여 명이 문수산성을 정찰하다가 잠복 중인 한성근의 소부대에게 27명이 사상되는 등 처음으로 막대한 인명손실을 입었다.

그해 11월에는 프랑스 해병 160명이 올리비에 대령의 지휘하에 정족산성을 공격하다가 조선군의 매복 작전에 말려들어 커다란 손실을 보고 갑곶으로 패주했다. 로즈는 한 달 동안 점거했던 강화성에서 철수하면서 관아에 불을 지르고 약 4만 달러에 달하는 은괴와 금괴를 포함해 대량의 서적과 보물을 가지고 도주했다. 대원군은 병인양요를 대첩으로 규정하고 전국에 '척화비'를 세우는 등 쇄국양이鎖國攘夷에 박차를 가했다.

당시 동아 3국 중 유독 조선에서만 양이사상이 강고하면서도 극단적으로 퍼져 있었다. 노론을 중심으로 한 조선의 사대부들이 서양을 짐승으로 간주하며 '위정척사'를 기치로 내걸었다. 당시만 해도 '위정척사'는 구국을 위한 정론으로 간주되었다.

시대의 흐름을 읽어라

대원군의 쇄국 기조가 붕괴한 것은 궁궐 내부였다. 며느리 명성황후의 집요하면서도 치밀한 공세로 인해 그는 관직에서 물러날 것을 선언했다. 빈공간은 민씨 세력이 채웠다. 제2의 세도정치가 부활한 것이다. 민씨 척족의 세도정치는 안동 김씨의 그것보다 훨씬 악명 높았다.

애초 대원군은 안동 김씨의 세도정치가 국혼을 독점한 데서 비롯되었다는 사실을 알고 있었다. 외척의 득세 가능성이 없는 집안의 딸을 맞아들이고자 했으나, 이것이 결과적으로 더 큰 화를 불렀다. 하지만 이를 두고 대원군만 탓할 수도 없었다. 더 큰 문제는 명성황후에게 있었다.

고종보다 한 살 많은 명성황후는 어렸을 때 부모를 잃고는 『춘추좌전』을 탐독하며 세상을 보는 안목을 키웠다. 태생적으로 총명한 데다가 사서를 통해 수많은 사람들의 다양한 행태를 숙지해 사람을 다루는 기술에 능했다. 16세가 되는 고종 3년에 대원군의 부인인 부대부인 민 씨의 천거로 운현궁에서 고종과 가례를 올리고 곧바로 입궁했다. 그녀의 초기 궁중생활은 평탄했다. 그러나 곧 궁인 이 씨 소생의 완화군에 대한 세자 책봉 움직임이 일면서 적잖은 위기의식을 느꼈다. 서장자를 세자에 책봉하는 것은 성리학의 정통론에서 나온 적장자 계승의 원칙에 어긋나는 일이었다. 더구나 그녀는 아직 어렸다.

그녀는 마침내 완화군이 태어난 지 5년 뒤인 고종 8년에 고대하던 왕자를 낳았다. 명실상부한 적장자였다. 그러나 아기는 대변이 나오지 않았다.

춘추좌전

『춘추좌전』은 춘추열국시대의 역사책인 『춘추』를 노나라 유학자 좌구명左丘明이 해설한 책이다. 노나라 은공隱公 시대부터 노나라 애공哀公 시대까지 240여 년의 역사를 기록하고 있다. 당시 사회 현실과 전쟁 상황 등을 사실적으로 묘사하고 있다고 평가받고 있다.

이 책은 전쟁에 대해 원인과 성격, 결과를 상세히 묘사하고 있으며, 등장하는 인물의 대화를 통해 특징을 설명하고 있다. 또 역사적인 사실을 고사와 대화 중심으로 기록해 사실감 넘치게 하고 있다.

공교롭게도 대원군이 보낸 산삼을 먹고 이틀 뒤에 죽었다. 생후 5일 만의 일이었다.

이후 대원군의 집정기간이 10년 가까이 되자 백성들의 불만이 높아지기 시작했다. 경복궁 중건과 당백전 발행 등으로 실정이 거듭된 결과였다. 사림들은 이미 오래전부터 대원군의 하야를 학수고대하고 있었다. 서원 철폐와 양반에 대한 호포제 실시 등에 대한 불만이 누적됐다. 특히 노론 세력의 불만은 하늘을 찌를 듯했다. '위정척사'를 내세운 이항로의 수제자인 최익현이 도끼를 메고 탄핵상소를 올린 것은 사림의 반발이 위험수위를 넘었다는 징표였다.

고종 10년에 이르러 마침 청국의 동치제가 17세의 나이로 친정을 선포했다. 고종의 나이는 22세였다. 누가 봐도 대원군의 섭정이 막을 내릴 때가 된 것이다. 그러나 누구도 이를 입 밖에 내지 못했다. 이때 명성황후가 친정 오라비인 민승호와 조 대비의 조카 조영하를 조종해 분위기를 잡아나갔다. 고종은 신중한 자세를 취하면서도 종전과 달리 국정 각 분야를 직접 챙기는 모습을 보였다. 무언의 시위였다. 얼마 후 대원군의 궁궐 전용 출입문인 금호문이 봉쇄됐다. 섭정이 끝났음을 알리는 신호탄이었다.

곧이어 승정원에 대한 인사를 단행해 좌승지에 김시연, 우부승지에 심이택, 동부승지에 최익현을 임명했다. 이들은 모두 노론의 강경론자였다. 특히 최익현은 고종 5년에 대원군의 폐정을 비판하는 상소를 최초로 올렸다가 대원군의 노여움을 사 유배당한 바 있었다. 경복궁 중건 공사 중지, 원납전 징수 중지, 당백전 혁파 등이 상소의 골자였다.

혼란의 시대에는 임기응변하라

고종의 친정 이후 시종 명성황후와 고종이 2인 3각의 행보를 보인 것은 명성황후가 뒤에서 조종했을 가능성이 높다. 당시 고종과 명성황후가 대원군을 공격하는 최선봉에 최익현을 내세운 것은 치밀한 계산에서 나온 것이었다. 당대의 거유 이항로가 서거한 뒤 유림들로부터 성망이 높았던 그는 열정적인 인물인 데다 술수 또한 뛰어났다. 그 역시 서원철폐가 계속되고 남인 등의 등용이 이뤄지는 현실에 분개하고 있었다. 그는 명성황후의 오라비인 민승호가 종용하자 고종 10년에 기꺼이 붓을 들었다. 그는 1차 상소에서 정치권 전체를 비판하는 식의 노회한 수법을 구사했다. 외곽을 때려 변죽을 울리는 수법이었다.

"근래 조정에서는 속된 논의만 거듭해 정론이 사라지고, 아첨하는 자들만 뜻을 펴게 되니 참된 선비는 모두 은둔하게 되었습니다. 세금과 부역이 그치지 않아 생민이 어육은 되고, 윤리가 무너져 사기가 꺾였습니다."

대원군을 겨냥한 게 분명했다. 조정의 여론이 비등했으나 고종은 오히려 그를 호조참판으로 승진시켰다. 대원군 세력인 좌의정 강로와 우의정 한계원이 그에 대한 중벌을 주장했으나 고종은 이를 무시했다.

대노한 대원군이 사간원과 사헌부 관리들을 시켜 규탄 상소를 올리게 했다. 성균관 유생들도 동맹 휴학인 권당에 들어갔다. 그러나 고종은 오히려 규탄 상소를 한 대간들을 파직시키고 동맹휴학한 유생들의 과거시험

응시자격을 박탈하는 등 강경하게 대응했다. 이에 고무된 최익현이 2차 상소를 올렸다. 이번에는 대원군을 직접 겨냥했다.

"모든 일이 국왕이 어릴 때 이뤄진 것이므로 이제 친정을 단행해 옛 제도를 복구해야 합니다. 대원군은 정치에 간여하지 못하도록 하고, 작위를 높여 녹봉을 후하게 주는 것으로 그쳐야 합니다."

1차 상소에서 외곽을 때리는 수법으로 여론을 환기시킨 후 분위기가 무르익자 2차 상소로 정면승부를 내는 전술을 택한 것이다. 정승을 비롯한 육조 판서들은 집단 사직서를 내고 대간들까지 이에 가세하는 등 거센 반발이 일어났다. 그러자 고종은 '상소의 내용이 과격하다'는 이유로 최익현을 파직한 뒤 제주도로 유배 보내는 동시에 최현의 처벌을 강력 주장한 관원 세 사람도 동시에 유배를 보냈다. 대원군 지지세력의 예봉을 피하면서 반격할 시간을 벌고자 하는 속셈이었다.

실권자를 파악하라

옛 노인들이 며느리를 흉볼 때 가끔 '민후閔后 같은 년'이라는 표현을 썼다. 시아버지를 내친 명성황후의 권모술수를 비난한 것이다. 대원군을 몰아낸 명성황후는 사치를 일삼고, 자신과 일족의 안녕을 위해 국가안위까지 이용하는 모습을 보였다. 드라마에서 미화해놓은 '외세에 맞서 싸우다 비참한 최후를 맞은 국모'의 이미지와는 거리가 있다.

명성황후는 고종의 재위 기간 중 대원군과 더불어 나라의 운명을 좌우하는 막강한 위세를 떨쳤음에도 그에 관한 기록이 그리 많지 않다. 시종 막후인물로 작동한 사실과 무관치 않을 것이다. 스스로 정적에게 노출되는 것을 극히 꺼린 측면도 적잖이 작용했다.

그러나 외국인들에게는 예외였다. 그녀는 대외교섭의 일선에 발 벗고 나섰다. 그녀를 만난 외국인들이 남긴 기록이 이를 뒷받침한다. 그녀를 만나본 외국인들의 평은 모두 호의적이다. 최초로 그를 만난 외국 여성은 고종 20년에 초대 미국 전권공사로 부임한 푸트의 부인 로즈였다. 경성에 거주한 최초의 미국 여성으로 기록된 로즈는 훗날 회고록에서 명성황후를 이같이 묘사했다.

"뛰어난 침착성과 무언가를 탐색하는 눈빛을 지닌 총명한 인상이었다."

영국 여행가 비숍 여사는 1890년에 한국을 여행하면서 여러 차례 명성황후를 만났다. 고종 32년에 명성황후를 만난 그녀는 훗날 『한국과 그 이웃 나라들』에서 그녀를 이같이 평했다.

"40세가 넘는 여인으로서 몸이 가늘고 미인이었다. 검고 윤이 나는 머리카락에다 피부는 진주가루를 이용해 창백했다. 눈은 차갑고 날카로웠다. 이는 그녀가 훌륭한 지성의 소유자임을 나타내주는 것이었다."

미국 선교사 언더우드의 부인 릴리어스는 원래 여의사로 명성황후의 주치의로 있다가 언더우드와 만나 결혼했다. 그녀는 한국에 거주하면서 수시로 명성황후를 만난 몇 안되는 외국인 중 한 사람이었다. 그녀는 『조

The *tarantass* of the Chief of Police made nothing of the obstacles on the road to Yantchihe, where we were to hear of a Korean interpreter. The level country, narrowing into a valley bordered by fine mountains, is of deep, rich black soil, and grows almost all cereals and roots. All the crops were gathered in and the land was neatly ploughed. Korean hamlets with houses of a very superior class to

KOREAN SETTLER'S HOUSE.

those in Korea were sprinkled over the country. At one of the largest villages, where 140 families were settled on 750 acres of rich land, we called at several of the peasant farmers' houses, and were made very welcome, even the women coming out to welcome the official with an air of decided pleasure. The farmers had changed the timid, suspicious, or cringing manner which is characteristic of

| 비숍 여사의 『한국과 그 이웃나라들』

선견문록』에서 명성황후를 보다 세밀히 분석해놓았다.

"명성황후는 기민하고 유능한 외교관이었다. 게다가 애국적이고 광범위한 개화정책의 관리자이기도 했다. 가장 신랄한 반대자들도 항상 명성황후의 기지를 당해내지 못했다."

특이하게도 명성황후를 척살한 일본 역시 명성황후를 뛰어난 인물로 평가했다. 식민 통치를 합리화하기 위해 고종을 폄하하며 명성황후를 상대적으로 높이 평가한 결과로 보인다. 쓰노다 후사코角田方子는 을미사변을 집중적으로 다룬『명성황후, 최후의 새벽』에서 명성황후에 대한 일본인의 시각을 이같이 정리해놓았다.

"나는 그녀를 두고 일본인들이 '여러 외국을 혀끝으로 농락한 여인, 러시아와 손잡고 일본을 쫓아내려고 한 여걸, 독재자인 대원군을 상대로 국운을 걸고 싸운 여성' 등으로 표현해놓은 것을 보고 크게 놀랐다."

명성황후의 정치력이 간단치 않았음을 뒷받침하는 증언들이다. 그녀는 당대의 여걸임에 틀림없다. 그러나 그녀는 궁내에서 대단한 칭송을 받았는지는 몰라도 정작 고종에게는 사랑을 받지 못했다. 완화군이 고종 17년에 병을 얻어 13세의 어린 나이로 요절했을 때 그 배후에 명성황후가 있었다는 소문이 파다하게 나돌기도 했다. 그녀가 고종과 관계한 기생을 죽였다는 이야기도 전해졌다.

협상에서 객관성을 잃지 마라

고종은 조선의 역대 군왕 중 당대 최고 수준의 정치능력과 술수를 지닌 부친과 부인을 두었다. 이로 인해 그는 늘 부친과 부인에게 휘둘리는 유약하고 우유부단한 인물로 평가됐다. 그러나 그는 결코 무능한 인물이 아니었다. 오히려 고종이 부인 명성황후를 내세워 우회적으로 대원군을 공격했을 가능성을 생각해볼 수도 있다. 실제로 고종 11년에 이뤄진 대원군의 축출도 그의 의지와 무관하게 진행된 것이 아니었다.

비록 뒤늦게 보위에 오르기는 했으나 10년 가까이 당대 최고의 학자들로부터 제왕학을 전수받은 고종이 성인이 된 후에도 주견도 없이 시종 부인에게 휘둘렸다는 것은 상식에 맞지 않다. 부인과 부친 간의 갈등을 교묘히 이용해 자신의 의지를 관철했을 가능성이 있기 때문이다. 대원군의 실각 이후 고종과 명성황후가 함께 정무 보고를 받거나 외교사절을 맞아들였다는 외국인의 기록이 이를 뒷받침한다.

이는 고종의 친정에 결정적인 공을 세운 명성황후가 단순한 왕비가 아니라 고종의 정치적 동반자로서의 구실을 했음을 의미한다. 실제로 군국기무와 관련된 주요현안을 결정하는 과정에서 두 사람 간의 충돌은 찾기 어렵다. 대원군과의 껄끄러운 관계로 종친의 지원을 크게 기대할 수 없는 당시 상황에서 노론의 명족에 속하는 민씨 처족이 고종의 울타리 역할을 수행한 측면을 간과해서는 안 된다.

고종과 명성황후는 대원군을 밀어낼 때 여러 이유를 들었다. 그중에는 개국의 문제도 있었다. 고종의 친정 이후 개국문제가 현안으로 등장한 것은 불가피한 일이었다. 초기에 개화정책을 주도한 것은 박규수를 비롯한 그의 문인들이었다. 김옥균은 박규수의 문생 중 급진개화파의 좌장 역할을 했다. 고종과 명성황후가 이들의 개화노선에 동조한 것은 당시의 시류에 비춰 당연한 일이었다.

그러나 개화방략에서 고종과 명성황후의 생각은 김옥균 등의 급진개화 파와 커다란 차이가 있었다. 개화 자체는 동의했으나 서구식 정치체제의 도입에는 결사반대했다. 갑신정변 전후로 이들은 급진개화파와 갈라섰 다. 명성황후 척족의 세도정치 행태에 대한 입장에도 현격한 차이가 있었 다. 극히 비판적인 입장을 취한 개화파와 달리 고종은 이에 동조하는 행 보를 보였다. 고종의 친정 이후 명성황후와 고종이 2인 3각의 행보를 취 한 시기에 두 사람의 리더십을 결코 높이 평가할 수 없는 이유가 여기에 있다.

게다가 두 사람은 매관매직에 열중했다. 지방관이 바치는 뇌물의 정도 에 따라 충성도가 측정되고 진상을 많이 하는 자에게 이른바 '물 좋은 자 리'가 돌아갔다. 백성들에 대한 착취를 독려한 것과 같았다. 궁궐의 사치 가 원인이었다. 나라의 명운이 풍전등화인 상황에서 고종과 명성황후 모 두 검약한 생활을 영위하며 부국강병을 꾀하기는커녕 사치에 몰두하며 매관매직에 앞장선 것은 지탄을 받아야 할 행동이었다.

대원군을 밀어내고 친정에 나선 고종은 커다란 실수를 범했다. 대원군 이 심혈을 기울여 다져놓은 최고군사기관인 삼군부를 유명무실하게 만 들고, 병인양요와 신미양요 이후 도성 방어의 핵심기관으로 육성해온 강 화도의 진무영체제를 약화시킨 것이다. 원래 대원군은 삼군부를 영의정 이 이끄는 의정부와 대등한 기관으로 만들어 강력한 부국강병책을 시도 했다. 고종은 대원군의 권력기반으로 활용된 점에 지나치게 주목한 나머 지 이를 무력화한 데 이어 강화도의 진무영체제마저 약화시키는 우를 범했다. 고종은 요새화된 강화도 진무영의 책임자인 진무사 자리에 반드시 무인 출신을 임명해야 하는 외등단제外登壇制를 폐지하고 문신도 책임자가 될 수 있는 유수제留守制로 바꿨다. 막강한 무력을 보유했던 강화도 진무사 자리가 평범한 강화도 유수로 격하되고 만 것이다. 이는 훗날 일본으로 하여금 손쉽게 조선을 굴복시켜 최초의 불평등조약인 강화도조약을 맺게 하는 결정적 배경으로 작용했다.

당시 대궐의 숙위는 용호영龍虎營과 무예영武藝廳 소속의 병력 800명이 맡고 있었다. 대궐을 수비하기에 충분한 병력이었다. 그러나 고종은 대신들이 예산을 이유로 강력 반발하는데도 증원 계획을 관철시켰다. 무위소 병력이 2,000여 명으로 늘어나고 이들에 대한 특별대우로 수십만 냥을 지출했다. 예산이 모자라자 최전선 격인 강화도 진무영에 배정된 돈까지 사용했다. 왕권의 상징인 궁궐의 수비 강화도 필요하지만 이는 어디까지나 해방海防을 중심으로 한 국방이 전제된 뒤에야 의미 있는 것이었다. 대원군 때 심혈을 기울여 강화한 진무영 체제를 유명무실하게 만든 것은 중대한 실책이었다. 실제로 이는 참담한 결과를 가져왔다.

고종 12년에 일본의 운요호가 강화도 해역에서 무력도발을 벌일 때 사기가 떨어진 진무영 군사들은 수수방관하는 모습을 보였다. 영종 첨사 이민덕은 600명의 포수를 거느렸으면서도 영종진 요새가 유린당하도록 내버려뒀다. 신미양요 때 어재연이 진두에 서서 지휘하다가 장렬히 전사한 것과 대조되는 모습이다. 왕실의 안위를 위해 국방의 핵심군사력을 궁궐 수비 위주로 돌린 결과였다.

강화도조약 체결 당시 '위정척사'를 주장하는 유림들은 정치만 잘하면 외적을 물리칠 수 있다는 '내수외양론內修外攘論'을 전개했다. 대원군의 축출에 결정적인 공을 세운 최익현은 '왜양일체론倭洋一體論'을 내걸고 결사 반대했다. 이는 '위정척사'를 내건 노론세력의 입장을 대변한 것이기도 했다. 권력에서 밀려난 대원군도 대신을 조정해 반대에 가세했다. 그러나 고종의 입장은 단호했다. 그가 최익현을 흑산도로 유배 보내는 등 단호한 조처를 하면서 내세운 논리는 극히 간단했다.

"양인은 양인이고, 왜인은 왜인이다."

위정척사파가 내세운 '왜양일체론'을 일거에 격파하는 '왜양이체론倭洋異體論'이었다. 서구 제국주의 대열에 합류한 일본의 실체를 간과했다는 지적을 받을 만한 논리였으나 일본과 청국 모두 개항한 마당에 조선만이 계속 쇄국으로 일관하기도 어려운 상황이었다. 당시 일관되게 개국론을 주장해온 박규수가 조약 체결을 적극 지지하고 나섰다.

박규수는 일본의 압력에 의한 개항이 불가피한 상황이라면 일본의 침략의도를 철저히 봉쇄하는 선에서 개항을 주도하는 게 낫다고 판단했다. 청국을 지렛대로 삼아 일본의 침략을 저지하고자 한 것이다. 그가 일본의 구로다 기요마사의 상대역으로 신헌을 강력히 천거하면서 조약문의 제1조에 조선이 청국의 종속국임을 반드시 명기하도록 주문한 것도 이 때문이다.

그러나 일본은 조선의 이런 속셈을 간파하고 제1조에 조선의 '자주독립국' 조항을 명기하는 데 성공했다. 이는 말할 것도 없이 조선을 청국에서 떼어놓고서 맘 편하게 접수하려는 속셈이었다. 유구(오키나와)와 대만을 점령할 때 이미 써먹은 방법이기도 했다. 일본은 조약을 체결하기 전에 이미 청국으로부터 '조선은 비록 조공국이기는 하나 내정 등 모든 것을 자주적으로 행해왔다'는 공식 언급을 확인한 후 이를 근거로 조선의 자주독립국 조항을 관철했다.

당시 고종이 대원군 지지세력을 포함해 조야의 여론을 주도하고 있던 위정척사파의 완강한 반대를 무릅쓰고 조약체결을 강행한 것은 나름대로 개항의 필요성을 인식한 결과로 볼 수 있다. 여기에는 명성황후의 조언이 적잖은 영향을 미쳤을 것이다. 그러나 고종과 명성황후는 아무런 방략도 없이 조약체결에 임했다. 고종이 강화도조약 체결 당시 위정척사파의 강력한 반발에 흔들리는 시원임 대신들을 불러놓고 '전통적인 양국관계 회복'을 역설하며 조약체결을 합리화한 게 그 증거이다.

"이번 일은 구호舊好를 닦는 것에 지나지 않을 뿐이다."

그가 내세운 왜양이체론의 목적이 최소한의 개방으로 일본과 서구열강의 조선개방 압력을 비켜가는 데 있음을 뒷받침하는 대목이다. 물론 여기에는 개항에 결사반대하고 있는 노론과 유림 세력의 반발에 편승해 어부지리를 노리는 대원군 지지 세력의 준동을 미리 제압하려는 정치적 목적이 적잖이 작용했을 것이다.

문제는 조약 체결 이후였다. 일본은 강화도조약 체결 당시 조선 측의 만국공법에 관한 무지를 이용해 무관세를 원칙으로 하는 10개조의 무역

| 강화도조약

규칙안을 부대조약으로 체결했다. 이것은 일본의 경제침투를 합법적으로 승인한 것이었다. 그로 인한 조선 측의 재정적 손해는 엄청났다. 조선은 단 한 푼의 관세도 징수할 수 없었다. 무관세 조항은 치외법권 및 일본화폐의 유통과 함께 일제가 조선을 침략하는 3대 수단으로 악용되었다.

조선이 부국강병을 실현하지 못한 당시 상황에서 취할 수 있는 최상의 방략은 서구열강을 끌어들여 일본을 견제하는 '이이제이以夷制夷'였다. 일본이 미국과 불평등조약을 맺은 후 자발적으로 서구열강과 조약을 맺은 것도 이런 관점에서 나온 것이다. 조선이 이를 깨달은 것은 한미수호조약을 맺기 전후였다. 고종 18년에 일본에 파견된 조사시찰단의 일원인 민종묵은 일본외무성과 세관을 상대로 여러 자료를 수집했다. 그가 챙긴 자료

중 하나가 '일본각국조약'이라는 제목이 붙은 국제법과 조약에 관한 것이 었다. 조선은 이때 비로소 국제조약에 관한 정보를 본격 수집하기 시작한 것이다. 이것이 한미수호조약 체결에 도움이 된 것은 말할 것도 없다.

당시 고종은 조사시찰단을 파견한 직후 대외교섭문제를 전문적으로 다룰 '통리기무아문'을 설치했다. 병사 300명과 사관생도 140명이 훈련을 받았다. 그러나 일본식 훈련에 대한 안팎의 시선은 곱지 않았다. 청국도 불편한 심기를 감추지 않았다. 고종은 조선의 무력이 얼마나 열악한 상황에 처해 있는지를 절실히 깨닫지 못하고 있었다.

사실 서구 열강과 맺은 최초의 조약인 한미수호조약의 체결 또한 조선이 자각해 성사된 것도 아니었다. 당시 청국의 북양대신 이홍장은 일본의 조선침략 의도가 노골화하자 이를 견제하려고 수차례에 걸쳐 속히 미국과의 수교를 서두를 것을 주문하는 비밀문서를 영의정 이유원에게 전했다. 그러나 이유원은 위정척사파의 반발을 우려하며 계속 미루는 모습을 보임으로써 결과적으로 일본의 조선침략을 방조하는 우를 범했다.

한미수호조약의 체결은 이홍장이 이유원과의 교신을 끊고 직접 고종에게 밀함을 보낸 데서 가능했다. 이후 고종이 대미수교의 기본방침을 견지한 것은 높이 평가할 만하다. 결국 그는 조정대신의 7할의 지지를 얻어내는 데 성공했다. 고종 18년에 청국의 대외교섭 전문가인 마건충 등이 서울에 온 슈펠트를 상대로 이홍장이 마련한 초안을 기초로 하여 조미수교조약을 체결했다. 이홍장은 유사시 한미 상호 간에 원조와 중재를 갖는 규정을 두도록 조언해 이를 관철했다. 이는 일본 및 러시아의 조선침공에 대비한 공수동맹을 염두에 둔 것이다. 이후 미국이 조선의 거듭된 지원 요청을 무시해 사문화되기는 했으나 청국의 최후 울타리인 조선을 지키기 위한 이홍장의 발상이 빛나는 대목이었다. 이 조항은 일제의 조선병탄이 이뤄질 때까지 고종의 대미청원외교의 근거로 활용되었다.

남을 이용하면 나도 이용당한다

고종 19년에 구식 군사들이 임오군란을 일으켜 명성황후를 척살하려한 배경은 명성황후의 사치스러운 행태와 민씨 세도가들의 부정에 있었다. 당시 궁궐에 난입한 군사들이 노린 첫 표적은 명성황후였다. 구식 군인들은 무위소 등장으로 녹봉의 차별을 받았는데 별기군의 출현으로 더욱 심해지자 참아왔던 불만을 터뜨렸다. 여기에는 선혜청 당상 민겸호를 비롯한 관원들의 부정부패가 기폭제 역할을 했다.

결국 민겸호는 간신히 몸을 피해 대궐로 숨어들었으나 이내 성난 군인들에게 맞아 죽었다. 당시 대원군은 민겸호가 목숨을 구해 달라고 애처롭게 요청했으나 이를 차갑게 외면했다. 군란을 일거에 해결할 수 있는 열쇠는 대원군이 쥐고 있었다. 대원군이 중재역을 만족했다면 상황이 달라졌을 것이다. 그는 자신을 찾아온 난군 대표들을 상대로 일면 달래면서 일면 부추기는 모습을 보였다. 심복을 잠입시켜 현장에서 지휘하게 하는 한편 공격목표인 명성황후가 있는 곳을 넌지시 일러주기도 했다고 한다. 당시 이홍장은 임오군란 보고를 접하자 곧 영선사로 와 있는 김윤식과 한

미수호조약 문의차 천진으로 온 문의사 어윤중을 불러 군란의 배경을 탐문했다. 두 사람은 군란이 반역으로 치달을 소지가 크다고 우려하면서 일본의 출병에 앞서 청군의 출병을 요구했다. 당시 일본에 유학중인 유길준과 윤치호도 대원군을 타도하기 위한 일본군의 파병을 청하는 서한을 일본정부에 보냈다. 양쪽 모두 모처럼 시작된 개화가 무산될까 우려했던 것이다.

대만과 베트남이 일본과 프랑스의 도전으로 청국의 번병에서 떨어져나간 이후 조선만큼은 확고한 울타리로 만들겠다는 생각을 하고 있던 이홍장은 바로 군사를 파견했다. 김윤식 등으로부터 고종이 원치 않는 사태가 일어난 것을 확인한 결과였다. 그의 속셈은 조선을 청국의 확고한 통제 하에 두려는 데 있었다.

오장경은 구식 군인으로 이뤄진 중앙군과 일본군이 훈련시킨 별기군까지 모두 해산시킨 뒤 자신들이 조선군의 훈련과 부대 창설을 돕겠다고 제의했다. 궁궐수비에 불안을 느낀 고종은 장정 1,000명을 선발해 청군에 넘겼다. 오장경 휘하의 원세개가 이들의 훈련을 담당했다. 이들이 친군의 좌우영이다. 이후 광주유수로 있던 된 박영효가 훈련시킨 500명과 윤응렬이 함경도에서 훈련시킨 500명으로 친군의 전후영이 설치되어 중앙군제는 친군 4영체제로 정립되었다.

임오군란 당시 청군의 출병을 요청한 장본인은 명성황후였다. 그녀는 장호원의 민씨 일족 집으로 피신한 후 이용익을 통해 고종과 은밀히 교신하면서 재집권한 대원군을 축출하기 위해 청나라에 군대파병을 요청하

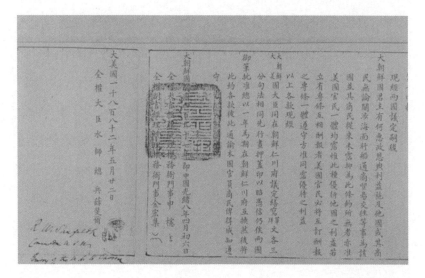

| 조미수호통상조약

라고 당부했다. 청군과 일본군이 조선에 진주해 각축을 벌이게 된 실마리가 여기에 있다. 이후 서구 열강의 모든 나라도 이들을 흉내 내 수시로 군사력을 동원하여 조선 조정을 압박했다. 이권을 얻어내려는 조치였다. 그결과로 나타난 것이 바로 조선의 패망이라고 해도 과언이 아니다. 타국의 군대를 빌려 국내의 문제를 해결하고자 한 결과이다.

고종과 명성황후도 조선이 청일간의 각축장이 되는 것을 원치 않았다. 당시 조선군이 청군의 영향하에 들어가는 것을 꺼린 나머지 미국공사 푸트에게 교관파견을 요청한 게 증거다. 이는 미국이 약소국을 괴롭히지 않는 공정한 대국이라는 인식에 따른 것이었다. 미국이 가장 서열이 높은 특명전권 공사로 초대 공사를 보낸다는 소식을 접한 고종이 기뻐한 나머지 춤을 추었다는 얘기도 있다.

당시 고종과 명성황후는 임오군란을 계기로 대외정책의 기조를 친일에서 친청으로 바꿨다. 대원군 납치에 대한 사은의 표시였다. 김옥균과 박영효 등의 친일 개화파 인사들은 대거 한직으로 밀려났다. 위기의식을 느낀 김옥균과 박영효 등은 이내 일본군의 도움을 얻어 일시에 정국을 뒤엎을 속셈으로 고종 21년에 유혈정변을 일으켰다. 그것이 바로 3일 천하로 끝난 갑신정변이다.

정변이 일어날 당시만 해도 고종은 김옥균에게 협조적이었다. 그러나 갑신정변 당일 김옥균 등은 입궐하는 중신 6명을 살해한 데 이어 고종이 가장 신뢰하는 환관 유재현을 눈앞에서 죽였다. 조선 전 역사를 통틀어 국왕이 보는 앞에서 이런 무도한 살육행위가 자행된 적은 없었다. 고종은 커다란 충격을 받았다. 대세가 기울자 강화도로 갈 것을 주장하며 유사시 일본까지 끌고 갈 수도 있음을 내비친 김옥균의 신중하지 못한 발언도 고종의 신뢰를 적대감으로 바꾸는 계기가 되었다. 김옥균 등이 정령을 발표하면서 내각제 시행을 전제로 정부 쪽의 권력 비중을 높인 것도 왕권의 약화를 두려워한 고종과 명성황후를 크게 자극했다.

가장 큰 문제는 명성황후에 대한 대책을 전혀 세우지 못한 데 있었다. 명성황후는 고종에게 가장 큰 영향을 미치는 인물이었다. 그럼에도 이들은 명성황후를 그다지 중요하게 여기지 않았다. 당시 명성황후는 갑신정변이 자신의 지지 세력인 친청파를 제거하는 데 있다는 사실을 알고 이내 경복궁으로 환궁할 것을 요구해 이를 관철시켰다. 청군의 진압작전에 도움을 주기 위한 것이었다. 당시 전술에 어두웠던 한학자 출신 일본공사

다케조에는 김옥균이 잠깐 자리를 비운 사이 불쑥 이에 동의하고 말았다. 명성황후는 갑신정변 진압의 숨은 공로자였다.

갑신정변은 청국으로 하여금 조선의 내정에 더욱 깊이 개입하도록 만들고, 고종과 명성황후로 하여금 개화에 앞서 왕실의 안위를 우선하도록 자극하는 부작용을 낳았다. 특히 개화파의 내분을 가속화해 자주적인 개화의 가능성을 봉쇄했다는 점에서 커다란 문제가 있었다. 이후 원세개의 고압적인 태도에 커다란 불만을 품은 고종과 명성황후는 곧 러시아와 미국을 끌어들여 청국을 견제하려고 했으나 이 또한 여의치 않았다.

미국은 중국시장을 중심으로 한 교역에 관심을 둔 만큼 조선을 둘러싼 열강의 다툼에 끼어들 의사가 전혀 없었다. 미국에 이미 조선은 잊힌 나라나 마찬가지였다. 그러나 고종은 끈질겼다. 그는 미국공사가 바뀔 때마다 군사교관의 파견을 고집스럽게 주장했다. 결국 고종 25년에 포크 임시공사의 뒤를 이어 교관문제를 다루던 록힐 공사가 물러나고 그 후임자가 된 딘스모어 변리공사가 이를 결정지었다. 한 달 뒤에는 다이 장군과 커밍스 대령, 리 소령 등 3명의 군사교관이 조선으로 왔다. 다이 장군은 남북전쟁에서 크게 활약한 베테랑 장교였다.

조선정부는 이들이 오자 크게 고무되었다. 곧바로 일종의 사관학교인 연무공원을 세운 뒤 고관 자제 등을 모아 서양식 훈련을 실시했다. 초반에는 나름대로 성과를 거두었다. 그러나 3명의 교관으로 소기의 성과를 거두는 것은 애초부터 불가능한 일이었다. 원세개가 고종의 속셈을 읽고 적극적으로 방해하고 나서자 연무공원의 운영 자체가 어려워졌다. 다이를 포함한 미국교관이 조선에 온 지 두 달 뒤부터 봉급을 제대로 줄 수도 없는 상황이 발생하자 커밍스 등 두 명이 귀국해 다이 장군 홀로 남아 조선군 훈련을 전담했다. 말뿐인 훈련에 불과했던 것은 말할 것도 없다.

이후 고종은 정치고문인 미국인 데니와 미국공사 딘스모어의 권고에 따라 열강 여러 나라에 외교사절을 파견할 계획을 세웠다. 청을 견제하기 위한 이이제이식 발상의 연속이었다. 첫 시도는 고종 24년에 민영준을 일본주재 공사인 변리대신에 임명한 일이었다.

이 사이 민씨 척족은 나라가 존망의 위기에 몰려 있는데도 매관매직을 일삼으며 재산을 쌓는 데 여념이 없었다. 수령들의 가렴주구가 더욱 기승을 부리자 마침내 고종 31년에 동학혁명이 일어났다. 전주성이 함락되는 등 사태가 악화되자 당황한 고종과 명성황후는 또 다시 청군을 끌어들여 이를 제압하려 했다. 청국과의 일전에 대비해 그간 총력을 기울여 전쟁준비를 해온 일본이 청군의 조선 진주를 구실로 대규모 군사를 파견했다. 이로 말미암아 조선은 청일전쟁의 전쟁터가 되고 말았다.

여우 사냥에 이용되다

당시 대원군은 오오토리를 대신해 조선공사로 온 일본 정계의 거물인 이노우에에게 결정적 약점이 잡혀 손자 이준용과 함께 정계를 자진 은퇴를 선언해야 했다. 청일전쟁 중에 청군과 내통한 서신이 일본군의 손에 넘어갔기 때문이다. 결과적으로 이노우에는 뜻하지 않는 횡재로 눈엣가시인 대원군을 손쉽게 제거하는 공을 세웠다.

일본정부는 개전 이틀 전인 고종 31년에 경복궁을 점령했다. 청군과의 육상전투를 준비 중이던 오시마 요시마사大島義昌 소장이 이를 담당했다. 친청파의 배후 인물인 명성황후를 제거하고 척족 정권을 제거한 뒤 정적인 대원군에게 정권을 잡게 함으로써 청일전쟁에서 유리한 입지를 확보하려 한 것이다. 명성황후 제거의 구상을 낸 것은 조선 국내정세를 잘 알고 있는 주한 일본공사관이었다. 당시 청은 고종을 경계했고 일본은 명성황후를 경계했다. 왕궁을 점령한 뒤 대대장 야마구치 게이조 소좌가 고종을 알현하며 국왕보호를 통고했다. 포로로 잡을 심산이었다. 고종도 이를 간파하고 있었다. 그는 호위병을 무장해제시키려는 야마구치에게 이같이 호령했다.

"아무 근거도 없이 왕궁까지 들어와 호위병의 무장해제를 요구하는 것은 있을 수 없는 일이다. 외무독판을 교섭차 일본대사관에 파견했으니 돌아올 때까지 유예하라."

고종은 시종 함화당에서 명성황후와 함께 기거하고 있었다. 고종이 집경당에 있는 명성황후에게 건청궁으로 이동할 것을 권하자 일본군의 이상한 낌새를 눈치챈 명성황후가 생각을 바꿔 함화당으로 와 고종과 합류한 결과였다. 고종에게까지 위해를 가할 수는 없는 일이었다. 일본군은 경복궁 점령 작전의 주요목표 중 하나인 명성황후 제거에 실패했다.

고종과 명성황후는 이듬해에 러시아가 주도한 삼국간섭으로 일본이 궁지에 몰려 주춤하는 모습을 보이자 러시아를 끌어들여 일본을 제압할 뜻을 밝혔다. 일본은 마침내 비상수단을 연구했다. 이노우에를 소환한 뒤 육군 중장 출신인 미우라를 새 공사로 파견했다. 명성황후 척살을 뜻하는 '여우 사냥'의 개막이었다. 당시 서울에 거류하는 일본인 사이에는 이미 이해 초부터 '여우'를 사냥해야 한다는 여론이 팽배했다.

미우라는 서울에 온 지 22일 만인 10월 7일 자국의 낭인들로 구성된 암살단을 조직했다. 오카모도 류노스케를 비롯해 〈한성신보〉 사장 아다치 겐조 등이 가담했다. 그들은 도쿄제대 출신의 지식인들이었다. 이들은 조선 내부의 사변으로 위장한 '여우 사냥'을 구체화하기 시작했다. 이들의 작전은 치밀했다. '여우 사냥'을 결행하기 전에 대원군을 가담시킨 사실이 이를 뒷받침한다. 책임은 오카모토가 맡았다. 외무대신 무쓰 무네미쓰의 심복인 그는 한때 조선 군부의 고문직을 지낸 육군대위 출신이었다. 거사 당일 그는 애초의 계책대로 미리 포섭한 조선의 훈련대장 우범선과 함께 공덕동으로 가 대원군을 가마에 태워 경복궁으로 향했다. 미우라가 해산당할 처지에 처한 훈련대를 '여우 사냥'에 끌어들인 것은 말할 것도 없이 명성황후 척살을 조선의 궁정쿠데타로 위장하려는 것이었다.

미우라는 사건 발생 후 외국 영사들에게 그렇게 주장을 했다. 그러나 사건현장을 목도한 러시아 기사 사바틴과 시위대 훈련교관인 다이의 증언이 뒤따랐다. 여기에 각국 영사들의 조사로 미우라의 지휘하의 일본 낭인과 군인들이 저지른 만행임이 밝혀졌다. 당시 살해 현장에 있었던 〈한성신보〉 기자 고바야카와도 훗날 이같이 술회했다.

"당시 일본으로서는 명성황후를 제거해 조선과 러시아가 결탁할 여지를 없애는 것밖에는 달리 방책이 없었다. 조선의 정치가 중 그녀의 지략과 수완을 따를 자가 없었다."

대원군은 며느리가 참혹한 죽음을 당하고 3년 뒤인 고종 35년에 79세를 일기로 운현궁에서 세상을 떠났다. 그는 임종 직전 마지막으로 고종을 보고 싶어 했으나 고종은 끝내 가지 않았다. 대원군이 생을 마감하는 순간까지 부자간의 의리가 회복되지 못한 데에는 명성황후의 죽음이 크게 작용했다고 보아야 한다.

힘없는 1인자는 파멸을 자초한다

을미사변 직후 고종은 경복궁에서 일제의 감시 아래 연금 상태에 처했다. 그는 살해 위협에 시달렸다. 그는 불면증 때문에 동이 튼 후에야 잠이 들 정도로 건강이 좋지 못했다. 그는 결국 이듬해에 이범진 등의 도움을 얻어 아관파천을 단행했다. 허를 찔린 일제는 독립협회 등을 사주해 환궁을 강력 주장했으나 고종은 1년 동안 러시아공사관에 머물렀다. 이를 계기로 많은 이권이 러시아를 비롯한 열강에 넘어갔다.

고종은 이듬해인 재위 34년에 경운궁으로 환궁하며 국호를 대한제국으로 바꿨다. 이때 고종의 측근들이 창설한 독립협회가 대한제국의 '자주독립'을 위해 적극 활동하고 나섰다. 그러나 미국에서 온 서재필이 의회개설 운동을 전개하자 고종이 크게 경계했다. 그는 곧 독립협회에 대한 지지를 철회하고 보부상을 동원해 이를 강제로 해산시켰다. 왕권의 약화를 우려한 것이다. 실제로 독립협회 내에는 왕권의 약화를 겨냥한 친일분자들이 대거 포진하고 있었다.

러시아와 일본의 세력 균형으로 소강상태가 형성되자 고종은 이를 최대한 활용해 대대적인 부국강병책을 추진했다. 이른바 광무개혁이다. 토지조사 사업인 양전量田 사업을 비롯해 은행과 근대적 생산 공장의 설립, 광산 개발, 철도 부설 등이 시도되었다. 이를 주도한 세력은 전통 사림세력이 아니라 서얼 등의 비주류 양반과 중인 및 평민 등이었다. 일반 백성이 개혁정치에 적극 참여하게 된 것은 광무개혁의 보이지 않는 성과였다.

고종 36년에 대한국 국제가 반포되었다. 기존의 중화제국 체제에서 벗어나 만국공법상의 근대국가임을 알리고, 주변 열강으로부터 속박을 받지 않겠다는 의지의 표명이었다. 여기에는 '이이제이' 책략에서 한 걸음 더 나아가 열강들로부터 영세중립국으로 보장받고자 하는 속셈이 담겨 있었다. 그는 대한제국 선포 후 즉각 각국 외교관에게 이를 통보하면서 본국 정부의 승인 여부를 알려줄 것을 촉구했다. 나라 대부분이 이를 직간접적으로 승인했다. 청국도 양국 황제가 대등한 자격으로 체결하는 한청통상조약의 체결을 받아들였다.

그러나 러일전쟁의 전운이 짙게 드리워지면서 러일 두 나라 사이에 누차에 걸친 밀약이 맺어졌다. '로젠-니시 협정'과 '베베르-고무라 각서', '로바노프-야마가타 의정서' 등이 그것이다. 이는 영일동맹에 대한 러시아 측의 우려에 따른 것이었다. 고종의 대외전략이 별다른 성과를 내지 못한 이유가 여기에 있다.

그럼에도 고종이 소강상태를 활용해 자체적인 부국강병을 겨냥한 광무개혁을 추진한 것은 높이 평가할 필요가 있다. 그는 주어진 상황에서 나름대로 최선을 다했다. 원래 조선은 오랫동안 문치의 전통으로 인해 국왕도 군대를 마음대로 움직일 수 없었다. 병조판서를 통해 간접적으로 군령권을 행사했을 뿐이다. 고종은 조선조 최초로 군대에 직접 명을 내릴 수 있는 강력한 왕권을 확보한 군왕에 속한다.

광무개혁 당시 고종은 궁내부를 강력한 집행기구로 만들었다. 이에 대한제국의 궁내부는 황실재정을 맡는 내장원을 비롯해 근대화 사업에 관련된 모든 기구를 거느리는 방대한 조직으로 재편되었다. 의정부는 정책을 결정하는 제한된 역할만 맡게 되었다. 궁내부가 사실상의 정부였던 셈이다. 이는 청와대 비서실이 정부의 역할을 겸한 것에 비유할 수 있다. 사실 이는 새삼스러운 제도가 아니었다. 중국은 경우는 이미 명대 때부터 이런 통치체제를 운용했다. 명대와 청대의 막강한 왕권은 바로 여기서 나온 것이었다.

고종이 이런 막강한 왕권을 확립할 수 있었던 것은 대소 신료와 재야유림, 학생 모두 뒤늦게나마 풍전등화의 위기상황에 몰린 조선의 심각한 상황을 인식한 결과였다. 이들은 집단 상소를 올려 대한제국의 출범을 뒷받침했다. 만시지탄이 있기는 했으나 이는 일제의 침공에서 벗어날 수 있는 유일한 방안이기도 했다. 막강한 왕권을 토대로 가장 먼저 추진해야 할 것은 말할 것도 없이 군사력 강화였다. 고종도 이런 쪽으로 광무개혁을 이끌고 나갔다. 러일전쟁이 현실화된 고종 40년에는 징병제의 조칙이 내려졌다. 그러나 이런 모든 조치는 일제의 방해로 이내 무산되고 말았다. 이 와중에 러일전쟁이 발발하고 이듬해에 대한제국은 이내 일제의 보호국이 되고 말았다.

을사늑약 체결 당시 고종은 계속 뒤로 물러서며 결단을 미룬 채 대신들에게 모든 책임을 미루는 등 우유부단한 모습을 보였다. 난세의 바람직한 1인자 리더십과는 동떨어진 행보가 아닐 수 없다. 최고통치권자가 목숨을 내놓고 저항하지 않는 상황에서 신민들에게만 결사항쟁에 나서라고 요구할 수는 없는 일이다. 그러나 최근 발견된 잘데른 보고서는 이와 조금 다른 내용을 싣고 있다.

"이토 후작에 대해 황제는 확고한 자세를 보였고 계속해서 '안 된다'고 했다. 알현은 거의 매일 오후부터 밤늦게까지 계속되었다. 1905년 11월 18일 밤 2시, 총리대신을 제외하고 전체 대신들이 부분적으로는 폭력의 결과로, 부분적으로는 노골적인 강요하에서 일본인들에 의해 준비된 문서에 궁전에 놓여있는 국새를 찍었다."

이것이 고종의 책임을 면책하는 근거가 될 수는 없는 일이다. 일제가 조선을 병탄한 후 미국을 비롯한 열강 모두 고종을 비롯한 조선의 군민을 두고 '총 한 방 쏘아보지 못하고 나라를 빼앗긴 무능한 민족'으로 헐뜯은 게 그 증거다.

고종과 함께 2인 3각의 행보를 보여준 명성황후는 나름대로 고종의 최고 참모로서의 역할을 충실히 수행했다. 막강한 대원군을 하루아침에 낙마시키는 치밀한 궁중쿠데타를 연출하고, 강온 양면전략으로 대원군의 반격을 무산시킨 것은 그녀의 수완이 간단치 않았음을 입증한다. 그러나 그녀는 정작 중요한 부국강병 및 민생 등에 대해서는 소홀했다.

서민 착취의 온상이 된 서원 등을 과감히 철폐하고 신분을 가리지 않고 널리 인재를 탁용한 대원군의 2인자 리더십과 극명한 대비를 이루는 대목이다. 어렸을 때부터 다양한 책을 탐독하며 제왕학을 연마했다고는 하나 정작 중요한 제왕학의 본령을 제대로 파악하지 못했다. 제왕학의 요체는 부국강병과 민생안정에 있다. 그녀가 뛰어난 2인자로서의 역할을 수행했음에도 총체적으로 낮은 점수를 받을 수밖에 없는 이유다.

수교하기도 전에 일본에게 세자 책봉을 당부한 명성황후나 '여우 사냥'에 동행한 대원군 모두 일제에 의해 농락당하기는 마찬가지였다. 절체절명의 위기상황에서 생사를 건 권력 투쟁을 전개한 두 사람 모두 결과적으로 일제의 조선 병탄을 방조한 셈이다. 동서고금을 막론하고 '내우內憂'를 '외환外患'보다 더 위험하게 여긴 이유다. 외환은 내부 결속의 계기로 작동하는 긍정적인 측면도 있으나 내우는 스스로 자멸을 부르는 지름길이기 때문이다.

그러나 당시 상황에서는 명성황후와 대원군의 관계를 언급하기에 앞서 최고통치권자인 고종의 1인자 리더십에 궁극적인 책임을 묻지 않을 수 없다. 그의 가장 큰 잘못은 결단해야 할 때 결단하지 못한 우유부단優柔不斷이었다. 난세에서 최고통치권자의 믿음직스럽지 못한 행보는 극약이나 다름없다. 실제로 일제는 고종의 우유부단한 리더십을 최대한 활용했다. 학계 일각에서 고종과 명성황후의 '콜라보'는 결국 나라를 패망으로 이끈 점에서 공의公義와 동떨어진 사의私義에 지나지 않았다는 평가가 나오는 이유다.

＊＊＊＊＊

2017년 8월 9일 미국 스포츠채널 ESPN은 '50인의 위대한 흑인 선수'를 발표했다. 1위는 농구선수 마이클 조던이었다. 우승컵을 6번 들어올렸고 그때마다 MVP였다. 놀라운 점프력과 득점력은 전설로 남아있다. 그러나 조던을 가장 돋보이게 만든 사람은 따로 있다. 바로 스코티 피펜이다. 수비수인 그는 상대 공격수의 발을 묶는 데 도사였다. 만약 피펜과 조던이 다른 팀이었다면 어떻게 되었을지 알 수 없다.

뛰어난 능력을 가진 1인자와 그를 최대한 드러나게 하는 2인자가 함께한다면 이미 최강의 조직이다.

박정희
·
군림하는
1인자

S

모사하는
2인자
·

김종필

창의성은 어디선가 갑자기 나타나는 것이 아니다. 언젠가 읽은 책, 어디선가 들은 음악, 끊임없는 생각 속에서 지속적으로 다듬어져서 나오는 것이다. 리더들의 창의력과 통찰력은 인문학적 기본 소양을 바탕으로 한다. 인문학은 리더를 새로운 세상으로 이끌어 가는 매개체다.

제11장 박정희와 김종필

"후손들이 우리에게 무엇을 하였느냐고 물으면
일하고 또 일하였다는 말을 떳떳이 할 수 있도록 살자."

– 박정희

엇갈린 평가

2017년에 들어와 전대미문의 현직 대통령 탄핵사태가 빚어졌다. 당사자는 부친인 박정희 전 대통령에 이어 사상 최초의 부녀 대통령에 당선된 박근혜 전 대통령이다. 탄핵의 대상이 된 것은 노무현 전 대통령에 이어 2번째로 이뤄진 것이기는 하나 실제로 탄핵이 이뤄진 것은 이번이 처음이다. 그 배경에 대해서는 학계에서도 여러 견해가 엇갈리고 있다. 일각에서는 부친인 박정희가 '5·16 군사쿠데타'로 권력을 잡은 데 따른 '업보'로 얘기하기도 하나 비학술적인 종교적 접근인 까닭에 수용하기 어렵다.

다만 그런 식의 접근을 허용하는 국민들 정서가 존재하는 것만은 분명하다. 당시 박근혜 전 대통령이 영어囹圄의 몸이 되어 형사재판을 받은 것과 관련해 많은 사람들이 법치주의의 한계를 벗어난 '과잉보복'이라고 비판했다. 그러나 이는 '5·16 군사쿠데타' 내지 박정희 전 대통령에 대한 반감과 악감정을 지닌 자가 의외로 많다는 것을 반증하는 것이기도 하다.

해방 이후 21세기 현재에 이르기까지 70여 년 넘게 이어지고 있는 한국 역대 대통령에 대한 국민들의 '호불호好不好' 내지 '찬반贊反'의 정서가 사상 최초의 부녀 대통령에게 쏠려있는 느낌마저 준다. 다른 나라에서는 찾아볼 수 없는 한국 특유의 정서이기도 하다. 그 역사적 배경은 과연 무엇일까?

원래 동양에서는 전통적으로 '군치君治'와 '신치臣治' 개념은 존재했어도 서양에서 발달한 투표 행태의 '민치民治' 개념은 존재하지 않았다. 치자治者와 피치자被治者를 엄격히 나눈 까닭에 '민치' 개념이 용납될 여지가 없었기 때문이다. 원래 그리스어 '데모스크라토스'에서 나온 서양의 '데모크라시'는 '민주'가 아닌 '민치'로 번역하는 게 옳았다. '민치'는 말 그대로 고대 그리스의 시민들처럼 투표로 치자를 선발함으로써 피치자가 치자로 신분이 전환돼 나라를 다스리는 주체가 되기 때문이다.

20세기 초 중국에 '민치'의 이런 개념을 정확히 파악한 인물이 있었다. 일본 육사를 졸업한 운남雲南 군벌의 우두머리 당계요唐繼堯가 주인공이다. 일찍이 일본에서 손문의 동맹회同盟會에 가입한 바 있는 그는 신해혁

명 당시 채악蔡鍔 밑에서 운남의 독립
을 주도한 바 있다. 나름대로 일본에
서 '데모크라시'에 대한 훈련을 받은
덕분이었다. 이후 채악 밑에서 참모
장을 지내다가 1913년 운남 도독에
임명됐다.

| 원세개

이때 원세개가 사상 최초로 서양
의 '제국' 명칭을 차용한 '중화제국
中華帝國'의 초대 황제 자리에 오르는
이른바 제제운동帝制運動을 전개하자
당계요는 채악 등과 함께 호국군護國
軍을 조직해 가장 먼저 기병했다. 이
과정에서 세력이 급속히 팽창해 원
세개 사후 운남을 넘어 사천 및 귀주까지 자신의 영향권하에 두게 됐다.
이후 그는 장개석의 북벌을 견제할 속셈으로 반공을 기치로 내걸고 오패
부 및 손전방 등 직례파直隸派와 연계해 '민치당民治黨'을 조직했다. 서양의
'데모크라시'를 '민주'가 아닌 '민치'로 해석한 최초의 사례에 해당한다.

불행하게도 '민치당'은 장개석의 북벌완성 직전인 1927년 2월 6일에 부
하들의 무력을 동원한 간언諫言인 이른바 '병간兵諫'에 의해 와해되고 말
았다. 이른바 '2·6정변'이다. 맹아 단계에 있던 중국 최초의 '데모크라시'

가 무력 변란인 병변兵變에 의해 무너진 최초의 사례에 해당한다. 1920년 대에 정치와 사회문화 등 여러 방면에 걸쳐 활짝 꽃을 피운 일본의 '다이 쇼大政 데모크라시'와 대비되는 대목이다.

21세기 현재 중국의 최고통치권자인 국가주석은 그 내막을 보면 수천 년 동안 지속된 과거 제왕정의 황제와 별반 차이가 없다. 많은 학자들이 현대 중국의 최고 통치권자를 두고 체제와 이념을 떠나 '선출된 황제 Elected Emperor'로 평하는 것도 이런 측면에서 이해할 수 있다. 한국의 대통령 역시 조선조의 국왕과 크게 다르지 않다. '선출된 황제'를 언급하는 학자들이 한국의 대통령을 두고 '선출된 왕Elected King'으로 표현하는 게 그렇다.

본서가 해방 이후 21세기 현재까지 이른바 '유신독재'의 강력한 1인자 리더십을 발휘한 박정희와 그의 참모인 김종필의 제2인자 리더십을 살핀 것도 바로 이 때문이다. 이는 역대 대통령의 리더십에 관한 연구 가운데 박정희에 관한 것이 가장 많은 사실에서 비롯된 것이기도 하다. 실제로 그의 치세 때 대다수 국민들은 헐벗고 굶주린 상황에서 가까스로 벗어날 수 있었다.

현재 박정희의 1인자 리더십에 대한 학계의 평가는 극명하게 엇갈리고 있다. 경제에 초점을 맞추는 사람들은 하나같이 긍정적인 평가를 내리고 있다. 그가 이룩한 가시적인 경제발전과 민족민주주의, 반공통일을 핵심 골자로 하는 조국근대화의 비전 때문이다. 군사정변이라는 집권과정상의 문제에도 불구하고 18년에 걸친 그의 통치기간 중 이루어진 경제적 업적 등에 주목하고 있는 셈이다.

그러나 긍정적인 평가 중에도 유신체제에 대해서는 비판적인 입장을 보이는 견해가 적지 않다. 이들은 유신체제의 성립으로 최고 통치권자에 대한 무비판적인 추종과 무조건적인 정쟁이 당연시되는 왜곡된 정치풍토가 조성되었고, 이로 말미암아 정치발전 또한 후퇴할 수밖에 없었다고 비판하고 있다. 이는 그의 치세기간이 18년에 달하고 있는 사실과 무관하지 않을 것이다.

사실 그의 집권 후반기에 나타난 유신체제는 철권통치의 상징으로 볼 만하다. 정치에 초점을 맞추는 사람들이 대개 '독재와 압제의 원흉'이라는 극히 부정적인 평가를 내리고 있는 것도 이런 시기에 주목한 결과로 볼 수 있다. 이들은 박정희 리더십이 부정적으로 나타난 실례를 3선 개헌 및 유신에서 찾고 있는 셈이다. 유신체제 당시 박정희는 당시의 상황을 '총체적인 국가위기'로 진단했으나 이는 객관적인 상황진단이 아니라 어디까지나 물리적 폭력을 염두에 둔 자의적인 상황판단에 불과하다는 게 이들의 지적이다.

객관적으로 볼 때 그가 5·16 군사정변을 일으킬 당시는 매우 엄중했다. 농촌에서는 후진적인 소작제도가 지속되고 있었고, 국민의 대종을 이루고 있는 농민들은 보릿고개에 허덕였고, 경공업 중심으로 꾸며진 산업기반은 극히 취약했다. 정치인들은 권력투쟁에 함몰되어 있었고, 급진 세력은 북한에 동조하며 연일 거리를 점거해 시위를 일삼았다. 북한은 압도적인 무력을 배경으로 위기를 조장하고 있었다. 대대적인 혁신이 절실히 필요한 상황이었다. 박정희는 바로 이런 시기에 군사정변을 주도해 정권을 장악한 뒤 강력한 추진력으로 수출위주의 경제성장 전략을 이끌고 나아간 것이다.

난세에는 강한 지도력이 필요하다

중국과 러시아의 눈부신 경제발전은 최고통치권자인 등소평과 푸틴이 구미의 방식이 아닌 박정희 방식이 자국의 역사 문화적 맥락에 훨씬 부합한다고 판단한 결과였다. 실제로 황제 및 차르 독재의 전통을 지니고 있는 중국과 러시아는 우리의 역사문화와 유사한 면이 매우 많다.

말레이시아의 마하티르도 박정희의 근대화 모델을 도입한 뒤 이를 이른바 '마하티르 동방정책'이라고 칭한 바 있다. 마하티르는 아시아를 강타한 IMF환란 당시 IMF를 '날강도'에 비유하며 IMF처방과는 정반대의 방식으로 환란위기를 면해 전 세계인의 주목을 받은 인물이다. 그는 박정희의 1인자 리더십을 이같이 요약했다.

"박정희는 매우 강한 지도자였다. 당시 그가 강력한 지도력을 바탕으로 대기업을 일으키는 방식으로 부국강병을 꾀한 것은 탁월한 선택이었다."

성공적인 통치자로 알려진 싱가포르의 전 수상 리콴유도 박정희의 리더십을 극찬한 것으로 유명하다. IMF 당시 김대중 전 대통령과 '아시아적 가치' 문제를 놓고 장시간 논쟁을 전개한 바 있다. 당시 김대중은 IMF

의 처방을 적극 지지하며 박정희의 경제
발전 전략을 비난한 데 반해 리콴유는 박
정희 방식과 IMF는 아무 상관이 없고 '아
시아적 가치'는 여전히 유효하다고 역설
했다. 지난 2008년의 미국발 금융사태가
보여주듯이 리콴유의 주장이 타당한 것
으로 드러나고 있다.

| 리콴유 총리

등소평과 푸틴, 마하티르, 리콴유 모두
동아시아와 러시아의 역사 문화적 배경
은 서구와는 다른 만큼 이에 부합하는 방
략을 택할 필요가 있다고 판단했고, 이에
부합하는 모델로 박정희 방식을 찾아냈던 셈이다.

박정희가 집권과정에서 군사정변이라는 불법적인 방법을 동원한 게 사
실이다. 그러나 역대 왕조의 건국 역시 그 출발은 모두 불법적인 무력동
원에서 시작되었다. 군사정변 자체를 문제 삼는 것은 형식논리에 빠진 것
이다. 군사정변이 빚어지게 된 당시의 상황 등을 종합적으로 고려할 필요
가 있다. 이를 생략한 채 방법상의 불법성만 문제 삼는 것은 잘못이다.

박정희는 개인적인 행보에서도 남다른 모습을 보인 바 있다. 박정희를
잘 아는 사람들은 하나같이 그의 질박質朴과 서민적인 행보 등을 거론하
고 있다. 그의 검박한 생활과 소박한 인간성은 농부들과 막걸리를 마시며
즐거워하는 모습에 잘 나타나 있다. 비서실장을 지낸 김정렴의 회고에 따

르면 박정희는 늘 검약한 삶을 살았다. 넥타이와 만년필, 전기면도기 세 가지를 빼고는 모두 국산을 사용했다. 화장실의 물을 아끼기 위해 변기의 물통에 벽돌을 넣었다는 얘기는 너무 유명한 일화이기도 하다.

조갑제의 박정희 전기인 『내 무덤에 침을 뱉어라』에 따르면 오랫동안 청와대에 근무했던 이발사는 박정희의 낡은 셔츠와 새끼손가락이 들어갈 정도로 구멍이 커진 낡은 가죽혁대를 잊지 못했다. 병원에 실려온 그의 최후의 모습을 본 군의관은 평범한 손목시계의 주인공이 차마 대통령일 줄은 몰랐다고 증언한 바 있다. 박정희가 저격을 당하기 10일 전인 1979년 10월 16일에 한국을 방문한 리콴유도 19일의 청와대 만찬석상에서 이같이 말한 바 있다.

"대개의 지도자들은 언론과 여론조사로부터 호의적 평가를 받고자 노력한다. 그러나 박정희 대통령은 오직 일에만 집중하고 평가는 훗날의 역사에 맡기고자 하는 지도자이다."

사실 리콴유의 지적대로 박정희는 재임기간 내내 인기영합으로 호감을 사거나 임기응변식 허세외교로 권위를 세우려고 하지 않았다. 진솔한 모습으로 한국의 실체를 알리고 협력을 구했다. 차관을 얻기 위해 독일로 갔을 때 그는 현지의 한국 광부와 간호원들을 만나 자신의 방독배경을 설명하면서 가난한 조국의 현실에 가슴이 복받쳐 눈물을 주체하지 못했다. 이후 그는 잘사는 나라가 될 때까지 외국나들이를 거의 하지 않았다. 1979년에 이르러 중동에서 일하는 한국인 노동자의 수가 13만 명에 달하자 그들을 격려할 생각으로 사우디를 방문하고자 했다. 그는 중동방문을 6주 앞두고 김재규에게 저격을 당했다. 리콴유가 그의 리더십을 극찬하며 한국을 떠난 지 1주일 뒤의 일이었다.

21세기의 동북아시대에 들어와 아직까지 박정희에 대한 논란이 거듭되고 있는 것은 불행한 일이다. 박정희가 이뤄놓은 업적은 액면 그대로 평가할 필요가 있다. 그러나 여기서 그쳐서는 안 된다. 한 단계 더 도약할 필요가 있다. 이 과정에서 박정희가 소홀히 한 민주화까지도 동시에 높은 단계로 고양시켜야만 하는 것은 말할 것도 없다. 그래야만 전 국민의 역량을 하나로 모을 수 있기 때문이다. 그러기 위해서는 박정희의 1인자 리더십에 대한 평가에서 보다 냉철하면서도 객관적인 자세로 임할 필요가 있다.

그의 1인자 리더십을 지나치게 미화하는 것도 잘못이지만 무조건적으로 폄하하는 것은 더 큰 잘못이다. '공'과 '과'를 구분해 '공'으로 발현된 리더십은 본받아 더욱 발전시킬 필요가 있고, '과'로 연결된 리더십은 타산지석으로 삼아야 한다. 방법 및 과정상의 하자를 침소봉대해 그 결과까지 폄훼하는 것은 자신의 협량狹量을 드러내는 것에 지나지 않는다.

자국의 눈부신 경제발전의 견인차 역할을 한 등소평과 푸틴, 마하티르 등이 박정희의 1인자 리더십을 높이 평가하는 것은 호사가의 입바른 소리와는 차원이 다르다.

그런 점에서 근현대사에 등장한 수많은 정치인에 대한 평전을 써 '정치전기학政治傳記學'의 지평을 연 김학준 전 동아일보 회장의 다음 총평은 암시하는 바가 크다.

"장사하는 사람을 제일 낮춰 본 사농공상의 시대에 상업국가론은 혁명에 해당했다. 박정희 대통령은 농업국가로부터 상업국가, 즉 무역국가로의 대전환을 이뤄 대한민국을 흥륭하게 한 주인공이다."

그의 1인자 리더십은 기본적으로 5·16 군사정변에 대한 평가와 불가분의 관계를 맺고 있다. 긍정적으로 평가하는 측은 '혁명', 부정적으로 바라보는 측은 '반란'으로 평가하고 있다. 주목할 것은 어느 쪽으로 평가하든 당시 5.16 군사정변이 성공을 거뒀고, 결단을 내린 박정희의 1인자 리더십이 빛을 발하게 된 그 배경에 김종필이라는 뛰어난 책사의 2인자 리더십이 작동한 점이다. 특히 두 사람은 여러 유형의 애증愛憎을 보였지만 큰 틀에서 볼 때 시종 수어지교水魚之交의 인간관계를 유지했다. 본서가 해방 이후 21세기 현재까지 차례로 등장했던 여러 대통령과 그 핵심 참모의 협력관계 가운데 유독 박정희와 김종필의 사례만 분석대상으로 삼은 것은 바로 이 때문이다.

국민을 잘살게 만들어라

박정희는 일제 때 일본 청년장교들의 좌절된 군사정변 시도인 2·26 사건에 특별한 관심을 보여 온 이래 늘 가슴에 품어 온 군사정변의 꿈을 끝내 실현시키고자 했다. 그 결과물이 5·16 군사정변이다. 당초 그는 1917년 음력 9월에 경상북도 선산군 구미면 상모리에서 대한제국 말기에 효력부위效力副尉을 지낸 부친 박성빈과 모친 백남의의 5남 2녀 중 막내로 태어났다. 그의 부친 박성빈은 나라의 패망에 상심한 나머지 늘 술로 소일하며 가산을 거의 탕진하는 모습을 보였다. 이는 아들 박정희에게 그대로 이어졌다. 그는 부친의 대를 이어 무인이 된 타고난 무골武骨 출신에 해당한다. 박정희가 5·16이전에도 이미 몇 차례에 걸쳐 정변을 시도한 사실이 이를 뒷받침한다.

원래 그는 어머니가 원치 않는 자식이었다. 45세에 임신한 모친은 딸과 며느리가 임신 중이었고, 집안까지 가난해 그를 낙태시키기 위해 나무 위에서 떨어지고 간장을 들이마시는 등 온갖 민간요법을 동원했으나 소용이 없었다. 이런 시련 탓인지 아버지와 형들이 기골이 장대한 데 비해 그는 왜소하고 까만 얼굴을 갖게 되었다. 전 월간조선 사장을 지낸 조갑제의 『박정희 전기』에 따르면 그는 가끔 큰 누나의 젖을 먹고 허기를 면했다고 한다. 그가 5·16군사정변을 일으켜 먹고사는 문제 해결에 매진한 것도 어릴 때의 이런 처절한 가난과 결코 무관할 수 없다.

그가 군사정변을 획책한 것은 대략 6·25 때로 거슬러 올라간다. 여순반란사건에 연루된 혐의로 옷을 벗게 된 그는 6·25가 터지자 현역 육군 소령으로 복귀해 육본 정보국의 전투정보과장으로 근무하게 되었다. 정보국장인 장도영도 이를 적극 환영했다. 그해 육영수와 결혼했다. 그는 전쟁의 와중에 육군 정보국 제1과장을 거쳐 9사단과 육군정보학교 교장을 거쳐 1951년 12월에 이용문이 국장으로 있는 육본 작전교육국의 차장으로 발령을 받았다. 이용문과 박정희는 서로 의기가 맞았다. 당시의 정국은 일촉즉발의 위기상황으로 치닫고 있었다.

1952년 5월에 정국은 이승만의 직선제개헌 추진으로 인해 급속히 경색되어갔다. 당초 2년 전의 6·25직전에 실시된 5월 30일 선거에서 야당이 압승을 거둠으로써 재선이 어렵게 되자 이승만 정부는 1951년 11월 30일에 대통령직선제 개헌안을 국회에 제출하였다. 이듬해인 1952년 1월 18일에 국회는 이를 부결시켰다. 이에 정부는 국회해산을 요구하는 관제데모 등을 부추기며 공포분위기를 조성해 나갔다.

당시 이용문과 박정희는 장면을 표면에 내세우는 군사정변을 꾀하고 있었다. 이해 5월 10일에 장면의 비서실장인 선우종원을 찾아가 군사정변을 제의했다. 이종찬 참모총장도 알고 있고 밴 플리트 미8군 사령관도 양해했다고 주장했다. 그런데 장면으로부터 거절당했다. 같은 해 5월 25일에 국회해산을 강행하기 위하여 부산을 위시한 전남북 및 경남 일원 등 23개 시군에 계엄령을 선포했다.

이승만은 부산과 경남 일원의 계엄령을 관할하기 위해 이종찬에게 2개 대대의 병력 차출을 요구했으나 이종찬은 군의 정치적 중립을 들어 이를 거부했다. 5월 26일에 이 문제를 논의하기 위해 열린 이종찬 휘하의 육본 참모회의는 참모총장 훈령 217호를 작성해 각 부대에 내려 보냈다. 군은 정치에 절대 개입해서는 안 된다는 내용이었다. 추후에 알려진 바에 의하면 문건의 작성자는 박정희였다. 이는 표면상의 발표에 불과했다. 6월 2~3일에 비밀리에 열린 육본 참모회의가 그 증거이다.

이는 이승만에 대한 군사정변 여부를 결정하기 위한 것이었다. 부산에 2개 대대를 파견하여 2백~3백 명에 불과한 원용덕의 계엄군을 무력화시킨다는 내용이었다. 야당이 우세한 국회에서 이승만을 이내 실각시키리라는 게 전제된 것이었다. 회의석상에서 이 문제에 대한 각자의 의견을 묻는 질문에 박정희는 찬성의 입장을 밝혔다.

"그 문제는 상부에서 결심하시기에 달려있습니다. 일단 거행한다고 결정되면 지장이 없도록 수배되어 있습니다."

그러나 정치 불개입 쪽으로 결론이 났다. 박정희의 아쉬움은 컸다. 이 것이 첫 번째 군사정변 계획이었다. 당시 박정희는 언양에 주둔하고 있는 15연대를 동원해 이승만 정권을 전복하고 과도정부를 세운 뒤 민정 이양을 행하는 방안을 이종찬과 밴 플리트에게 상의했다. 이는 이승만의 조치에 대한 당시의 국제적인 비난여론을 감안한 것이기도 했다.

6월 4일에 이승만은 결국 국회해산을 보류한다고 표명했다. 얼마 후 이른바 '발췌개헌안'이 제시되었다. 이는 부통령 김성수가 사임한 것을 계기로 국회의원 장택상을 중심으로 한 신라회가 주동이 되어 대통령직선제를 골자로 한 정부안과 내각책임제를 기조로 한 국회안을 혼합한 것이었다. 7월 4일에 이른바 '부산정치파동'이 일어났다. 이는 경찰과 군인들이 국회의사당을 포위한 가운데 국회의원들이 기립투표방식으로 발췌개헌안을 통과시킨 사건을 말한다. 출석의원 166명 중 찬성이 163표였다.

이때 이용문과 박정희는 군사정변을 강력히 원했으나 이종찬과 휘하의 육본 측은 이를 반대했다. 여기에는 미국 측의 입장 번복이 중요한 배경으로 작용했다. 당초 미국은 이승만 제거를 위한 '상비작전常備作戰'을 세운 바 있었다. 그러나 마땅한 대안이 없었다. 결국 이는 없던 일이 되고 말았다.

당시 대통령의 명을 거역한 이종찬은 부산 정치파동이 어느 정도 가라앉는 기미를 보이자마자 곧바로 참모총장의 자리에서 해임되었다. 밴 플리트의 주선으로 미국 참모대학으로 유학을 떠나게 된 그는 이해 8월 17일에 대구의 동촌비행장으로 발걸음을 옮겼다. 이때 박정희 대령이 다가와 인사를 하며 한 통의 편지를 건네주었다. 강성재의 『참군인 이종찬 장군』에 따르면 당시 이종찬이 비행기에서 펼쳐본 편지의 골자는 이와 같았다.

"전쟁이 계속되고 있는 마당에 이승만 대통령은 자신의 집권 연장을 위해 헌법을 유린하고 급기야 비상계엄령까지 선포했습니다. 민의를 무시한 5·26 정치파동 등으로 민심은 이미 정권을 떠났습니다. 비정秕政이 극에 달해 구국의 움직임이 절실히 요청되는 시점입니다. 나라를 위해 어떤 결단을 내릴 것을 기대해 마지않는 상황에서 부당하게 해임을 당해 미국으로 쫓겨 가니 유감스러운 일이 아닐 수 없습니다. 차라리 지난번에 구국을 위한 행동을 단행할 걸 잘못한 것 같습니다. 1년 후 귀국하면 다시 지도편달을 받도록 하겠습니다."

기회가 오면 최후의 승부수를 던져라

이종찬이 군사정변을 단행했어야 했는데 그렇지 못해 못내 아쉽다는 내용이었다. 이종찬이 출발하는 바로 그 비행장에서 박정희는 좌절된 정변에 대한 회한을 서신을 통해 전달한 셈이다. 곧 박정희는 육군 준장으로 승진했다. 대략 이때 쯤 혁명을 생각하게 된 것으로 보이나 구체적인 시기에 관해서는 설이 엇갈린다. 1952년 5월에 육본작전국장 이용문의 이승만 제거 혁명 발언의 영향을 받았을 가능성이 크다.

일각에서는 1956년 5월 15일 제3대 정부통령 선거 때 강원도 양구 소재의 5사단장으로서 겪은 일로 인해 혁명을 결심하게 되었다는 분석도 있다. 그는 한 해 전에 5사단장에 임명되었다. 당시 부정선거를 실시하라는 3군단의 압박에서 예하 5사단장인 박정희도 예외는 아니었다. 그는 참모회의에서 이같이 말하며 한 발 뺐다.

"선거에 관한 한 지금부터 나는 사단장이 아니다."

그러나 부정선거가 5사단에서도 이뤄졌다. 선거가 끝난 후 소대장 1명과 병사 1명이 부정선거를 이유로 월북한다는 편지를 남기고 실제로 월북해버렸다. 조규동은 출장명령서를 위조해 〈조선일보〉를 찾아가 부정선거 양심선언을 해버렸다. 이로 인해 박정희는 1956년 7월 15일에 일선 사단장에서 해임돼 진해의 육군대학교 입교했다.

이듬해인 1958년 3월에 강원도 인제 소재 7사단장에 복귀한 그는 이해 6월에 원주의 1군단사령부 참모장이 되었다. 1년 뒤인 1959년 7월에 서울 소재 6관구 사령관이 되었다. 4·19가 일어나는 1960년 초에 그는 부산 소재 군수기지사령부 사령관으로 있었다.

당시 그는 1960년 초의 3·15 부정선거 직전에 독자적으로 군사정변을 꾀했다. 거사일은 5월 8일이었다. 그러나 4·19가 먼저 터져 이승만 정권이 붕괴되는 바람에 무산되고 말았다. 당시 대다수 국민들은 가혹한 춘궁기에 근 1백만 명이 대책 없이 굶고 있었다. 국가예산에서 미국의 농산물 원조는 전체의 80퍼센트나 되었다. 정치인들은 권력투쟁에 여념이 없었다. 4·19 이후에 오히려 더욱 격화되었다. 나라의 안위가 걱정되는 상황이었다. 집권당인 민주당 내 신파 및 구파 간의 권력투쟁은 국가이익보다 일족 및 가문, 붕당의 이익을 앞세운 조선조 때의 당쟁을 방불했다. 당시 주한 미국대사는 본부에 이같이 보고했다.

"남도지역이 엄청난 식량난에 시달려도 총리와 각료 중에 기근으로 고통을 겪고 있는 지역을 한 번이라도 돌아본 사람은 아무도 없다."

박정희는 이내 다시 군사정변을 꾀했다. 이번에는 방법을 바꿨다. 이들이 선택한 것은 정군운동整軍運動이었다. 5월 2일에 박정희가 부정선거의 책임을 물어 송요찬 참모총장의 퇴역을 요구했다. 김종필을 비롯한 육사

8기생들이 이에 호응해 본격적으로 정군을 기치로 내걸었다. 정군운동은 육사 8기생들의 연판장 작성과 7기와 9기 및 10기들의 하극상 사건 등으로 이어졌다. 이로 인해 박정희는 1960년 12월에 제2군사령부 부사령관으로 전보되면서 전역대상에 포함되었다. 그는 8기생의 대표 격인 김종필 중령을 비롯한 지지 세력을 규합해 최후의 승부수를 던지기 위한 정지작업에 들어갔다. 군사정변의 서막이었다.

박정희는 군사정변에 성공한 후 민정이양에 앞서 『국가와 혁명과 나』를 펴낸 바 있다. 그는 여기에서 4·19와 5·16의 이동異同을 이같이 요약한 바 있다.

"4·19 학생혁명은 표면상의 자유당 정권을 타도하였지만 5·16 군사혁명은 민주당 정권이란 가면을 쓰고 망동하려는 내면상의 자유당 정권을 뒤엎은 것이다."

이는 당시 군부 내부에 팽배했던 혁명에 대한 강한 열망을 반영한 것이기도 했다. 사실 박정희와 같은 직업군인들은 박봉과 인사적체 등의 열악한 근무조건으로 인해 앞날을 내다보기 어려운 삶을 살고 있었다. 전쟁으로 인해 특진을 거듭하는 일이 생기는 바람에 참모총장과 중령 간의 나이 차이가 불과 3~4세밖에 나지 않았다. 전쟁이 끝난 후 인사적체는 심각한 문제를 낳았다.

월급을 받아도 한 가족의 보름 정도 식량거리밖에 댈 수 없던 일부 장교들은 숯을 구워 팔아 생계를 유지해야 했다. 영관급 장교들은 부대 내에서 점심을 굶고 식권을 전표로 바꿔 쌀로 교환해서 신문지에 담아다가 하루하루 식구들을 먹여 살릴 정도였다. 일부 병사들은 휴가를 나가면 부대로 복귀하지 않았다.

그렇지만 군부에는 국가를 이끌 선두주자들이 있었다. 이들은 미국 군사학교 등에서 군 조직 및 운영 등에 관한 체계적인 학습을 이수한 까닭에 국가기관 중 가장 뛰어난 집단에 속했다. 당시 행정부는 예산편성을 하면서 부서별로 돈을 나누고 어디에 얼마가 소요되는지를 파악하는 수준에 머물고 있었다. 그러나 미국에서 교육을 받은 이들 군부 엘리트들은 예산이 투입됐을 때의 효과와 피드백을 통한 검증, 개선하는 기법까지 익히 알고 있었다. 민족주의 정신으로 무장한 이들은 시민혁명으로 성립된 민주당정권의 구태의연한 모습에 실망을 금치 못했다. 자부심에 넘친 이들의 혁명 열기는 다른 어느 집단보다 뜨거울 수밖에 없었다.

이들은 이미 4·19가 터졌을 때 시위대 진압을 위한 사격명령을 어길 정도로 민족민주주의 정신에도 눈을 뜨고 있었다. 집권당인 민주당은 장면의 신파와 윤보선의 구파로 나뉘어 치열한 다툼을 벌였다. 시민혁명의 취지와는 동떨어진 모습이었다.

연일 거리에서는 학생들을 비롯해 혁신단체의 통일운동 시위가 그치지 않았다. 시위대의 구호는 점점 과격해졌다. 일부는 북한의 선전에 동조하는 모습도 보였다. 불과 8년 전까지만 해도 북한군과 직접 싸워 나라를 수호했던 군인들이 보기에, 통일을 빙자한 좌익들의 사회혼란 조장은 위태로울 지경이었다. 연일 계속되는 시위로 무정부상태의 혼란을 보이고 있는데도 장면 정부는 시종 방관했다. 무능한 정부였다. 불과 8년 전에 전선에서 치열한 전투를 벌였던 장교들이 사회혼란이 자칫 국가붕괴로 이어질 것을 우려한 것은 당연했다.

이때 마침《사상계》1960년 1월 호에 미상원 외교분과위원회가 작성한 「미국의 대아시아 정책」이라는 보고서가 실렸다. 그 내용이 한국 군인들의 자존심을 짓밟아버릴 만했다. 골자는 이와 같았다.

"지금까지 육군은 정부의 도구에 불과했다. 이는 부분적으로 이승만 대통령의 수완으로 인한 것이다. 정적이 될 만한 사람은 실각당했고, 강력한 독립성을 가진 지휘관은 냉대받았다. 정부가 실패하면 언젠가 한번은 군부지배가 출현하리라는 것은 확실하다. 그러나 가까운 장래에 그런 일이 일어나리라고 보기는 어렵다."

책사와 군사정변의 복안

보고서를 읽은 군인들이 모두 분노했다. 이 글은 박정희뿐만 아니라 수많은 군인들이 정변을 꾀하고 있다는 사실을 제대로 파악하지 못한 것이었다. 해병대와 육사생도의 군사정변 모의가 있었을 뿐만 아니라 이범석 장군 계열인 민족청년단의 거사 시도도 있었다.

박정희는 이들 여러 움직임 중 하나에 불과했다. 그가 군사정변을 구체적으로 논의한 시기는 1960년 1월이다. 포항의 해병1사단장 소장 김동하와 만나 해병과 육군이 분담하는 방안을 논의했다.

　박정희는 혁명군 선정 과정에서 치밀함을 보여줬다. 거의 모든 장교들의 군부 내 인맥과 개인의 성향 등을 파악하고 있었다. 이를 토대로 쉽게 대상자를 선정, 규합에 나섰다. 만주군관학교 선후배를 비롯해 동기생인 육사 2기생, 육사 중대장 시절 그가 가르쳤던 육사 5기생, 전쟁 말기에 포병으로 전과하면서 형성된 포병 인맥 등이 그들이다. 군사정변의 주축이 된 8기생의 포섭에는 연락책을 맡은 조카사위 김종필의 역할이 컸다.

　김종필은 당대의 책사였다. 훗날 그는 비록 박정희의 정적으로 활약한 김영삼과 김대중의 대권장악에 결정적인 도움을 주기도 했다. 결과적으로 주군이었던 박정희에게 '배신'을 한 셈이었으나 당시만 해도 두 사람은 수어지교水魚之交의 '콜라보'를 자랑했다. 1960년 9월 김종필이 김형욱 등 8기생과 모의해 정군운동의 방향을 혁명 쪽으로 급선회시킨 게 대표적이다.

　당시 그는 정군운동의 향후 노선을 논의하는 과정에서 박정희의 좌익 경력이 논란이 되자 거론되는 여러 인물 가운데 박정희가 혁명의 지도자로 가장 낫다고 강력 천거하고 나섰다. 자발적으로 박정희와 주군과 신하의 관계를 맺고 나선 셈이다. 이는 중국의 삼국시대 당시 농사를 지으며 자신을 알아주는 주군이 찾아오길 기다리던 제갈량이 유비를 주군으로 받들기로 작심하고 하산한 것에 비유할 만하다. 제갈량의 이런 결단은 『춘추좌전』「노애공 11년」조에 나오는 조즉택목鳥則擇木 일화의 대표적인 사례에 해당한다. '조즉택목'은 새가 나무를 가려 앉는다는 의미이다. 신하는 군주를 가려서 섬겨야 한다는 취지에서 나온 성어이다.

김종필이 박정희를 '조즉택목'의 대상으로 삼은 데에는 당시에 터져 나온 터키의 군사정변이 적잖은 영향을 미쳤다. 1960년 5월 27일, 터키의 케말 파샤가 이끄는 군부가 멘데레스 정권을 무너뜨렸다. 터키 근대화를 내건 군사정변에 터키 국민들이 열광했다. 최고의 책사로 자리 잡은 김종필뿐만 아니라 그의 주군인 박정희도 크게 고무됐다. 당시 제3세계에는 군사정변이 잇달아 빚어지고 있었다. 이집트 나세르의 군사정변, 미얀마 네윈의 군사정변 등이 그것이다.

김종필을 필두로 한 육사 8기생들이 한창 정변계획을 짜고 있을 때 이듬해인 1961년 2월에 김종필과 김형욱 등이 예편했다. 군사정변 모의 움직임이 포착된 결과였다. 위기감에 휩싸인 이들은 더 이상 시간을 늦출 수가 없었다. 이들은 이해 5월 15일 밤을 거사일로 잡았다. 작전명은 '비둘기'였다. 6관구 사령부 작전참모 중령 박원빈이 계획을 수립했다. 1단계로 시위가 폭동으로 바뀔 때 헌병대 5개 대를 투입하고, 2단계로 서울 근교 30사단과 33사단 등을 동원하고, 3단계로 1군 산하 1~3개 사단 및 해병대와 공수단을 충원한다는 계획이었다. 이해 3월 6일부터 5일 예정으로 이 작전계획에 따라 서울 한강변에 지휘소를 설치하고 훈련을 실시했다. 다음날인 7일에는 박정희 2군 부사령관 자격으로 영등포 6관구 사령부로 시찰을 나와 검검했다.

마침내 작전 개시일인 디데이 5월 15일이 되었다. 작전 개시시각인 에이치아워는 이날 밤 11시였다. 작전 완료일시는 5월 16일 새벽 3시였다. 작전개시일인 15일 오전부터 바쁘게 움직이기 시작했다. 오전 9시경에 박종규 소령과 차지철 대위 및 11명이 장면 총리의 집무실이 있는 반도호텔 옆 대호다방에 은신해 반도호텔 구조를 파악했다.

박정희는 오후 1시경에 박종규로부터 반도호텔 작전계획을 보고받았다. 이때 혁명공약을 검토하는 과정에서 김종필의 반대에도 불구하고 그는 정권을 이양하고 군은 본연의 임무로 돌아간다는 제6항을 추가하도록 했다. 이는 미얀마의 네윈 군사정권이 정변에 성공한 후 정권의 민간이양에 관한 공약을 선포한 점에 착안한 것이었다. 군사정변의 성공가능성을 보장하는 데 필수불가결한 조항이라고 판단했다. 군사정변의 최고책사로 일컬어진 김종필이었지만 아직 박정희의 수준에 이르지는 못했다.

박정희는 오후 6시경에 장경순에게 장도영을 설득하고 1공수단 출동을 감독할 것을 지시했다. 그러나 오후 8시경에 문득 30사단에서 문제가 생겼다. 연대장과 참모장이 변심해 사단장 이상국에게 B형 전투단 훈련이 쿠데타 훈련이라는 사실을 밀고해버린 것이다. 오후 9시경에 30사단장 이상국이 가족을 피신시킨 뒤 은성에서 식사하던 장도영에게 이를 보고했다. 장도영은 곧 2개 헌병중대를 30사단으로 급파한 뒤 본인은 506보안대로 왔다. 그는 506보안대장 이희영에게 박정희를 미행할 것을 지시했다. 얼마 후 신당동의 박정희 집에 보안대원 7명을 태운 2대의 지프차가 도착했다.

오후 10시경에 박정희는 항공 작업복에 권총을 차고 김종필과 박종규, 이낙선 등과 함께 집을 나서려고 하자 부인 육영수가 아이들에게 인사를 건네라며 숙제를 도와줄 것을 간청했다. 마지막 이별이 될 것을 염두에 둔 배려였다. 당시 박정희는 훗날 청와대에 입성해 최초의 부녀 대통령이 되는 장녀 박근혜와 막내 박지만 등 자식들의 숙제를 도와주며 50분 정도의 시간을 할애했다.

당시 장도영은 33사단에 전화해서 훈련의 취소 명령을 내린 데 이어 1공수단장 박치옥에게도 전화를 걸어 훈련계획을 취소할 것을 명령했다. 박치옥은 예정된 훈련이라서 취소할 수 없다고 대답했으나 망설일 수밖에 없었다. 오후 10시 50분경에 박정희는 김종필 등과 함께 두 대의 지프차에 나눠 타고 6관구 사령부로 출발했다. 이때 장도영은 6관구 사령관 서종철에게 전화를 걸어 장교들의 해산을 명했다. 그는 서종철이 혁명군에 가담해 있다는 사실을 모르고 있었다.

박정희는 16일 오전 0시경에 6관구 사령부 정문에 도착했다. 근처에 숨어 있던 혁명군 장교 20여 명 합류해 사령부로 들어가 혁명군과 진압군이 뒤섞여 있는 상황에서 혁명의 당위성을 설명하자 현병차감 등이 가담했다. 박정희는 휘하를 시켜 참모총장 장도영에게 군사정변의 취지를 담은 편지를 전달했다. 장도영이 곧 전화를 걸어 즉시 쿠데타 시도를 중단할 것을 권했으나 오히려 박정희로부터 혁명 가담을 권유받았다. 장도영은 박정희가 편지에서 자신을 군사정변의 영수로 모시겠다고 한 약속에 이미 흔들리고 있었다.

마침내 해병여단의 선두가 출발하고 차례로 트럭 60대가 출동했다. 얼마 후 탱크부대가 출발했다. 오전 2시경에 장도영은 총리 장면에게 30사단 반란기도를 저지했고, 해병대와 공수단을 한강에서 저지하고 있다는 내용의 보고를 했다. 이때 그가 사실을 정확히 보고했다면 장면도 미국 대사관측에 도움을 요청하는 등 나름대로 계획을 세울 수 있었을 것이다. 장도영의 보고를 듣고 안심한 장면은 결국 군사정변을 저지할 수 있는 마지막 기회를 잃고 말았다. 장도영과 장면 모두 5·16 군사정변의 숨은 공로자에 해당했다.

이때 박정희는 30사단과 33사단의 일로 인해 출동을 망설이고 있는 1공수단장 박치옥을 설득하기 위해 부하들과 함께 1공수단으로 갔다. 망설이던 박치옥은 차지철을 중심으로 한 위관장교들이 강행할 태세를 보이자 출동을 결심했다. 박정희는 김포가도에서 해병대 출동 지휘부와 합류했다. 보고를 접한 장도영은 좌우에 명해 육본 직할 헌병대 50명과 트럭 8대를 동원해 한강 다리를 봉쇄했다. 오전 3시경이 되자 탱크를 몰고 시내로 진입한 6군단 포병단의 혁명군 1천여 명이 육본을 완전히 장악했다. 안국동의 광명인쇄소에 있던 김종필은 포병단의 활약을 보면서 혁명공약 선전물의 인쇄를 재촉했다.

해병대와 공수대가 한강 인도교 남쪽 노량진에 도착한 시각은 오전 3시 반경이었다. 마침 남한강 파출소 경찰관들이 순찰을 나왔다가 공포탄에 놀라 흩어졌다. 이를 계기로 한강교에서 해병여단 2중대와 육본 직할

5·16군사정변 당시의 박정희 모습

의 헌병대와 교전이 시작되었다. 얼마 후 육본을 장악한 6군단 포병단이 헌병대의 배후를 기습했다. 협공에 걸린 헌병대가 제압되자 박정희가 한강교를 걸어서 건넜다. 이는 혁명군에게 신뢰를 심어주기 위해 의도된 몸짓이었다.

보고를 접한 장도영은 오전 4시경에 윤보선에게 이 사실을 알렸다. 윤보선은 가족들 피신시킨 뒤 청와대에 머물렀다. 박정희를 만나 향후 정국의 운영방안을 물을 심산이었다. 신파인 장면과 대립했던 윤보선은 내심 자신의 헌법상의 지위를 인정해주기만 하면 군사정변을 사후 승인할 생각이었다.

한강교를 돌파한 해병대와 공수여단은 육본으로 향하는 어간에 장도영이 다시 장면과 윤보선에게 전화를 걸어 급히 피신할 것을 요청했다. 군사정변의 타깃은 윤보선이 아닌 장면이었다. 이를 잘 알고 있는 장면 부부는 급히 주한 미 대사의 사택 쪽으로 이동했다. 그러나 길이 어긋났다. 혜화동의 카르멜 수녀원으로 피신했다. 스스로 유폐를 자처한 꼴이 된 것이다. 이로써 사실상 상황이 끝난 것이나 다름없었다.

박정희는 오전 4시 반경에 공수여단과 함께 KBS라디오 방송국에 도착했다. 그러나 혁명공약 선전물이 아직 도착하지 않았다. 그는 안국동 광명인쇄소로 향했다. 잠시 후 인쇄물이 도착했다. 오전 5시에 마침내 KBS라디오 방송국의 박종세 아나운서가 떨리는 목소리로 혁명공약을 읽기 시작했다.

"친애하는 애국 동포 여러분! 은인자중하던 군부는 드디어 오늘 아침

미명을 기해 일제히 행동을 개시하여 국가의 행정, 입법, 사법의 3권을 완전히 장악하고 이어 군사혁명위원회를 조직하였습니다. 군부가 궐기한 것은 부패하고 무능한 현 정권과 기성 정치인들에게 더 이상 국가와 민족의 운명을 맡겨 둘 수 없다고 단정하고 백척간두에서 방황하는 조국의 위기를 극복하기 위한 것입니다."

당시 이미 군사정변의 가능성이 널리 유포되어 있었던 까닭에 국민들의 반응은 의외로 차분했다. 터질 것이 마침내 터졌다는 반응에 가까웠다. 군사정변이 성공했음을 확인한 박정희는 오전 7시에 육군본부로 이동했다가 3시간 뒤인 이날 오전 10시에 청와대로 가 윤보선과 면담했다. 혁명공약을 설명하면서 대통령의 직위 보장을 약속하자 윤보선이 이를 수락했다. 이로써 군사정변은 마침내 법적인 정당성을 확보하게 되었다.

박정희는 거사 당일 '군사혁명위원회'를 설치해 장도영을 의장에 앉혔다. 5월 18일에 명칭을 '국가재건최고회의'로 개칭하고 부의장에 취임했다. 그러나 사람들은 박정희가 군사정변의 실질적인 주역이라는 사실을 대략 알고 있었다. 이해 6월 10일에 김종필의 주도하에 비밀 첩보기관인 중앙정보부가 발족했다.

군사정변과 경제개발

제3공화국은 법적으로 1963년 말에 민정이양을 선언한 후에 치러진 대선에서 박정희가 제5대 대통령에 당선됨으로써 출범했다. 그러나 내용상으로는 군사정변이 성사된 때부터 시작된 것이나 다름없다. 제1차 경제 개발계획이 군사 정권 시절인 1962년부터 추진된 사실이 이를 뒷받침한다. 당시 군사 정권은 반공과 친미, 구악일소, 경제재건 등을 기치로 내걸었다. 여기서 가장 주목할 것은 '경제재건'이다. 이는 당시 4·19로 집권한 민주당의 초라한 성적표를 의식한 것이었다. 1961년의 1인당 GNP는 80달러로 한국은 세계 125개국 중 101번째의 최빈국에 해당했다. 이를 뒷받침하는 일화가 제3공화국 당시 외무부장관을 지낸 이동원의 회고록인 『대통령을 그리며』에 소상히 소개돼 있다.

이에 따르면 1960년대 필리핀은 한국보다 여러모로 앞서 있었다. 국민소득은 물론 특히 외교무대에서도 훨씬 우위에 있었다. 당시 UN의장도 필리핀 출신 로물로였다. 6·25 전쟁 당시 필리핀은 연합군의 일원으로 군대까지 파견했다. 1966년 2월 초, 마르코스가 대통령 자리에 앉은 지 채 두 달도 지나지 않았을 때였다. 동남아 순시를 계획하고 있던 박정희는 말레이시아와 태국 및 대만과 함께 필리핀도 순방 대상에 집어넣었다. 월남 참전 7개국 정상회담을 적극 활용하고자 한 것이다. 그러나 차질이 생겼다. 필리핀으로부터 방문 불가를 통보받은 것이다. 마르코스가 너무 바쁜 나머지 접견할 시간이 없다는 게 이유였다. 박정희가 대노했다.

"건방진 사람, 두고 봐라! 앞으로 우리가 몇 년 내 필리핀을 앞설 것이다. 10년 후 우린 선진국이 되고, 필리핀은 영원히 후진국으로 남을 것이니 두고 봐라!"

사실 국가원수의 방문요청에 대한 거절은 외교관례상 커다란 결례였다. 당시 마르코스는 한국에 대해 이루 말할 수 없을 정도의 커다란 우월감을 지니고 있었다. 원래 월남 참전 7개국 정상회담은 처음부터 한국이 계획해 밥상까지 완전하게 차려놓은 작품이었다. 도중에 마르코스의 농간으로 개최 장소가 서울에서 마닐라로 바뀌었다. 박정희가 내심 불쾌해한 것은 말할 것도 없다.

당시 한국은 필리핀보다 훨씬 많은 병력을 파견하고 있었다. 그럼에도 외교무대에서 한국은 필리핀의 상대가 되지 못했다. 당시 기준으로 볼 때 필리핀은 한국보다 국제외교무대에서 훨씬 발언권이 강했다. 마르코스의 한국 및 박정희에 대한 무시는 더욱 노골화했다. 정상회담 직전에 행해진 마닐라호텔의 방 배정부터 엄청난 차별대우를 받았다. 약간 과장을 하면 일국의 국가원수인 박정희에게 배정된 방만 유독 손바닥보다 조금 넓은 수준이었다. 유양수 주 필리핀 대사의 얼굴이 사색이 되었다. 이동원 장관의 눈에 유 대사의 목덜미로 땀을 줄줄 흐르는 게 보였다. 박정희가 오히려 부드러운 목소리로 참모들을 다독였다.

"괜찮소, 방이 크면 어떻고 작으면 어떻소? 난 오히려 작은 방에 정이 더 붙소. 신경 쓰지 마시오!"

마르코스의 오만방자한 행보는 여기서 그치질 않았다. 리셉션 때 마르코스는 존슨 등 다른 나라 원수들 앞에서 입에 침을 튀기면서 과장된 몸짓을 보였다. 그러나 박정희 앞에만 오면 입을 다문 채 가벼운 목례만 하고 지나쳐버렸다. 객관적으로 볼 때 당시 한국은 마르코스의 오만방자한 행동만 탓할 수 없을 정도로 국세國勢가 미약하기 그지없었다.

중요한 것은 박정희가 다짐한 대로 한국은 경제발전을 통한 근대화 및 산업화에 성공해 경제력 12위의 선진국 문턱을 넘어섰으나 필리핀은 아직도 후진국에 그대로 머물러있는 점이다. 경제개발을 통해 근대화 및 산업화를 기필코 달성하고자 하는 박정희의 강력한 의지가 없었으면 불가능한 일이었다. 이를 두고 21세기 현재까지 박정희가 추진한 일련의 경제개발계획은 이미 장면의 제2공화국 때 입안된 것으로 박정희가 없었을지라도 경제개발은 이뤄졌을 것이라며 성과를 폄하하고 있으나 이는 납득하기 어렵다. 경제개발계획은 입안이 중요한 게 아니다. 국가의 모든 역량을 투입해 과연 성과를 이뤄낼 수 있는가 하는 게 더 중요하다. 고양이 목에 방울을 거는 계획은 누구나 세울 수 있다. 그러나 과연 그 책임을 누가 떠맡을 것인가?

박정희는 군사정변에 성공하자 곧바로 산업구조를 근본적으로 뜯어고칠 생각을 했다. 그는 국민들의 일상생활과 직결돼 있는 경공업 제품의 자급화부터 추진했다. 그의 독려에 힘입어 대다수 생필품의 국산화에 성공했다. 여기에는 섬유산업이 지대한 역할을 했다.

그는 경공업 육성이 어느 정도 성공을 거두자 곧 중공업 중심의 산업구조조정 작업에 돌입했다. 가장 큰 문제는 기술이었다. 지리적 여건상 비용절감을 위해 기술유출을 꺼리는 일본으로부터 생산에 필요한 공산품을 수입하는 것은 부득이했다. 대일무역의 적자 폭이 클 수밖에 없었다. 그러나 소비재 수입에서 생산설비 수입으로 수입의 패턴이 바뀐 것은 나름대로 고무적이었다.

산업의 중공업 구조로의 전환은 그 의미가 지대했다. 당시 대다수 나라들이 중공업 산업 육성은 꿈도 꾸지 못할 때였다. 그러나 그는 경공업 육성에 성공하자마자 곧바로 중공업으로의 구조전환을 서둘러 목표한 바를 이루었다. 이것이 이후 수출한국의 기반이 된 것은 말할 것도 없다.

여기서 주목할 점은 5·16 군사 정권이 들어섬으로써 조선조 개국 이래 나라를 빈국에 머물게 한 소작인 제도가 종식을 고하게 된 점이다. 공교롭게도 경제개발계획을 세웠던 제2공화국의 집권 민주당 수뇌부 대부분이 지주집안 출신들이었다.

지난 세기에 배링턴 무어가 『민주주의와 독재의 사회적 기원』에서 갈파했듯이 땅을 매개로 얽혀 있는 지주와 소작인 내지 머슴의 고리를 철저히 끊어내지 않고는 그 어떤 나라도 영원히 빈국에 머물 수밖에 없다. 서구 열강이 식민지에서 노예노동을 토대로 성장시킨 플랜테이션을 기반으로 한때 번영을 구가했던 남미와 필리핀 등이 이내 후진국으로 전락한 것을 보면 알 수 있다.

현재 그의 치세 때 이뤄진 경제성장에 대한 학계의 평가는 크게 3가지로 요약할 수 있다. 첫째, 전반적 긍정론이다. 박정희식 개발독재 방식이 바람직했고 지금도 그 방식이 유효하다는 주장이다. 둘째 제한적 긍정론이다. 개발독재 자체는 비판적으로 보지만 산업화 초기 단계에는 불가피한 선택이었다고 보는 견해이다. 셋째 전반적 부정론이다. 개발독재는 불가피한 것이 아니라 독재를 정당화한 논리에 지나지 않는다는 견해이다. 이는 대략 이념적으로 보수, 중도, 진보의 관점과 일치하고 있다. 그러나 어느 견해를 취하든 그가 이룩한 경제발전의 성과에 대해서는 큰 이견이 없는 상황이다.

당초 박정희는 약 2년여 동안 지속된 군사정권 하에서 제2공화국 정부가 마련한 제1차 경제개발 5개년 계획을 약간 수정해 실천하면서 울산공업단지를 건설하는 등 경제발전에 전력투구하는 모습을 보였다. 1961년 9월에 공포된 수출조합법과 공업표준화법 등이 그 증거이다. 이듬해인 1962년 3월에 수출진흥법 등 16개 법령이 공포되면서 수출 진흥이 국가의 기본정책으로 자리 잡게 되었다.

이때 그는 구정치인을 단죄하는 '구정치인 정화법'을 발표했다. 군사정권의 허수아비 역할을 하던 윤보선은 이에 반발해 사임했다. 박정희가 곧 대통령 권한대행의 자리를 물려받았다. 그는 이해 7~8월에 김현철을 후임으로 임명하기 전까지 공석인 국무총리급인 내각 수반을 겸임하기도 했다. 성격상 제3공화국 수립을 위한 사전 정지작업에 해당했다. 그가 이듬해인 1963년 8월에 군에 복귀한다는 공약과 달리 강원도 철원 비행장에서 육군대장으로 예편한 것이 그 증거이다.

예편 직후 그는 곧바로 민주공화당에 입당하여 제5대 대통령 선거에 출마했다. 이해 10월 15일에 치러진 제5대 대통령 선거에서 15만 표의 근소한 차이로 민주당의 윤보선 후보를 누르고 당선되었다. 당시 박정희에 대한 지지율은 도시보다는 농촌에서 월등히 높았다.

제3공화국이 공식 출범한 1964년 초반부터 그는 한일국교 정상화에 속도를 냈다. 한일회담은 제1공화국 때부터 시작되었으나 국민들의 반일감정으로 인해 지지부진했다. 경제개발 자금이 시급한 상황에서 어떤 식으로든 한일회담을 타결 지어 개발자금을 끌어올 필요가 있었다. 문제는 국민들의 반일감정이었다. 당시 두 나라 사이는 미묘할 수밖에 없었다. 식민지배의 사과를 요구하는 우리 측 입장과 이를 수용치 않으려는 일본 측 입장이 극명하게 갈렸다.

민족적 자존심과 관련된 역사문화적인 앙금이 걸림돌이었다. 박정희는 경제개발계획에 충당할 자금이 긴급히 필요했다. 그는 마침내 일제의 식민지배에 대한 사과가 아닌 청구권 및 경제협력의 명분으로 무상 3억 달러, 재정차관 2억 달러, 민간차관 3억 달러 등 도합 8억 달러의 돈으로 이 문제를 마무리지었다.

학생들과 야당이 '굴욕외교'라며 크게 반발했다. 시내 곳곳에서는 학생 시위대와 경찰, 군인 사이에서 격렬한 싸움이 벌어졌다. 이른바 '6·3 학생운동'이 빚어진 것이다. 이들은 박정희가 내세운 '민족적 민주주의'의 장례식을 거행하는 등 대규모 반대 운동을 전개했다. 박정희의 대응은 계엄령 발동이었다. 그는 경제개발이 더 시급하다고 판단한 것이다. 이 사건으로 한일회담을 추진해오던 공화당 의장 김종필이 사임했다.

경제 개발을 위해 같은 시기 후반에 취해진 또 하나의 조치로 야당의 반대를 무릅쓰고 단행된 월남파병을 들 수 있다. 이해 8월에 제1이동외과 병원 소속 130명과 태권도 교관 10명을 파견했다. 이를 계기로 비둘기부대와 백마부대 등이 차례로 파견되었다. 당시 파병 국군장병이 해외근무 수당으로 벌어들인 수입은 총 2억 3천만 달러였다. 이 중 2억 달러가 국내로 송금되었다. 이 돈이 이후 경부고속도로를 건설하는 데 긴요하게 사용되었다.

당시 한국 기업들은 전쟁에 조달할 군수물자 납품과 용역사업 투입 등으로 인해 이른바 '월남특수越南特需'를 누렸다. 그 액수는 대략 1965년부터 1973년까지 총 10억 달러에 달했다. 이것이 한국의 경제성장에 지대한 공헌을 한 것은 말할 것도 없다. 내수와 수출 호황으로 1인당 국민소득도 한국군 철수가 끝난 1974년에는 541달러가 되었다. 파병 직전인 1964년의 103달러에 비해 5배가 늘어난 셈이다. 이후 '월남특수'는 한국경제의 활로를 열고 군을 현대화하는 데 크게 기여했다.

강한 추진력으로 성사시켜라

그가 재임기간 중 이룩한 치적 중 인구에 가장 널리 회자되는 것은 1970년 7월에 준공된 경부고속도로 건설이다. 4백여 킬로미터에 달하는 4차선 도로가 착공 2년 반 만에 준공된 것은 전례 없는 일이었다. 이는 그의 강고한 의지가 없었으면 불가능했다. 당시 경부고속도로 건설비용은 1

| 경부고속도로

년치 국가예산보다 많았다. 야당은 물론 전 언론이 이를 반대했다. 그러나 그는 일단 심사숙고한 끝에 결정한 일은 흔들리지 않고 추진하는 강단을 지니고 있었다. 결국 그는 강한 추진력으로 이를 밀어붙여 성사시켰다. 이를 계기로 많은 국민들은 우리도 해낼 수 있다는 자신감을 갖게 되었다. 이것은 이후 경제발전의 가장 큰 동력이 되었다.

경부고속도로 건설은 수출드라이브 정책과 맞물려 있었다. 고속도로를 뚫지 않고는 수출입국은 구호에 그칠 처지였다. 온갖 어려움 속에 개통된 경부고속도로는 이후 섬유와 합판, 가발 등 돈이 되는 것이라면 무엇이든 수출하던 시기에 이를 강력 뒷받침하는 대동맥이 되었다. 이는 우리 경제의 잠재력을 일깨운 것이기도 했다. 박정희는 그 성과를 토대로 1960년대 말부터 철강과 자동차, 조선, 화학 등 4개 분야에 집중적인 투자를 했다. 과잉 및 중복투자로 일부 논란을 빚기는 했으나 우리 경제가 세계 수준의 경제로 도약하는 발판을 마련한 것은 여기서 비롯되었다고 해도 과언이 아니다.

1970년대에 시작된 새마을운동도 그가 추진한 일련의 정책 중 눈여겨볼만한 것이다. 그는 1970년 4월에 새마을운동을 제창한 뒤 죽을 때까지 이를 강력히 추진했다. 근검을 숭상한 그의 신념이 새마을운동으로 표출된 것이다. 그의 다음과 같은 언급이 이를 뒷받침한다.

"후손들이 우리에게 무엇을 하였느냐고 물으면 일하고 또 일하였다는 말을 떳떳이 할 수 있도록 살자."

1973년부터 새마을운동을 대대적으로 홍보하여 이를 전 국민적 운동으로 확산시켰다. 새마을운동과 동시에 경제발전을 중화학공업으로 전환하기 위한 일련의 작업이 신속히 진행되었다. 1978년 12월에 이르러서는 마침내 1인당 GNP가 1천 달러를 상회하게 되었다.

　　그러나 이런 눈부신 경제발전은 민주화를 유보한 대가로 얻어진 것이었다. 이에 따른 후과 또한 매우 컸다. 제6대 대통령 선거 1달 뒤에 치러진 제7대 국회의원 선거에서 여당인 공화당은 박정희의 3선을 뒷받침하기 위해 개헌에 필요한 국회의석 3분의 2 이상을 무리하게 확보하려고 했다. 3선 개헌은 1969년에 들어와 본격 거론되기 시작했다. 결국 일요일인 이해 9월 14일 새벽 2시에 개헌을 지지하는 122명의 야당의원들이 농성을 벌이는 본회의장을 피해 제3별관에서 날치기로 통과시켰다.

　　이에 3번째로 대선에 나서게 된 그는 대선의 마지막 유세인 장충단공원 유세에서 유권자들 앞에서 마지막으로 한 번 만 더 뽑아줄 것을 눈물로 호소했다. 그는 1971년 4월에 제7대 대선에서 김대중 후보를 이기고 다시 대통령에 당선되었다. 이를 계기로 그는 장기 독재의 길로 들어섰다.

　　당시 세계는 미국의 닉슨이 이른바 '닉슨독트린'을 기치로 핑퐁외교를 통해 중국과 수교하는 등 동서화해를 뜻하는 데탕트의 시기로 접어들고 있었다. 1972년 7월 4일에 이른바 7·4 남북공동성명이 발표되었다. 많은 사람들이 한반도에도 데탕트의 물결이 밀려올 것으로 예상했다. 그러나

새마을운동 현장을 시찰하는 박정희

곧이어 8월 3일에 기업사채 동결 등의 긴급명령이 발포되었다.

이는 영구 독재체제인 이른바 '유신체제'의 수립을 위한 사전 준비 작업의 성격을 띠고 있었다. 마침내 1972년 10월 17일에 그는 대통령 특별 선언을 통해 현행 헌법의 효력을 일부 중단하는 비상조치를 취했다. 그는 이같이 정당화했다.

"우리는 지금 국제정세의 거친 도전을 이겨내면서 남북대화를 더욱 적극적으로 과감히 추진해 나가야 할 중대한 시점에 처해 있습니다. 이런 상황에서 가장 긴급한 것은 남북대화를 더욱 굳게 뒷받침하고 급변하는 주변 정세에 적극 대처해 나갈 수 있는 모든 체제의 시급한 정비라고 믿습니다."

곧 이를 뒷받침하는 '유신헌법'이 제출되었다. 긴급조치권과 국회의원 정수의 3분의 1에 대한 실질적 임명권, 간선제 등 막강한 권한을 대통령에게 부여하는 6년 연임제 등이 골자였다. '조국근대화'와 '민족중흥'이 3선 개헌의 명분으로 이용되었다면 '급변하는 국제정세'와 '남북대화'가 유신체제 등장의 명분으로 이용되었다. 남한에서 유신 체제가 등장한 것과 동시에 북한에서도 사회주의 헌법 개정에 의한 수령체제가 등장했다. 이후 유신체제하에서 산업우선을 주장하는 집권 세력과 민주화를 내건 야당 및 재야 세력의 대립은 충돌을 거듭할 때마다 더욱 거칠어졌다. 이 와중에 그는 1979년 10월에 측근 김재규에게 불의의 저격을 당해 숨을 거두고 말았다.

박정희가 재임기간 중 줄기차게 추구한 제반 정책의 특징을 한마디로 요약하면 '부국강병'으로 정리할 수 있다. 1960년대의 산업화 우선 정책에는 절대빈곤으로부터의 탈출이 선행과제였다. 박정희의 한국적 민주주의 토대 구축과 남북통일에 대한 구상은 오늘날 냉전 종식 후의 정책과 다를 수밖에 없다. 부국의 구체적인 방안으로는 경공업 육성, 식량증대를 위한 비료생산, 수출산업육성을 통한 외화획득 방안이 제시되었다. 강병은 중화학공업 육성을 통한 무기의 국산화 및 양산 등의 방위산업 육성이 집중 강구되었다.

그가 추구한 부국강병은 국가총력을 기울이는 방식으로 진행된 까닭에 상대적으로 민주화는 소홀히 취급되었다. 산업화와 민주화의 두 가지 과제를 동시에 진행시키지 못한 데 따른 비판도 있으나 산업화의 초기 단계에서는 불가피한 측면이 있었다. 실제로 독일과 러시아, 일본 등이 모두 유사한 과정을 겪었다. 영국의 산업혁명 이후 급속한 산업화가 이뤄지는 과정에서 제대로 된 민주화가 동시에 진행된 경우는 전무했다. 단시일 내에 산업화를 이루기 위해 민주화는 유보될 수밖에 없었다. 당시의 상황에서 민주화를 이루지 못한 점을 비난하는 것은 이런 점에서 지나친 면이 있다.

강고한 의지와 단호한 결단

박정희에 대한 엇갈린 평가는 그의 생전과 사후를 막론하고 별반 차이가 없다. 경제성장의 영웅으로 평가하는 견해에서 독재의 화신으로 혹평하는 견해가 21세기의 현재까지 그대로 이어지고 있다. 다만 박정희가 최고회의 의장에 뒤이어 대통령으로 재임했던 19년 동안 한국경제가 비약적으로 발전했다는 사실을 부정하는 사람은 없다. 이는 말할 것도 없이 다른 나라에서는 수십 년에 걸쳐 이룩한 산업화의 과정을 단기간 내에 달성한 데 따른 것이다.

그의 재임 때 이뤄진 눈부신 경제성장은 결코 그 혼자만의 공이 될 수는 없다. 그렇다고 그의 공을 폄하해서는 안 된다. 장면 정부도 경제부흥 계획을 세우고 박정희와 비슷한 시도를 했던 것은 사실이나 이것이 바로 경제발전을 담보한 것은 아니었다.

당시의 정세 및 그들의 역량에 비춰 볼 때 박정희와 유사한 성과를 거두기는 어려웠다. 박정희가 인권탄압 등 여러 비난에도 불구하고 훗날 높은 평가를 받게 된 것도 재위기간 중 달성한 이러한 비약적인 압축성장의 덕분이라고 할 수 있다. 5·16 군사정변이 일어날 당시 한국은 보릿고개로 상징되는 극빈을 탈출하는 게 무엇보다 시급한 과제였다. 당시로서는 수출증대를 위해 필요하다는 판단하에 대기업을 육성한 것이다.

'재벌 공화국'과 '부패 공화국' 등의 책임을 전적으로 박정희에게 묻는 태도는 지나친 것이다. 베트남전 참전을 일언지하에 '용병 파견'으로 폄하하는 것도 지나치다. 비록 많은 젊은이들이 명분도 없는 베트남전에 참여해 목숨을 잃었으나 월남특수를 통해 비약적인 경제성장을 이뤘고, 국제무대에서 한국의 위상을 크게 제고한 점 등도 평가할 필요가 있다.

원래 군사정변 가능성은 이미 자유당 말기부터 감지되고 있었다. 1959년 9월에 미 의회에 제출된 '콜론보고서'가 그 증거이다. 이 보고서는 불안한 정세가 이어지고 정당정치가 실패하면 군사정변이 곧 일어날 수밖에 없다고 경고한 바 있다. 콜론보고서가 예상한 대로 이승만 정권은 학생들이 주축이 된 4·19로 무너지고 곧이어 등장한 장면 정권은 내분으로 정국을 어지럽게 만들다가 이내 군부에 의해 무너지고 만 셈이다.

당시 박정희가 군사정변을 일으킨 것은 기본적으로 가난을 몸으로 겪은 생생한 체험과 이를 국가 차원에서 해결하고자 하는 강력한 의지에서 비롯된 것으로 보는 게 타당할 것이다. 실제로 당시 그는 99퍼센트의 국민이 헐벗고 굶주리고 있는 상황에 대해 매우 격분해있었다. 이는 그가 군사정변 후에 펴낸 『국가와 혁명과 나』의 말미에 나오는 술회가 뒷받침하고 있다.

"가난은 본인의 스승이자 은인이다. '소박하고, 근면하고, 정직하고, 성실한 서민사회가 바탕이 된 자주독립된 한국의 창건', 그것이 바로 본인이 소망하는 전부이다. 주지육림의 부패와 특권사회를 보고 참을 수 없어서 거사한 5·16 혁명은 그러한 본인의 소원이 성취된 것에 불과하다. 많은 가난한 사람의 편에 서서 일하여온 본인으로서 갈 길은 있을 것이다. 그러나 그 길은 국민 모두가 지지하는 길이어야 할 것임은 물론이다."

난세에는 패도覇道을 구사해야 한다. 박정희를 비판하는 사람들은 그의 리더십을 마키아벨리즘으로 규정하며 비판을 가하고 있으나 이는 마키아벨리즘에 대한 천견淺見에서 비롯된 것이다. 한나 아렌트가 서양의 역대 사상가 중 가장 높이 평가한 인물이 마키아벨리이다. 마키아벨리가 『군주론』에서 역설한 군주의 최고 덕목은 부국강병을 통한 보국안민保國安民이었다.

통치에서 가장 문제 되는 것은 태평세가 아닌 난세이다. 사실 태평세는 누가 최고통치권자가 될지라도 크게 문제될 게 없다. 그러나 난세에는 차원이 다르다. 자칫 나라를 잃고 백성이 모두 유민이 될 수밖에 없기 때문이다. 군왕을 포함한 최고통치권자의 존재 의의는 바로 난세의 타개에 있다. 이는 마치 수사자가 사냥을 하는 일은 암사자들에게 맡기고 자신은 영역을 침범하는 다른 사자 무리나 하이에나 등을 퇴치하는 일을 하는 것에 비유할 수 있다.

5·16 군사정변이 일어날 당시 박정희는 당시의 상황을 절박한 난세로 인식하고, 위정자들이 정작 해야 할 일을 하지 않은 채 권력투쟁이나 일삼고 있다고 판단했다. 당시의 상황에 대한 그의 이런 인식이 전 국민의 수긍을 받은 것은 아니었으나 전혀 틀린 것도 아니었다.

그는 통일의 길은 조국 근대화에 있고, 근대화의 길은 경제적 자립에 있다고 보았다. 그의 이런 생각은 동서고금의 역사에 비춰볼 때 타당했다. 그가 재임기간 중 추진한 경부고속국도 건설, 수출 증대, 소득 증대, 저축 장려, 식량 자급자족 실현, 새마을운동 등은 바로 이런 국가발전 구도하에서 나온 것이다. 18년간에 달하는 그의 치세 때 우리나라는 연평균 10퍼센트 가까운 고속 경제성장을 거듭했다. 정부는 경제성장에 대한 믿음을 국민들에게 심어주는 데 성공했고, 국민들은 박정희 정부에 신뢰를 보내며 열심히 좇아간 결과였다. 이것 하나만으로도 그의 1인자 리더십은 높은 점수를 받을 만하다.

그렇다고 당시 그가 결코 민주화를 염두에 두지 않은 것은 아니었다. 그는 민주화 투사를 자처하는 사람들이 서구식 민주자유주의를 내건 것과는 달리 '민족민주주의' 내지 '한국적 민주주의'를 생각했다. 서구식 민주주의는 우리에게 맞지도 않을 뿐만 아니라 그리 해서도 안 된다는 게 그의 확고한 생각이었다.

객관적으로 볼 때 당시 박정희 전 대통령이 생각한 '한국적 민주화'는 부국강병의 토대 위에서만 가능한 것이었다. 자립경제와 자주국방이 먼저 이룩되면 그 위에서 한국의 전통과 접맥된 '한국적 민주주의'도 활짝 만개하리라는 게 그의 판단이었다. 이 과제는 아직도 이루지 못했을 뿐만 아니라 앞으로도 지속적인 과제로 남을 수밖에 없다.

원래 자만심에 빠져 주변 참모의 조언을 무시한 채 멋대로 사안을 처리하는 '전제專制'는 참모들과 함께 모든 변수를 충분히 검토한 뒤 결단하여 밀어붙이는 '독재獨裁'와 구분할 필요가 있다. 위기상황일수록 최고통치권자의 강고한 의지와 단호한 결단, 불퇴전의 추진력이 필요하다. 이는 '독재자'가 되어야 하는 것을 뜻한다. 사실 최종 단계에서 내려지는 최고통치권자의 결단은 고독할 수밖에 없다. 이는 '독단獨斷'을 뜻한다. '독단'은 스스로 판단한 결정이기에 해당 사안의 추진과정 및 결과에 책임을 지지 않을 수 없다. 이는 '독재'를 의미한다. 푸틴이 '독재자'를 자처한 이유가 여기에 있다. 이는 서구의 자유민주주의 잣대로 평가할 수 있는 게 아니다.

난세의 군주리더십을 깊이 연구한 동양의 한비자와 서양의 마키아벨리모두 위기에 처한 나라를 구하기 위해서는 '독재자'의 강력한 군권君權이절실하다고 역설했다. 객관적으로 볼 때 박정희의 군사정변과 강력한 경제개발 추진은 바로 그런 위기상황에서 나온 것이다. '쿠데타'가 '혁명'으로 승화된 근본 배경이 여기에 있다. 이를 뒷받침한 핵심 책사가 바로 김종필이다. 박정희의 1인자 리더십과 김종필의 2인자 리더십도 이런 잣대위에서만 제대로 된 평가가 가능할 것이다.

"1인자는 2인자를 소외하거나 무력화하고 싶어 하는 속성을 가지고 있다. 2인자는 첫째, 절대 1인자를 넘보지 말고 품격을 유지하면서 고개를 숙여야 한다. 둘째, 성의를 다해서 보좌하는 인상을 주면서 아무리 억울한 일이 있어도 참고 견뎌야 한다. 진정한 인내는 참을 수 있는 것을 참는 것이 아니라, 참을 수 없는 것을 참는 것이다."

2016년 증언록을 낸 현대 한국 최고의 2인자 김종필의 2인자론이다.

부록

조선조 역대 군주 묘호 및 군호

	묘호	즉위 전 이름	군호	즉위 후 개명
1	태조太祖	이성계李成桂	이단李旦	
2	정종定宗	이방과李芳果	영안대군永安大君	이경李曔
3	태종太宗	이방원李芳遠	정안대군靖安大君	
4	세종世宗	이도李裪	충녕대군忠寧大君	
5	문종文宗	이향李珦		
6	단종端宗	이홍위李弘暐		
7	세조世祖	이유李瑈	수양대군首陽大君	
8	예종睿宗	이광李晄	해양대군海陽大君	
9	성종成宗	이혈李娎	자산대군者山大君	
10	연산군燕山君	이륭李㦕		
11	중종中宗	이역李懌	진성대군晉城大君	
12	인종仁宗	이호李峼		
13	명종明宗	이환李峘		

14	선조宣祖	이균李鈞	하성군河城君	이연李昖
15	광해군光海君	이혼李琿		
16	인조仁祖	이천윤李天胤	능양대군綾陽大君	이종李倧
17	효종孝宗	이호李淏	봉림대군鳳林大君	
18	현종顯宗	이연李棩		
19	숙종肅宗	이돈李焞		
20	경종景宗	이윤李昀		
21	영조英祖	이금李昑	연잉군延礽君	
22	정조正祖	이산李祘		
23	순조純祖	이공李玜		
24	헌종憲宗	이환李奐		
25	철종哲宗	이원범李元範	덕완군德完君	이변李昪
26	고종高宗	이재황李載晃	익성군翼成君	이형李㷗
27	순종純宗	이척李坧		

참고문헌

- 한국어판

강상중, 『오리엔탈리즘을 넘어서』, 이산, 1997.

강주진, 『이조 당쟁사 연구』, 서울대출판부, 1971.

고영진, 『조선 중기 예학사상사』, 한길사, 1995.

구선희, 「갑신정변직후 반청정책과 청의 원세개 파견」, 『사학연구』51, 1996.

구춘권, 「아시아적 자본주의」, 『한국정치학회보 33-1』, 1999.

권석봉, 『청말 대조선 정책사 연구』, 일조각, 1986.

권중달, 「주원장정권 참여 유학자의 사상적 배경」, 『인문학연구』14, 1987.

금장태, 『한국 실학사상 연구』, 집문당, 1987.

기무라 칸, 김세덕 옮김, 『조선한국의 내셔널리즘과 소국의식』, 산처럼, 2007.

김길환, 『조선조 유학사상 연구』, 일지사, 1980.

김돈, 「조선 중기의 반정과 왕권의 위상」, 『서울시립대전농사론 7』, 2001.

김상일, 『한밝문명론』, 지식산업사, 1988.

김세균 외, 『자본의 세계화와 신자유주의』, 문화과학사, 1998.

김영국 외, 『한국정치연구 7』, 서울대 한국정치연구소, 1997.

김영작, 『한말 내셔널리즘 연구』, 청계연구소, 1989.

김용덕, 「조선시대 군주제도론」, 『창작과비평 11-2』, 1976.

김용숙, 『조선조 궁중 풍속 연구』, 일지사, 1989.

김용욱, 『한국 개항사』, 서문당, 1976.

김운태, 『조선 왕조 행정사』, 박영사, 1981.

김윤근, 『해병대와 5.16』, 범조사, 1985.

김정렴, 『아, 박정희-김정렴 정치회고록』, 중앙M&B, 1997.

김종신, 『박정희와 주변사람들』, 한국논단, 1997.

김태영, 『조선 전기 토지제도사 연구』, 지식산업사, 1983.

김학주, 『공자의 생애와 사상』, 태양문화사, 1978.

김한식, 『실학의 정치사상』, 일지사, 1979.

김형효, 『맹자와 순자의 철학사상』, 삼지원, 1990.

김호동, 『황하에서 천산까지』, 사계절, 1999.

김호진, 『한국정치체제론』, 박영사, 1997.

노계현, 『간도영유권 분쟁사』, 한구연구원, 2006.

라이샤워 외, 『동양문화사』, 을유문화사, 1973.

마쓰시마 다카히로 외, 조성을 옮김, 『동아시아 사상사』, 한울아카데미, 1991.

마키아벨리, 강정인 옮김, 『군주론』, 까치, 1997.

모리모토 준이치로, 김수길 옮김, 『동양 정치사상사 연구』, 동녘, 1985.

모리야 히로시, 이찬도 옮김, 『중국 고전의 인간학』, 을지서적, 1991.

박경룡, 『개화기 한성부 연구』, 일지사, 1995.

박남훈, 「조선초기 대명무역의 실제」, 『관동사학』, 1982.

박덕규 편, 『중국역사이야기』, 일송북, 2006.

박성수, 『조선의 부정부패』, 규장각, 1999.

박시인, 『알타이신화』, 청노루, 1995.

박은식, 『한국 독립운동지혈사』, 서울신문사, 1946.

박정희, 『국가와 혁명과 나』, 향문사, 1963.

박지원, 고미숙 편, 『열하일기』, 아이세움, 2007.

박충석, 『한국 정치사상사』, 삼영사, 1982.

박홍규, 「17세기 일본에 있어서의 화이 문제」, 『한국정치학회보 35-4』, 2001.

사이드, 박홍규 옮김, 『오리엔탈리즘』, 교보문고, 1997.

사회과학원 력사연구소, 『조선전사 1~15』, 평양, 과학백과사전출판사, 1980.

샤오꿍취엔, 최명 외 옮김, 『중국 정치사상사』, 법문사, 1994.

서울대동양사학연구실 편, 『강좌 중국사 1~7』, 지식산업사, 1989.

서정흠, 「청초의 국호문제」, 『대구사학』28, 1985.

솔즈베리, 박월라 외 옮김, 『새로운 황제들』, 다섯수레, 1993.

송영배, 『제자백가의 사상』, 현암사, 1994.

슈월츠, 나성 옮김, 『중국 고대사상의 세계』, 살림출판사, 1996

시앙쓰, 남경사범대 편역, 『건륭황제의 인생경영』, 세종서적, 2007.

시오노 나나미, 김석희 옮김, 『로마인이야기 1~6』, 한길사, 1998.

신동준, 『연산군을 위한 변명』, 지식산업사, 2003

신동준, 『조선의 왕과 신하, 부국강병을 논하다』, 살림, 2007.

신복룡, 『한국의 정치사상가』, 집문당, 1999.

신용하, 『한국 근대사와 사회 변동』, 문학과지성사, 1980.

신채호, 이만열 주석, 『독사신론』, 형설출판사, 1992.

신동준, 이만열 주석, 『조선사 연구초』, 형설출판사, 1992.

안확, 『조선 문명사』, 회동서관, 1923.

양승태, 「단기 연호와 국가 정체성」, 『한국정치학회보 35-4』, 2001.

엔쟈지, 한인희 옮김, 『수뇌론』, 희성출판사, 1990.

오금성, 『명청시대 사회경제사』, 이산, 2007.

오원철, 『박정희는 어떻게 경제강국 만들었나』, 동서문화사, 2006.

오카다 히데히로, 이진복 옮김, 『세계사의 탄생』, 황금가지, 2002.

웨난 등, 유소영 옮김, 『황릉의 비밀』, 일빛, 2000.

신동준, 유소영 외 옮김, 『구룡배의 전설』, 일빛, 2001.

유명종, 『한국의 양명학』, 동화출판공사, 1983.

윤사순, 『한국 유학사상론』, 열음사, 1986.

이경식, 『조선 전기 토지제도사 연구』, 일조각, 1986.

이기백 편, 『한국사 시민 강좌』 20집, 일조각, 1997.

이덕일, 『당쟁으로 보는 조선 역사』, 석필, 1997.

이동원, 『대통령을 그리며』, 고려원, 1992.

이병도, 『한국 유학사』, 아세아연구소, 1987.

이병주, 『청사에 얽힌 홍사』, 원음사, 1985.

이성규 외, 『동아사상의 왕권』, 한울아카데미, 1993.

이성무, 『조선 시대 당쟁사』, 동방미디어, 2000.

이수건, 『영남사림파의 형성』, 영남대 민족문화연구소, 1979.

이영화, 『조선 시대 사람들』, 가람기획, 1998.

이영훈, 『조선 후기 사회경제사』, 한길사, 1988.

이원순, 『한국 서학사 연구』, 일지사, 1986.

이을호, 『한국 개신유학사 시론』, 박영사, 1980.

이정동, 『퇴계의 생애와 사상』, 박영사, 1974.

이제마, 『동의수세보원』, 을유문화사, 1992.

이춘식, 「유가 정치사상의 이념적 제국주의」, 『인문논집』27, 1982.

이태진 편, 『조선 시대 정치사의 재조명』, 범조사, 1986.

신동준, 「청군 조선출병결정과정의 진상」 『한국문화』24, 1999.

이현희, 『정한론의 배경과 영향』, 대왕사, 1986.

이화자, 『조청국경문제연구』, 집문당, 2008.

이훈상, 『조선 후기 향리 연구』, 일조각, 1990.

일본동아연구소 편, 서병국 옮김, 『이민족의 중국통치사』, 대륙연구소, 1991.

장기근, 「예와 예교의 본질」, 『동아문화 9』, 1970.

장따이니엔, 최형식 옮김, 『중국 유물사상사』, 이론과실천, 1989.

장학근, 『조선, 평화를 짝사랑하다』, 플래닛미디어, 2008.

전락희, 「동양 정치사상의 윤리와 이상」, 『한국정치학회보 24』, 1990.

전성흥, 「중국 정치체제 변화의 회고와 전망」, 『한국정치학회보 35-4』, 2001.

전순동, 『명왕조성립사연구』, 개신, 2000.

전정희, 「율곡의 개혁사상과 사상사적 의의」, 『한국정치학회보 34-1』, 2000.

전해종 외, 『중국의 천하사상』, 민음사, 1988.

정두희, 『조선 초기의 정치 지배 세력 연구』, 일조각, 1983.

정석원, 「명말 동림학파의 경세사상」, 『민족과 문화』3, 1995.

정옥자, 『조선 역사의 이해』, 일지사, 1993.

조윤수, 「유가의 법치사상」, 『중국연구』10, 1987.

주돈식, 『조선인 60만 노예가 되다』, 학고재, 2007.

지두환, 『조선 전기 의례 연구』, 서울대출판부, 1994.

지승종, 『조선 전기 노비 신분 연구』, 일조각, 1995.

진춰엔, 심규호 외 옮김, 『열하의 피서산장』, 일빛, 2005.

차기벽, 『근대화 정치론』, 박영사, 1977.

차문섭, 『조선 시대 군제 연구』, 단국대출판부, 1973.

차하순 편, 『사관이란 무엇인가』, 청람, 1984.

천관우, 『근세 조선사 연구』, 일조각, 1979.

천순천, 권순만 등 옮김, 『중국의 역사』, 한길사, 1995.

체스타 탄, 민두기 옮김, 『중국 현대 정치사상사』, 지식산업사, 1979.

최명, 『삼국지 속의 삼국지』, 인간사랑, 2003.

신동준,『춘추전국의 정치사상』, 박영사, 2004.

최승희,『조선 초기 정치사 연구』, 지식산업사, 2002.

최이돈,『조선 중기 사림 정치구조 연구』, 일조각, 1994.

치엔무, 권중달 옮김,『중국사의 새로운 이해』, 집문당, 1990.

치엔무, 신승하 옮김,『중국 역대 정치의 득실』, 박영사, 1975.

쿨랑주, 김응종 옮김,『고대도시』, 아카넷, 2000.

크릴, 이성규 옮김,『공자-인간과 신화』, 지식산업사, 1989.

펑 유, 김갑수 옮김,『천인관계론』, 신지서원, 1993.

펑여우란, 정인재 옮김,『중국철학사』, 형설출판사, 1995.

플라톤, 박종혁 옮김,『국가 · 정체』, 서광사, 1997.

하우봉,『조선 후기 실학자의 일본관 연구』, 일지사, 1989.

한국사연구회,『근대 국민국가와 민족 문제』, 지식산업사, 1995.

한국역사연구회 편,『한국사 강의』, 한울아카데미, 1989.

한명기,「광해군대의 대중국관계」,『진단학보』79, 1995.

한상권,『조선 후기 사회와 소원제도』, 일조각, 1996.

한영우,『다시 찾은 우리 역사』, 경세원, 1997.

헤로도토스, 박광순 옮김,『역사』, 범우사, 1995.

홍이섭,『한국 근대사』, 연세대출판부, 1975.

황원구,『중국사상의 원류』, 연세대출판부, 1988.

• 중국어판

郭志坤, 『荀學論稿』, 三聯書店, 1991.

匡亞明, 『孔子評傳』, 齊魯出版社, 1985.

喬木靑, 「荀況'法後王'考辨」, 『社會科學戰線』2, 1978.

金德建, 『先秦諸子雜考』, 中州書畫社, 1982.

勞思光, 「法家與秦之統一」, 『大學生活 153-155』, 1963.

童書業, 『先秦七子思想硏究』, 齊魯書社, 1982.

鄧小平, 『鄧小平文選』, 人民出版社, 1993.

毛澤東, 「新民主主義論」, 『毛澤東選集 2』, 人民出版社, 1991.

潘富恩 · 群, 『中國古代兩種認識論的鬪爭』, 上海人民出版社, 1973.

方立天, 『中國古代哲學問題發展史』, 中華書局, 1990.

傅樂成, 「漢法與漢儒」, 『食貨月刊 復刊 5-10』, 1976.

史尙輝, 「韓非-戰國末期的反孔主將」, 『學習與批判 1974-9』, 1974.

徐復觀, 『中國思想史論集』, 臺中印刷社, 1951.

文淵, 「孟子政治觀中的民本思想」, 『貴州社會科學 1993-1』, 1993.

蕭公權, 『中國政治思想史』, 臺北聯經出版事業公司, 1980.

蘇誠鑑, 「漢武帝 "獨尊儒術" 考實」, 『中國哲學史硏究 1』, 1985.

蘇新, 「孟子仁政首重經濟建設的意義」, 『中國哲學史硏究 1』, 1988.

蕭一山, 『淸代通史』, 臺灣商務印書館, 1985.

孫謙, 「儒法法理學異同論」, 『人文雜誌 6』, 1989.

孫家洲, 「先秦儒家與法家 "忠孝" 倫理思想述評」, 『貴州社會科學 4』, 1987.

孫開太, 「試論孟子的 "仁政" 學說」, 『思想戰線 1979-4』, 1979.

孫立平, 「集權 · 民主 · 政治現代化」, 『政治學硏究 5-15』, 1989.

楊繼繩,『鄧小平時代』, 三聯書店, 1983.

梁啓超,『先秦政治思想史』, 商務印書館, 1926.

楊立著,「對法家"法治主義"的再認識」,『遼寧大學學報, 哲學社會科學2』, 1989.

楊善群,「論孟荀思想的階級屬性」,『史林 1993-2』, 1993.

楊雅 ,「荀子論道」,『中國文學研究 2』, 1988.

楊幼炯,『中國政治思想史』, 商務印書館, 1937.

楊鴻烈,『中國法律思想史』, 商務印書館, 1937.

呂 凱,「韓非融儒道法三家成學考」,『東方雜誌 23-3』, 1989.

呂思勉,『秦學術槪論』, 中國大百科全書, 1985.

鳴 康,「荀子論王覇」,『孔孟學報 22』, 1973.

鳴乃恭,『儒家思想研究』, 東北師範大學出版社, 1988.

鳴辰佰,『皇權與紳權』, 儲安平, 1997.

王德敏,「管子思想對老子道德論的影響」,『中國社會科學 1991-2』, 1991.

王德昭,「馬基雅弗里與韓非思想的異同」,『新亞書院學術年刊 9』, 1967.

王道淵,「儒家的法治思想」,『中華文史論叢 19』, 1989.

王文亮,『中國聖人論』, 中國社會科學院出版社, 1993.

王錫三,「淺析韓非的極端專制獨裁論」,『天津師大學報 1982-6』, 1982.

王亞南,『中國官僚政治研究』, 中國社會科學出版社, 1990.

王威宣,「論荀子的法律思想」『山西大學學報, 哲學社會科學 2』, 1992.

王曉波,「先秦法家之發展及韓非的政治哲學」,『大陸雜誌 65-1』, 1982.

于孔寶,「論孔子對管仲的評價」,『社會科學輯刊 4』, 1990.

熊十力,『新唯識論: 原儒』, 山東友誼書社, 1989.

劉奉光,「孔孟政治思想比較」,『南開學報, 哲學社會科學 6』, 1986.

劉如瑛,「略論韓非的先王觀」,『江淮論壇 1』, 1982.

劉 爲,『淸代中朝使者往來硏究』, 黑龍敎育江出版社, 2002.

劉澤華,『先秦政治思想史』, 南開大學出版社, 1984.

游喚民,『先秦民本思想』, 湖南師範大學出版社, 1991.

李 侃,「中國近代'儒法鬪爭'駁議」,『歷史硏究 3』, 1977.

李德永,「荀子的思想」,『中國古代哲學論叢 1』, 1957.

李宗吳,『厚黑學』, 求實出版社, 1990.

李澤厚,『中國古代思想史論』, 人民出版社, 1985.

人民出版社編輯部 編,『論法家和儒法鬪爭』, 人民出版社, 1974.

林聿時・關 峰,『春秋哲學史論集』, 人民出版社, 1963.

張豈之,『中國儒學思想史』, 陝西人民出版社, 1990.

張國華,「略論春秋戰國時期的"法治"與"人治"」,『法學硏究 2』, 1980.

張君 ,『中國專制君主政制之評議』, 弘文館出版社, 1984.

張岱年,『中華的智慧-中國古代哲學思想精髓』, 上海人民出版社, 1989.

張永江,『淸代藩部硏究』, 黑龍江敎育出版社, 2001.

田久川,「孔子的覇道觀」,『遼寧師範大學學報, 社會科學 5』, 1987.

鄭良樹,『商 及其學派』, 上海古籍出版社, 1989.

丁中江,『北洋軍閥史』, 春秋雜誌社, 1978.

曹 謙,『韓非法治論』, 中華書局, 1948.

趙光賢,「什 是儒家? 什 是法家?」,『歷史敎學 1』, 1980.

曹思峰,『儒法鬪爭史話』, 上海人民出版社, 1975.

趙守正,『管子經濟思想硏究』, 上海古籍出版社, 1989.

趙如河,「韓非不是性惡論者」,『湖南師範大學社會科學學報 22-4』, 1993.

曹旭華,「〈管子〉論富國與富民的關係」,『學術月刊 6』, 1988.

趙雲田,『淸末新政硏究』, 黑龍江敎育出版社, 2004.

趙忠文,「論孟子'仁政'與孔子'仁'及'德政'說的關係」,『中國哲學史研究 3』, 1987.

鍾 陵,「陳亮朱熹的王霸義利論辯與南宋遊學派之爭」,『南京師大學報, 社會科學 1』, 1993.

鍾肇鵬,『孔子研究, 增訂版』, 中國社會科學出版社, 1990.

周立升 編,『春秋哲學』, 山東大學出版社, 1988.

周雙利,「略論儒法在'名實'問題上的論爭」,『考古』4, 1974.

周燕謀 編,『治學通鑑』, 臺北, 精益書局, 1976.

曾小華,『中國政治制度史論簡編』, 中國廣播電視出版社, 1991.

陳大絡,「儒家民主法治思想的闡述」,『福建論壇, 文史哲 6』, 1989.

陳飛龍,『荀子禮學之研究』, 文史哲出版社, 1979.

陳進坤,「論儒家的"人治"與法家的"法治"」,『廈門大學學報, 哲學社會科學 2』, 1980.

鄒華玉,「試論管子的"富國安民"之道」,『北京師範學院學報, 社會科學 6』, 1992.

湯 新,「法家對黃老之學的吸收和改造-讀馬王堆帛書〈經法〉等篇」,『文物 8』, 1975.

夏子賢,「儒法鬪爭的歷史眞相」,『安徽師大學報, 哲學社會科學 3』, 1978.

鐵川,「韓非子論法與君權」,『法學研究 4』, 1987.

韓學宏,「荀子'法後王'思想研究」,『中華學苑 40』, 1990.

向仍旦,『荀子通論』, 福建人民出版社, 1987.

黃公偉,『孔孟荀哲學證義』, 臺北, 幼獅文化事業公司, 1975.

黃偉合,「儒法墨三家義利觀的比較研究」,『江淮論壇 6』, 1987.

黃俊傑,「孟子王霸三章集釋新詮」,『文史哲學報 37』, 1989.

曉 東,「政治學和政治體制改革」,『瞭望 20-21』, 1988.

• 일본어판

加藤常賢, 『中國古代倫理學の發達』, 二松學舍大學出版部, 1992.

角田幸吉, 「儒家と法家」, 『東洋法學 12-1』, 1968.

岡田武彦, 『中國思想における理想と現實』, 木耳社, 1983.

鎌田 正, 『左傳の成立と其の展開』, 大修館書店, 1972.

高文堂出版社 編, 『中國思想史』, 高文堂出版社, 1986.

高山方尙, 「商子·荀子·韓非子の'國家'-回歸と適應-」, 『中國古代史硏究 4』, 1976.

高須芳次郞, 『東洋思想十六講』, 東京, 新潮社, 1924.

高田眞治, 「孔子的管仲評-華夷論の一端として」, 『東洋硏究 6』, 1963.

顧 剛 著 小倉芳彦 等 譯, 『中國古代の學術と政治』, 大修館書店, 1978.

菅本大二, 「荀子の禮思想における法思想の影響について」, 『筑波哲學 2』, 1990.

館野正美, 『中國古代思想管見』, 汲古書院, 1993.

溝口雄三, 『中國の公と私』, 硏文出版, 1995.

宮崎市定, 『アジア史硏究, l-V』, 同朋社, 1984.

宮島博史 外, 「明淸と李朝の時代」, 『世界の 歷史』, 中央公論社, 1998.

金谷 治, 『管子の硏究-中國古代思想史の一面』, 岩波書店, 1987.

內山俊彦, 『荀子-古代思想家の肖像』, 東京, 評論社, 1976.

大久保隆郞也, 『中國思想史, 上-古代.中世-』, 高文堂出版社, 1985.

大濱 晧, 『中國古代思想論』, 勁草書房, 1977.

大野實之助, 「禮と法」, 『東洋文化硏究所創設30周年紀念論集, 東洋文化と明日』, 1970.

渡邊信一郞, 『中國古代國家の思想構造』, 校倉書房, 1994.

木村英一, 『法家思想の探究』, 弘文堂, 1944.

木村英一, 『孔子と論語』, 創文社, 1984.

茂澤方尙,「韓非子の'聖人'について」,『駒澤史學 38』, 1988.

服部 武,『論語の人間學』, 東京, 富山房, 1986.

福澤諭吉,『福澤諭吉選集』, 岩波書店, 1989.

山口義勇,『列子硏究』, 風間書房, 1976.

森 秀樹,「韓非と荀況-思想の繼 と繼絶」,『關西大學文學論集 28-4』, 1979.

森 熊男,「孟子の王道論-善政と善敎をめぐて」,『硏究集錄, 岡山大學敎育學部 50-2』, 1979.

上野直明,『中國古代思想史論』, 成文堂, 1980.

相原俊二,「孟子の伍覇について」,『池田末利博士古稀記念東洋學論集』, 1980.

上田榮吉郎,「韓非の法治思想」,『中國の文化と社會 13』, 1968.

小林多加士,「法家の社會體系理論」,『東洋學硏究 4』, 1970.

小野勝也,「韓非.帝王思想の一側面」,『東洋學術硏究 10-4』, 1971.

小此木政夫 外,『東アジア危機の構圖創出』, 東洋經濟新聞社, 1997.

小倉芳彦,『中國古代政治思想硏究』, 靑木書店, 1975.

松浦 玲,「'王道'論をめぐる日本と中國」,『東洋學術硏究 16-6』, 1977.

守本順一郎,『東洋政治思想史硏究』, 未來社, 1967.

狩野直 ,『韓非子の知慧』, 講談社, 1987.

守屋 洋,『韓非子の人間學-吳が存に善なる恃まず』, プレジデント社, 1991.

信夫淳平,『荀子の新硏究』, 硏文社, 1959.

兒玉公彦,「〈管子〉に見える法律思想の特徵について」,『漢文學會會報 29』, 1970.

兒玉六郎,「荀況の政治論」,『新潟大學敎育學部紀要, 人文社會科學 31-1』, 1989.

安岡正篤,『東洋學發掘』, 明德出版社, 1986.

安居香山 編,『讖緯思想の綜合的硏究』, 國書刊行會, 1993.

栗田直躬,『中國古代思想の硏究』, 岩波書店, 1986.

伊藤道治,『中國古代王朝の形成』, 創文社, 1985.

日原利國,『中國思想史, 上,下』, ペリカン社, 1987.

日原利國,「王道から覇道への轉換」,『中國哲學史の展望と模索』, 東京, 創文社, 1976.

張 柳雲,「韓非子の治道與治術」,『中華文化復興月刊 3-8』, 1970.

町田三郎 外,『中國哲學史研究論集』, 葦書房, 1990.

佐川 修,「董仲舒の王道說-その陰陽說との關連について」,『東北大學敎養部紀要 19』, 1974.

中村 哲,「韓非子の專制君主論」,『法學志林 74-4』, 1977.

中村俊也,「孟荀二者の思想と'公羊傳'の思想」,『國文學漢文學論叢 20』, 1975.

紙屋敦之,『大君外交と東アジア』, 吉川弘文館, 1997.

陳柱著 中村俊也 譯,『公羊家哲學』, 百帝社, 1987.

津田左右吉,『左傳の思想史的研究』, 東京, 岩波書店, 1987.

淺間敏太,「孟荀における孔子」,『中國哲學 3』, 1965.

淺井茂紀他,『孟子の禮知と王道論』, 高文堂出版社, 1982.

村瀨裕也,『荀子の世界』, 日中出版社, 1986.

貝塚茂樹 編,『諸子百家』, 筑摩書房, 1982.

幣原坦,『韓國政爭志』, 三省堂書店, 1907.

布施彌平治,「申不害の政治說」,『政經研究 4-2』, 1967.

穴澤辰雄敎授退官記念會 編,『中國古代思想論考』, 汲古書院, 1982.

戶山芳郎,『古代中國の思想』, 放送大敎育振興會, 1994.

丸山松幸,『異端と正統』, 每日新聞社, 1975.

丸山眞男,『日本政治思想史研究』, 東京大出版會, 1993.

黃 介騫,「荀子の政治經濟思想」,『經濟經營論叢 5-1』, 1970.

荒木見惡,『中國思想史の諸相』, 中國書店, 1989.

• 서양어판

Ahern, E. M., Chinese Ritual and Politics, Cambridge Univ. Press, 1981.

Allinson, R., ed., Understanding the Chinese Mind: The Philosophical Roots, Hong Kong: Oxford Univ. Press, 1989.

Ames, R. T., The Art of Rulership - A Study in Ancient Chinese Political Thought, Honolulu: Univ. Press of Hawaii, 1983.

Aristotle, The Politics, London: Oxford Univ. Press, 1969.

Barker, E., The Political Thought of Plato and Aristotle, New York: Dover Publications, 1959.

Bell, D. A., 「Democracy in Confucian Societies: The Challenge of Justification.」 in Daniel Bell et. al., Towards Illiberal Democracy in Pacific Asia, Oxford: St. Martin's Press, 1995.

Carr, E. H., What is History, London: Macmillan Co., 1961.

Edward Hallett Carr, Nationalism and After, London: Macmillan, 1945.

Cohen, P. A., Between Tradition and Modernity: Wang T'ao and Reform in Late Ch'ing China, Cambridge: Harvard Univ. Press, 1974.

Creel, H. G., Shen Pu-hai. A Chinese Political Philosopher of The Fourth Century B.C., Chicago: Univ. of Chicago Press, 1975.

Cua, A. S., Ethical Argumentation - A study in Hs n Tzu's Moral Epistemology, Univ. Press of Hawaii, 1985.

De Bary, W. T., The Trouble with Confucianism, Cambridge, Mass. Harvard Univ. Press, 1991.

Fingarette, H., Confucius: The Secular as Sacred, New York: Harper and Row, 1972.

Fukuyama, F., The End of History and the Last Man, London: Hamish Hamilton, 1993.

Hegel, F., Lectures on the Philosophy of World History, Cambridge: Cambridge Univ. Press, 1975.

Held, D., Models of Democracy, Cambridge: Polity Press, 1987.

Hs , L. S., Political Philosophy of Confucianism, London: George Routledge & Sons, 1932.

Huntington, S. P., "The Clash of civilization." Foreign Affairs 7, no.3, summer.

Johnson, C., MITI and the Japanese Miracle, Stanford: Stanford University Press, 1996.

Machiavelli, N., The Prince, Harmondsworth: Penguin, 1975.

Macpherson, C. B., The Life and Times of Liberal Democracy, Oxford: Oxford Univ. Press, 1977.

Mannheim, K., Ideology and Utopia, London: Routledge, 1963.

Marx, K., Oeuvres Philosophie et conomie 1-5, Paris: Gallimard, 1982.

Mills, C. W., The Power Elite, New York: Oxford Univ. Press, 1956.

Moritz, R., Die Philosophie im alten China, Berlin: Deutscher Verl. der Wissenschaften, 1990.

Munro, D. J., The Concept of Man in Early China, Stanford: Stanford Univ. Press, 1969.

Peerenboom, R. P., Law and Morality in Ancient China - The Silk Manuscripts of Huang-Lao, Albany, New York: State Univ. of New York Press, 1993.

Plato, The Republic, Oxford Univ. Press, 1964.

Pott, W. S., A Chinese Political Philosophy, Alfred. A. Knopf, 1925.

Rawls, J., A Theory of Justice, Cambridge, Harvard Univ. Press, 1971.

Rubin, V. A., Individual and State in Ancient China - Essays on Four Chinese

Philosophers, Columbia Univ. Press, 1976.

Sabine, G., A History of Political Theory, Holt, Rinehart and Winston, 1961.

Sartori, G., The Theory of Democracy Revisited, Catham House Publisher, Inc., 1987.

Schumpeter, J. A., Capitalism, Socialism and Democracy, London: George Allen & Unwin, 1952.

Schwartz, B. I., The World of Thought in Ancient China, Cambridge: Harvard Univ. Press, 1985.

Strauss, L., Natural Right and History, Chicago Univ. of Chicago Press, 1953.

Taylor, R. L., The Religious Dimensions of Confucianism, Albany, New York: State Univ. of New York Press, 1990.

Tocqueville, Alexis de, Democracy in America, Garden City, N.Y.: Anchor Books, 1969.

Tomas, E. D., Chinese Political Thought, New York: Prentice-Hall, 1927.

Tu, Wei-ming, Way, Learning and Politics- Essays on the Confucian Intellectual, Albany, State Univ. of New York Press, 1993.

Waley, A., Three Ways of Thought in Ancient China, doubleday & company, 1956.

Weber, M., The Protestant Ethics and the Spirit of Capitalism, London: Allen and Unwin, 1971.

Wu, Geng, Die Staatslehre des Han Fei - Ein Beitrag zur chinesischen Idee der Staatsr son, Wien & New York: Springer-Verl., 1978.

Wu, Kang, Trois Theories Politiques du Tch'ouen Ts'ieou, Paris: Librairie Ernest Leroux, 1932.

Zenker, E. V., Geschichte der Chinesischen Philosophie, Reichenberg: Verlag Gebr der Stiepel Ges. M. B. H., 1926.